U0522877

法哲学中的
诸神之争

西方法哲学流派述评

柯 岚 /著

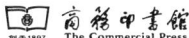

图书在版编目(CIP)数据

法哲学中的诸神之争：西方法哲学流派述评／柯岚著．—北京：商务印书馆，2021(2022.5 重印)
ISBN 978-7-100-20160-5

Ⅰ.①法… Ⅱ.①柯… Ⅲ.①法哲学－研究－西方国家 Ⅳ.①D90

中国版本图书馆 CIP 数据核字(2021)第 144555 号

权利保留,侵权必究。

华中科技大学法学院资助出版

法哲学中的诸神之争
——西方法哲学流派述评
柯 岚 著

商 务 印 书 馆 出 版
(北京王府井大街36号 邮政编码100710)
商 务 印 书 馆 发 行
北京市十月印刷有限公司印刷
ISBN 978-7-100-20160-5

2021 年 10 月第 1 版　　开本 880×1230 1/32
2022 年 5 月北京第 2 次印刷　印张 10¾

定价：78.00 元

作者简介

柯岚,华中科技大学法学院教授,博士生导师。曾任教于西北政法大学、西北大学法学院。先后求学于中国政法大学、北京大学、中国政法大学。主要研究方向为法哲学、法律思想史、法律文化。中国法律史学会西方法律思想史专业委员会常务理事、中国法治文化研究会常务理事。近年来着力研究传统法律文化,在央视"法律讲堂"(文史版)主讲系列节目《铁腕雍正》《红楼梦中的法文化》等,深受观众好评。

曾在《北大法律评论》《清华法学》《政法论坛》等报刊发表论文随笔五十余篇,被《中国社会科学文摘》《新华文摘》《中国人民大学复印报刊资料》全文转载多次。主持国家社科基金等课题多项。被评为第四届陕西省优秀中青年法学家(2013)。获陕西省高校人文社会科学优秀成果奖一等奖(2011),中央电视台"社会与法"频道"最具新媒体影响力"奖(2017)。入选国家级高层次人才计划(2021)。

序　　言

　　我在法学院研究生期间攻读的专业一直是西方法哲学,收录在本书中的论文是我从事西方法哲学研究近二十年期间的研究成果。1994年我进入北京大学法律学系攻读硕士研究生,受业于王哲教授,硕士毕业论文选择了当时刚刚兴起的批判法学研究。1997年开始到大学教书,西方法律思想史是我教了十余年的课程,在教学之余,我的兴趣逐渐转向了西方法哲学中主流的自然法与法律实证主义之争,以及英美法理学中的形式主义与现实主义之争,围绕这些主题写作了多篇论文。2004年在职到中国政法大学攻读博士学位,受业于舒国滢教授,在导师的影响之下,开始了解德国法哲学,此后对于拉德布鲁赫之争产生了浓厚的兴趣,写作了几篇关于该主题的论文。博士毕业后,我对于英美法理学中炙手可热的法律经济学、法律与文学等问题有了一些反思性的思考,也写作了几篇相关主题的论文。这些论文是在不同的阶段写成,但在这近二十年期间,我的关注点是一以贯之的,始终围绕着西方法哲学中的最新流派和学术争论。

　　回想过去,现在我的学术兴趣又转换了,转向中国传统法律文化的阐释,自己觉得对过去做过的研究,总该有个阶段性的总结,无论良莠,自己当时尽了全力,也就够了,受制于资质与性情的先天弱势,再尽力也弥补不了。权当敝帚自珍,就把这二十年自觉尽了力的论文收到一起,按照三大主题予以排列,收为一集,算是给自己一个交代,也请同道多多批评指正。

中国的法学正处在一个新旧交替和学术范式激烈改变的时代,与我同时代的法学学人,较之前人没有赶上跑马占地的好时机,较之后来者又缺乏系统的外文学术训练,就算是夹缝中的一代人吧。我不敢自诩他们的代表,只是较清醒地认识到自己先天后天的不足,丝毫不敢懈怠,努力学习新知,总希望自己若干年后不要成为完全被淘汰和忘却的一代学人。近十年来,中国的社会科学兴起了群体作战的大科研模式,我一直没有适应这样的模式,只能坚持自己早已形成的文人式独立写作。坚持自己写,虽然吃力点、慢一点、产出小一点,但总归自己放心的好,放心地知道我是谁,我从哪里来,我想要到哪里去。

大约在不惑那一年,我时常走在秦岭的山路上,有一天突然感到困惑,困惑我这样一个母语为汉语的人,即便自己再努力地去解读英美和德国的法哲学,也是很难去和成长在那些文化里的学者比肩的,我倾尽一生的心力,也只能做一个异域文化的传播者,而我自儿时就酷爱的汉语文学与学术,倒可能因为这种在不同语言之间穿梭的频繁间离,而慢慢失去了我能够理解和领悟的极限。就在那一刻,我感觉到了我作为一个中国人的文化认同危机,那以后就选择了另一条学术道路,转到对中国传统法文化的阐释。在门户之见很深的学术界,也许我这样的选择是很不讨巧的,因为换了一个领域,绝不仅仅是写几篇别样的论文那么简单,而必须开始很多全新的人事和交流的工作。我并不知道怎样开始这些全新的工作,就贸然地转向了,至今也不知道自己是什么样的定位,不过自己随性和尽力就好。这样转向了好几年之后,再回过头去看自己从前做过的西方法哲学研究,我并不知道它们是怎样的,只是仍然知道自己是尽了全力的,因为我在其中运用的阐释、逻辑和推理,是和我现在所做的一样的,只是换了不同的材料。想到这一点我也感到有些绝望,人过了某个年龄,可能智力已经不可能再进步了,只能是运用同一种水平线的智识,来判断分析不同的语料,只是掌握语料的广度会有些微的进步。如果自己有些什么样的先天不足,在这些不同的语料中运用同一种智识,更会暴露无遗。但自己仍要毫不懈怠,尽自己当时的力量认真地写作,坚持不要让自己退化为不自觉不完整的存在。

自清末修律以来,中国的法制建设基本走的是一条移植外来法律文化的道路,但在百年后回望这段历程,这种选择、移植和消化的道路已经成为中国法律传统的一部分,简单地追问中西之辨、内外之际是没有太大意义的。从1990年代至今,西方法哲学中的诸流派和其学术争论,在我看来主要是三种路径:实体意义的自然法与实证主义之争、法律认知意义的形式主义与现实主义之争、法律内外意义的法学本体与交叉学科阐释之争,这三种争论都已经对中国法学的知识群体产生了很深的影响,也渗透到他们关于中国当代自生法律问题的争论之中,未来它们可能都会经过某种形式的改造而成为中国自生法学的一部分。马克斯·韦伯指出的价值领域的诸神之争在当下的中国法学知识群体中,呈现出十分丰富和多元的面貌,与我同时代的中国法理学人,都无法摆脱这些争论的影响。我在近二十年的研究中尽自己的力量记叙和反思了这些争论,并力图将自己从中得到的收获用于观察和反思中国传统法律制度与法律文化,虽然我的力量微薄,但我希望我们的法理学同道,都能从对这些论争曾经的投入中超脱出来,入乎其内,又须出乎其外,我们的法学知识群体需要主宰自己的生命。

是为序。

柯岚

2021年6月2日于喻家山下斗室

目 录

自然法与法律实证主义

"自然"与"自然法"概念的古今之异
　　——关于自然法学术史的一个初步反思 …………… 3
托马斯·阿奎那与古典自然法的巅峰 ………………… 20
斯多亚哲学与自然法中的普世主义 …………………… 41
拉德布鲁赫公式的意义及其在"二战"后德国司法中的运用 … 57
告密、良心自由与现代合法性的困境
　　——法哲学视野中的告密者难题 ………………… 81

法律形式主义与法律现实主义

法律现实主义的兴起及其主要流派 …………………… 115
霍姆斯的"坏人论"及其神话
　　——评《法律的道路》 …………………………… 151
霍姆斯法官的命运 ……………………………………… 195

转向法律理论的法哲学

自由主义与超自由主义
　　——对昂格尔法哲学的批判分析 ·················· 215
罗纳德·科斯与非其所愿的法律经济学
　　——兼谈理查德·波斯纳与非其所愿的中国法律实用主义 ······ 262
"法律与文学"中的"局外人" ························· 281

后记 ····································· 326

自然法与法律实证主义

"自然"与"自然法"概念的古今之异
——关于自然法学术史的一个初步反思

> 古典时代的自然法学说与近代的自然权利学说存在本质上的差异,这是对"自然"一词的古今理解不同导致的。古典时代的自然法是关于人本性的法则,是与形而上学不可分离的,近代以来的自然权利说是一种革命性的政治理论,与形而上学和人的本性没有必然联系。"二战"后对极权主义的反思导致了古典自然法的复兴。

在思想史研究中,最常犯也是最容易犯的错误,就是用现代人的思维方式去测度古代的思想,以为古代思想家会同样关注现代人关注的问题,或是用现代对某一术语的理解来驳斥古代的观念。法哲学中很多范畴的意义混乱都源于这种以今度古的错误思维导向。在西方思想的古典时代,是没有事实与价值、经验科学与规范科学、实然与应然、私人领域与公共领域的明确界分的,古代性与现代性的差异,首先就表现在这种世界观的根本不同。随着近代科学的昌明和哲学启蒙运动的出现,西方思想的现代性也慢慢有了清晰的轮廓:原本合而为一的整体性的思维方式,现在要被撕裂为两个互不干涉的领域。而在这个过程中,哲学范畴也要经历同样的裂变,这种裂变在法学中表现得尤为明显,而"自然法"意义的演变更是一面活生生的镜子,"自然"(nature)、"法"(law)、"权利"(right)这些概念都经历了从古代到现代的意义转变。

登特列夫在《自然法:法哲学导论》的导言中坦率地承认,追溯自然法的学术史是一件异常困难的工作,因为自然法观念的变迁并不存在连续的历史,其中存在断裂,①于是他就放弃了这件困难的工作,而是从自然法概念的功用角度来开始阐述。登特列夫这种明智的选择显然是为了思维的清晰起见,因为在现代法哲学中,自然法不仅是一种古老而又不合时宜的哲学,它的意义的极度模糊不明也使得对"自然法"概念笼统无语境的运用变得毫无意义。有太多互相抵牾的学说都声称自己来自"自然法",也有太多的政治意识形态都在借用自然法的包装,从马丁·路德·金的"公民不服从"(civil disobedience)到阿道夫·希特勒的种族清洗,从"天人合一"的浪漫理想到"物竞天择,适者生存"的冷酷断言,都可以找到"自然法"的痕迹。而在阿奎那、霍布斯、施塔姆勒、富勒、菲尼斯(John Finnis,1940—)这些都以自然法标榜立场的思想家之间,除了他们使用的关键词的表面一致之外,也很难发现实质上的共通之处。

"自然法的历史不是别的什么,而是法律与政治中自然观念的历史。"②一旦谈及"自然",就会衍生很多关于"自然"内涵的疑问:自然是有生命的还是无生命的?人是在自然之中的还是在自然之外的?自然是与人性统一的还是与人相对立的?自然是理性的存在还是非理性的存在?自然是有目的的秩序的存在还是人力很难

---

① A. P. d'Entrèves, *Natural Law: An Introduction to Legal Philosophy*, London: Hutchinson's University Library, 1951, p. 9.

② Ibid., p. 11.

左右的物理世界？"自然"在哲学史中是一个意义不断变迁的概念，在希腊人的世界观中，"自然"首先是指事物的本性，只在很少的情况下才用来指"自然物的集合"即"自然界"；而到了近代科学勃兴和唯物主义哲学发达以后，"自然"逐渐变得和"自然界"同义，①它的第一义项含义"本性"则退居其次了，并且成了一个在哲学上屡遭贬斥的空洞范畴。在希腊人看来，世界是统一的和有秩序的，是有生命的，万物都分享世界的理智，"自然界不仅是活的而且是有理智的(intelligent)，……一个植物或动物，如同它们在物料上分有世界'躯体'的物理组织那样，也依它们自身的等级，在灵性上(psychical)分有世界'灵魂'的生命历程，在理智上分有世界'心灵'的活动。"②当人们谈及"天人合一""人与自然的和谐"时，自然显然是指这种古代意义的自然。而到了近代，自然界变成了一个非人性的无生命的机器，基于这样的理解，人类才可以自豪地断言"人定胜天""人要征服自然"。尤其到达尔文的物种起源学说提出之后，人是万物之灵的信念被进化论无情地粉碎了，关于"自然"的理解被附加了彻底非伦理的生存斗争的意义，这同哲学起源时代的"自然"形成了更加惨淡的对照。"自然"意义的不断变迁和模糊不明使得关涉"自然"的各种哲学范畴和思潮变成了一个复杂不堪的混合物，"自然主义"(naturalism)、自然法(natural law)、自然权利(natural right)、自然法则(laws of nature)概莫能外，只要哲学家们对"自然"作一种新的定义，这些范畴的意义也就随之改头换面。

---

① 参见〔英〕柯林伍德：《自然的观念》，吴国盛译，北京大学出版社2006年版，第53—55页。
② 同上书，第5—6页。

大约在16、17世纪,随着近代实验科学的出现及其迅速发展,"自然"概念也随之发生了革命性的转变,这种转变直接导致了以亚里士多德、阿奎那为代表的古典自然法传统的断裂。① 此后,自然法日渐变成一个可以随心所欲地使用的词,对自然法概念不加限定的使用,几乎已使它成为"道德""理想"的空洞代名词,无论是何种群体的"道德"和"理想"。追溯自然法概念的古今之异,也许是一件吃力不讨好的工作,也远非一篇尺牍小文所能探悉清楚的,然而明辨其中的基本脉络,总归是不无裨益的,因为在法哲学

---

① 在当代中国法学中,有一种观点把近代的自然权利理论称作"古典自然法",这个命名可能是对西方自然法学术传统的误读,而且更加重了法学研究中关于"自然法"的概念混乱。在英美法理学中,classical natural law(少数情况下使用 traditional natural law)都是用以指称亚里士多德-阿奎那传统的自然法,而不是近代的自然权利理论,自然权利理论甚至被明确地同自然法理论区分开来。参见〔美〕列奥·施特劳斯:《自然权利与历史》,彭刚译,生活·读书·新知三联书店2003年版,甘阳导言第11页及注26,正文第121页。Also see *A Companion to Philosophy of Law and Legal Theory*, edited by Dennis Patterson, Blackwell Publishers Ltd, 1999, pp. 221-227; Raymond Wacks, *Philosophy of Law: A Very Short Introduction*, New York: Oxford University Press, 2006, p. 14; Philip Soper, "In Defense of Classical Natural Law in Legal Theory: Why Unjust Law is No Law at All", 20 *Can. J. L. & Juris.* 201(2007); and John Fielding, "Classical Natural Law", http://www.natreformassn.org/statesman/04/clnatlaw.html. 哈特在《法律的概念》中提出了法律实证主义的基本理论——法律与道德的"分离论"(separation thesis),以反对自然法理论中的法律与道德"重合论"(overlap thesis),当他谈及"自然法的古典理论"时,他指的也是以阿奎那为代表的古代自然法,而根本没有提及霍布斯、洛克和卢梭。H. L. A. Hart, *The Concept of Law*, Oxford University Press, 1994, pp. 156, 185-190. Also see Orrego, Cristobal S., "H. L. A. Hart's Understanding of Classical Natural Law Theory", *Oxford Journal of Legal Studies*, Vol. 24 (2004), pp. 289-290. 在德国法哲学的学术史中,Klassisches Naturrecht 也用以指称希腊-经院哲学传统的实体本体论的自然法,它区别于拒绝追问逻各斯和自在存在观念的完全唯理主义的近代自然法。参见〔德〕考夫曼、哈斯默尔主编:《当代法哲学和法律理论导论》,郑永流译,法律出版社2001年版,第78—79、88、121—123页。无论是依据英美还是欧陆的法学学术传统,"古典自然法"都是专用于指称亚里士多德-阿奎那传统的自然法学,而不是近代的自然权利理论。

上站定一种立场之前,首先应当搞清楚自己拥护的是什么,反对的又是什么。

一、希腊人眼中的"自然法":关于本性的法

在一些关于根本哲学问题的思索上,不同民族的语言会殊途同归,这一点在汉语的"自然"和西文的"nature"(希腊语 phusis,拉丁文 natura)上有非常清楚的体现。在汉语中,"自然"这个词的字面意义非常直观,它指的是:本来就是这样的。在西文中,"自然"是与"本性""本质"同义的。要思索事物本来是什么样的,必须排除事物的偶性,排除多变的社会习俗对事物造成的人为影响。橘和枳本是同一种植物,生在不同的土壤中,就长出差异很大的形态,然而它们的种子本是同样的。苏格拉底生在了雅典,他成了一个说古希腊语的人,成了一个在希腊人的观念看来是反对民主制度的人。但如果他生在波斯,他会是一个说古波斯语的人,他也许会变成一个在波斯人的观念看来是反对君主制度的人,因为他本来是一个会批判思考政治制度合理性的爱智的人,而不是一个拥护民主制或君主制的人。

要发现本原就是如此的事物,必须回溯到逻辑的起点。所有伟大民族的哲学,最初都发端于对起源的追问。庄周梦醒,发问究竟是庄周化蝶还是蝶化庄周,因为他惶惑于自己和蝴蝶同样无根据的存在。人在某一个时刻都会发问:我是谁?为什么我来到世间,就是这样的一个我,而不是别样的一种存在?由此就会追问下去:万物来源于何处?世界的起点是怎样的?最初的哲学到达了这样一个确信:世界必有一个第一存在,一个自身不再需要根据的

存在,一个"自本自根,未有天地,自古以固存"(《庄子·天道》)的存在,它要为万物的创生立下法则。

追问第一存在的哲学到达了"自然","人法地,地法天,天法道,道法自然"(《老子·道经·二十五章》)。"何谓'起源'或'本原'?维柯曾说,起源即本性,本性在希腊文中用'自然'一词表达。"[①]亚里士多德对于"自然"的意义作了进一步引申,他认为,自己如此的事物,或自然而然的事物,其存在的根据、发展的动因必定是内在的,因此"自然"就意味着自身具有运动源泉的事物的本质,"本性就是自然万物的动变渊源"。[②] 总体来说,在希腊古典学术中,nature 具有两重含义,它首先指的是世界的初始存在,亚里士多德将其引申为事物的本性,本性是事物的起始规定性,也是事物可能达到的理想状态。其次,自然也指事物依其本性形成的秩序,是一种道德秩序,是人与城邦、神共在的空间。

本性是一个完全自足的存在,它既决定事物的初始形态,也决定事物的最终目的,每一种事物的运动发展,都是要无限"尽其本性"。关于本性的思考不仅是哲学最初探索的问题,也是每个人都可能涉及的日常思考。人们在生活中常常观察到人或事的变迁,会感觉有些人或事状态的败坏,在那样的时刻,不管我们支持本质主义还是反本质主义,每一个人都可能思考关于本性的问题,我们会想,这人本来不是这样的,这事也本来不是这样的,它们状态的败坏是失却了本性,败坏原是因为环境的恶劣,倘若环境适宜,它

[①] 洪涛:《逻各斯与空间——古代希腊政治哲学研究》,上海人民出版社 1998年版,第4页。
[②] 〔古希腊〕亚里士多德:《形而上学》,吴寿彭译,商务印书馆 1959 年版,第89页。

们也许不会败坏。就像种子如果播种到适宜的土壤里,就会长出它起始就命定的最完美的形态,而如果播种到不适宜的土壤里,就会变异成各种败坏的形态。

"逻各斯"(logos)是自然为万物创设的永恒不变的法则,赫拉克利特在发明"逻各斯"这个概念时,最早提出了对自然法的思考:"在多样的人法中(而不是在其外),闪现着一种关于自然的永恒法则的观念,这些法则与分享着永恒的逻各斯的人的理性相对应。人法的多样性并不排斥自然法的观念。因为,透过人法的偶然性和多样性,理性的思考察觉到永恒法的真理,而感觉——眼睛和耳朵——则只注意到不同与相异。""某种根本性法律、某种神圣的通行的逻各斯,某种普适的理性占据支配地位;不存在偶然性、无法无天或不合理的变化。自然发生的事情是由确立秩序的某种理性所支配的。因而,人的本质及其伦理目标就是让个人和社会的生活服从于并合乎宇宙的一般法则。这是道德性存在和行为的初始规范。"[①]

在古希腊人看来,人的理性(reason)是对世界智慧逻各斯的分享,人可以用理性发现自己生活的法则,就像用理性发现 $1+1=2$、发现苹果熟了会落地一样。自然法来自于理性的思考,是永恒不变的正确法则,而习俗中的正义和法律则不完全是这样,习俗的法律是人为的约定,它是因时因地因人而异的。这种自然(phusis)与习俗(nomos)的对立,是贯串于古希腊哲学中的最重要主题之一。古希腊政治哲学关注的首要问题是人应当怎样生活,顺应自然、顺

[①] 〔德〕海因里希·罗门:《自然法的观念史和哲学》,姚中秋译,上海三联书店2007年版,第6页。

乎本性的生活,才是每一个人应该追求的生活。自然法是一种关于本性的法则,它会引导人摆脱偶在因素和习俗的外界干预,无限实现自己的本性,过真正有德性的生活。希腊语中被译成英文德性(virtue)的那个词是 aretê(音译为"阿瑞忒")。"'阿瑞忒'这个词被普遍地运用于所有领域中,其含义简单来说就是'卓越'(excellence)。它的用法由其所处的特定上下文得以限定。一匹赛马的'阿瑞忒'在于它的速度,一匹拉车的马的'阿瑞忒'在于其力量。如果这个词用在人身上,在一般的语境中,它意味人所能有的所有方面的优点,包括道德、心智、肉体、实践各方面。"①每一个人来到世间,都有属于自己的"阿瑞忒","阿瑞忒"是一个人心智、才能和体能的顶点,每一个人只要竭尽自己的力量,都可以实现自己的"阿瑞忒"。正因为这样,人的本性也决定了他(她)是一个政治的动物和社会的动物,人只有生活在合理的家庭、国家和社会中,才可能无限尽其本性,过真正有德性的生活,实现自己可能达到的卓越境界。而如果家庭、国家和社会的制度安排不适宜,人的本性就会被扭曲,造物赋予他(她)的"阿瑞忒"就会湮灭黯淡。因此"自然"不仅是初始存在和人的本性,它在逻辑上也当然蕴含了家庭、国家与社会这些人类的组织形式。

二、阿奎那与古典自然法的巅峰

在后来的基督教哲学中,充塞于自然的"逻各斯"变成了人格

---

① 〔英〕基托:《希腊人》,徐卫翔、黄韬译,上海人民出版社1998年版,第222页。

化的上帝,阿奎那对于上帝存在的论证借用了亚里士多德关于"第一因"和"第一不动的原动者"(the first unmoved mover)的论证,上帝是必须从"外面世界踢进来的一脚"、是我们的理性必须心悦诚服去接受的世界的第一动力。上帝"超越于这个世界,但又通过其无限权能继续支持着它,通过其恩典指导着它,并按照他的永恒律法治理着它。……自然的道德律及其组成部分——自然法(ius naturale)——恰恰就是针对人的神圣律法。……作为应然,作为自由的道德活动之规范,它被铭刻在人心中,而人是理性而自由的存在。它表现在人的道德的、理性的自然中;它书写在理性的心灵中。只要心灵能够理性地思考,上帝就会在他的良心中说话"。①

作为经院哲学的集大成者,阿奎那把亚里士多德的学说基督教化了。阿奎那关于自然法的理解基本秉承了以亚里士多德为代表的希腊观念,只是在其上添加了"永恒法"的概念。在基督教教义中,"道成肉身",作为世界智慧的逻各斯,变成了上帝对宇宙秩序的安排。人的理性是对上帝理性的分享,自然法是永恒法中关于人类社会的那一部分,"与其它一切动物不同,理性的动物以一种非常特殊的方式受着神意的支配;他们既然支配着自己的行动和其他动物的行动,就变成神意本身的参与者。所以他们在某种程度上分享神的智慧,并由此产生一种自然的倾向以从事适当的行动和目的。这种理性动物之参与永恒法,就叫做自然法。"②关于自然法与良善生活的必然关系,阿奎那也完全遵循了希腊形而上学的传统。阿奎那认为,无论在上帝那里还是人那里,理性都先于

---

① 〔德〕海因里希·罗门:《自然法的观念史和哲学》,第34—35页。
② 〔意〕阿奎那:《阿奎那政治著作选》,马清槐译,商务印书馆1982年版,第107页。

意志。人是具有思辨理性和实践理性的动物,存在、真理与善是内在统一的。存在合乎其本性就是善,这对于思辨理性来说就是真理,对于实践理性来说就是善。自然法的最高和基本规范是一个简单自明的箴规:善即当行。阿奎那对于自然法的内容作了非常确切的限定,在他看来,只有《摩西十诫》属于自然法的内容,自然法并不使实在法成为多余。自然法既是居于实在法之上的,与实在法的内容也存在重合。实在法的目的是要引导共同体实现共同的善,理性先于意志,在实在法的内容中,必须有一些合乎理性的东西,它们与共同体的生活具有本质关联。①

阿奎那对于希腊自然法观念的发展,是他明确提出了实在法同自然法可能发生冲突并丧失道德意义的约束力,也就是著名的"恶法非法"命题。现代人不能理解"恶法非法"的断言,认为这是一个自相矛盾的陈述,而当阿奎那引用奥古斯丁这句著名的格言时,他只是想说明一个明显违背正义的法律就不再具有让人们服从的道德权威。阿奎那在《神学大全》中引用奥古斯丁"恶法非法"的表述之后,明确地加上了这样的限定:"这种法律并不使人感到在良心上非遵守不可"。② 确切地说,阿奎那只是提出了一种不服从不公法律的道德理论和政治理论,而根本没有提出不公法律就丧失法律效力的法律理论,而且他强调不服从不公法律的权利不能滥用,如果可能导致他人不当效仿或是社会混乱,不服从就不是正当的。阿奎那的"恶法非法"论作为一份法律遗产,真正的后继者是马丁·路德·金和圣雄甘地,而不是拉德布

---

① 〔德〕海因里希·罗门:《自然法的观念史和哲学》,第41—50页。
② 〔意〕阿奎那:《阿奎那政治著作选》,第121页。

鲁赫和朗·富勒。

三、失其本性的"自然法"——古典自然法传统的断裂与复兴

大约从16世纪文艺复兴运动后开始,随着天文学、物理学研究成果对亚里士多德提出了越来越多的质疑,古典时代的自然观也开始受到质疑,思考第一存在的形而上学也日益成为一门不切实际的学问。17世纪以后,实验自然科学的发展直接带来了哲学从古代向近代的转变。弗朗西斯·培根和托马斯·霍布斯是近代哲学的先驱者,他们都对希腊哲学表示了轻蔑和不解,而呼唤一种新的世界观和知识路径。培根嘲笑了希腊哲学中的目的论,这种关于终极因的理论"试图把自然解释成充满着趋向或努力,以实现尚未存在的形式",在培根看来,"它就像奉献给上帝的处女一样,生不出后代"。[①] 霍布斯认为希腊哲学纯粹是一种幻想,哲学和科学都应从实际效用出发。

正如施特劳斯所指出的,古代性与现代性的根本差异在于二元的世界观代替了一元。"目的论的宇宙观(有关人类的目的论的观念构成了它的一部分)似乎已被现代自然科学所摧毁。……另外一种解决办法盛行起来了。而这意味着,人们被迫接受一种根本的、典型的现代二元论,以及在自然科学上的非目的论和人的科学上的目的论。这就是托马斯·阿奎那在现代的追随者们与别的人一起被迫接受的立场,这种立场标示着与亚里士多德以及阿奎

---

① 〔英〕柯林伍德:《自然的观念》,第113页。

那本人那种融通的观念的决裂。我们所面对的这种根本性的两难局面,是由现代自然科学所取得的胜利而引发的。"[1]在自然法的学术史中,导致自然法观念从古典向近代转变的关键人物就是霍布斯,霍布斯摒弃了古典形而上学传统中的自然观,在他看来,世界和人本身,都是一具机器,一具由各种物理力量驱动的机器。人性无所谓完满不完满,人的选择都是受欲望的外在力量驱动的。他"试图保持自然法的观念,但又要使它脱离人的完满性的观念;只有当自然法能够从人们实际生活的情况、从实际支配了所有人或多数时候多数人的最强大的力量中推演出来的时候,它才可能是有效的或者是有实际价值的[2]"。自然法与人本身的完善无关,而是自然状态中的客观法则。

于是从霍布斯开始,自然状态成了政治哲学的核心论题,关于自然法的学说变成了关于自然状态的学说。[3] 霍布斯对自然状态的描述彻底摒弃了追溯第一存在的形而上学传统,而是纯粹借助对人性的经验式理解推演出来的。所有人在体力和智力上是大致平等的,相应地,所有人达到目的和愿望也是平等的,但资源是有限的,当不同的人想要得到同一个东西而又不能同时享用时,彼此就成为仇敌。竞争、猜疑和荣誉是造成人和人相互争斗的原因。这就是霍布斯描述的自然状态:因为没有一个公共的权力使人们慑服,自然状态是一个战争状态,一切人与一切人为敌,人的生活孤独、贫困、卑污、残忍而短寿。在自然状态下,对人来说,最强烈的激情就是对横死的恐惧,于是理性发现的第一自然律就是保全

---

[1] 〔美〕列奥·施特劳斯:《自然权利与历史》,第8页。
[2] 同上书,第183—184页。
[3] 同上书,第187页。

生命,禁止人们去做损毁自己的生命或剥夺保全自己的生命的手段的事情。① 值得注意的是,在霍布斯的著作中,自然法通常都被表述为 laws of nature 而不是 natural law。他强调这种法则是来自于经验的科学演绎,而不是形而上学的玄思臆想。这是一种全新的自然法,一种与人的本性无关的自然法。在古典时代,自然法既可被表述为 laws of nature 也可被表述为 natural law,前者和后者意义在实质上是等同的,只是前者强调事物本性的客观性,强调自然法是一种客观的法则,后者强调自然法与人定的实在法一样,也是由立法者(神或者上帝)制定的。近代科学摧毁了目的论的世界观以后,laws of nature 和 natural law 则分化为不同的意义,前者更多地是在科学哲学中使用的,确切地说,是一种自然法则,它更多地用来描述牛顿定律或几何学公理这类自然科学定律,后者才用来指居于实在法之上的自然法。② 霍布斯这种措辞的改变,也表明了他同古典自然法传统的决裂,他希望用科学的经验法则来描述人性,就像描述天文学和物理学一样。

从霍布斯开始,近代以来的自然权利说是个人主义和唯理主义视角的,人脱离了对第一存在的追问,从完全个人的视角出发来演绎自己的权利体系。在自然状态中,个人是一个孤立的存在。政治秩序不再是引导人向善的正义治理,而成为外在于人的政治约束(约束人性的恶)。自然权利学说同古典自然法的根本不同就在于对于"自然"采取了非形而上学式的理解,"思想家们的出发点

---

① 〔英〕托马斯·霍布斯:《利维坦》,黎思复、黎廷弼译,商务印书馆 1982 年版,第 92—97 页。
② Daryn Lehoux, "Laws of Nature and Natural Laws", *Studies in History and Philosophy of Science*, Part A, Volume 37, Issue 4, December 2006, pp. 527-530.

不再像以前那样,是人本质上的社会天性,而整个社会制度(婚姻、家庭、国家、国际社会)的秩序和这些制度的基本形态都潜在地存在于其中……相反,近代思想家的出发点是经验性本性(empirical nature),是借助于抽象,从被视为根本性的心理的驱动力量中发现的,伦理体系和自然法体系则是以某种唯理主义的方法从这里演绎出来的。在霍布斯那里,这种心理驱动力量就是自利;在普芬道夫那里,就是作为纯粹形式化的社会性的群居倾向(sociableness as mere formal sociality);在托马修斯那里,就是幸福,也即'让人赞赏的、愉悦的、无忧无虑的生活'"。① 构建自然权利体系的思想家从对自身个性和需要的经验考察出发,武断地把一己的个性断言为普遍的人性,无限借用几何学的演绎推理,凭空演绎自然权利体系,这导致自然法成了这个时代特有的一种奇特的思维游戏。"这个时代出现了很多最高法律原则和由此形成的自然法体系,因为,到处都有自然法与国际法的讲座教授和教授。这些出发点包括合群性、外在安宁、对世俗幸福的渴望,最后,还有自由。瓦恩科尼格(Warnkoenig)曾经证明,自1780年,在每一届莱比锡书市上,都能看到八种以上新的自然法体系。因而,让·保罗·莱希特(Jean Paul Richter)的讽刺性评论倒也并无夸大之处:每个集市和每场战争都会带来一种新自然法。"②

个人对政治变革的经验性要求,就是近代自然权利说所要表达的最终目的。"这种自然法概念从一种客观的形而上学理念退化为一种旨在论证和增进特定政治变革的政治理论。但一旦这些

---

① 〔德〕海因里希·罗门:《自然法的观念史和哲学》,第71页。
② 同上书,第96页。

政治变革变成现实并得到巩固,这样一个退化了的概念就立刻变得无用。"①正如梅因在《古代法》中已经指出的,尽管自然权利说在资产阶级革命以后使得天赋人权观念成为近代政治社会的公民共识,但其在哲学史上的迅速退场却要归因于方法论的粗糙。② 它的前提是虚假的,论证工具是单一的,内容也是根本反历史的。

拒斥了形而上学传统的自然权利学说使得此后的自然法与古典自然法渐行渐远,自然法已经不再思索存在的本原问题,同人的本性逐步疏离。尽管它还冠以"自然法"的名称,但其中蕴含的却不再是本性内在课于人的法则,不再是哲学初生时代赫拉克利特赋予它的本来含义,而只是偶在的个体凭借空洞的理性恣意冲突于经验世界的妄念堆积,这是一种不再思考"自然"的自然法,一种失却了本性的自然法(natural law without nature)。失却了本性的自然法,也失却了用形而上学来论证存在、真理与善内在统一的能力,向实证主义屈服就是它失却本性后的必然宿命。

新托马斯学派的自然法学家罗门区分了两种形式的实证主义,"第一种是从经验论的角度狭隘地观察现实的产物,即作为一种方法的实证主义;第二种是作为一种生活哲学的实证主义,作为一种关于宇宙的含义及人在其中的位置的认识,作为一种世界观的实证主义"。③ 方法论意义的实证主义者并不必然在世界观上支持实证主义,他们只是相信道德哲学不能用经验方法论证,但自己

---

① 〔德〕海因里希·罗门:《自然法的观念史和哲学》,第82页。
② 参见〔英〕亨利·梅因:《古代法》,沈景一译,商务印书馆1960年版,第42—52页。尽管历史法学派对自然权利学说的批判是基于不同于形而上学的立场,但它对自然权利学说的反形而上学性给予很低的方法论评价,正是因为它本身并不反形而上学。
③ 〔德〕海因里希·罗门:《自然法的观念史和哲学》,第114页。

内心仍然可能保留坚定的道德确信。① 罗门把纳粹极权主义的出现归为实证主义意识形态获胜的**必然产物**,"极权主义政权从本质上说就是基于实证主义而拒斥自然法的最终恶果,它不承认存在一个对所有国家、种族、阶级和个人有效的超验的、普遍的道德与法律秩序,不承认这些先于一切法律制度、先于一切国家意志。"② 他还指出,随着霍布斯、休谟、功利主义者相继对"自然法"概念的扭曲,"自然法"已经成为一个被各种意识形态和政治势力滥用的术语,纳粹统治者也滥用这个词为自己宣传,"但很明显,'自然'一词在这里所遭到的扭曲比在霍布斯、休谟或功利主义那里更为荒唐。'自然'不再是指每一个体的理性的自然,或指人的理智和自由意志的禀赋,尊严、自由和个人的创造性正是以它们为基础的;它也不是指存在和应然的普遍秩序,超验的理性现实。相反,自然被转换成为一个完全唯物主义的概念。它被看成是血(blood),遗传的生物特性总和,是动物性的,被剥夺了其人格的和精神性价值。经过这样的变质之后,自然的律法就只有一个原则:有益于日耳曼民族的就是正当的。"③

当极权主义政治在欧洲兴起之时,古典自然法传统在经历近

---

① H. L. A. 哈特在《法律的概念》一书中提出了"最低限度自然法"理论,认为某些基本的道德信条是所有实在法律秩序必须具备的共通道德元素。See H. L. A. Hart, *The Concept of Law*, pp.192-200. 一些自然法学家认为这代表了实证主义向自然法学做出了重大的让步,但从罗门作出的两种实证主义的区分来看,并不能必然得出这个结论,哈特是一个坚决的方法论实证主义者,认为道德不经过"承认规则"的确认,不能自动成为有效的法律,但在世界观上,他有限度地认同了自然法的某些准则。
② 〔德〕海因里希·罗门:《自然法的观念史和哲学》,第139页。
③ 同上书,第138页。

三百年的沉寂之后,开始在哲学和政治法律理论中复兴。这样的复兴不是偶然的,因为对抗一种彻底的世界观实证主义,唯一可行的路径就是基于形而上学的古典自然法,就是重新阐释初始存在为万物创设的本身即为正确的法则。"所有人天生就是自然法法学家","自然法就记录或铭刻在人心中。……自然法的观念可以比作一颗种子,它被埋在雪下,而一旦严酷而贫瘠的实证主义冬天变成经久不衰之形而上学的春天,它就会发芽。因为自然法的理念是不朽的。"①

人不可能逃离对起源的思索,也不可能逃离对"本身即为正确"的法则的思索,当面对死亡和严重不公正待遇的时候,人到底是怎样的存在、人应该受到怎样的对待,都是无法回避的问题。不管个人是否有能力去践行自己经过反思的法则,但是反思是每一个人都无法回避的。形而上学死后的西方留给身后的人们一份沉重的遗产:没有根据的正义,漠视界限的理性,和我们每一个人永世不得超生的孤寂的灵魂。当极权主义这种空前摧残人类尊严的意识形态得道之时,人类就会自然转向对起源的求索,转向对人之所以为人的本性的沉思,而作为最古老哲学之一的自然法,也要找回它失却已久的本性。

(原载《法律科学》2008年第5期)

---

① 〔德〕海因里希·罗门:《自然法的观念史和哲学》,第121页。

托马斯·阿奎那与古典自然法的巅峰

托马斯·阿奎那借用亚里士多德哲学实现了对希腊自然法理论的神学改造。阿奎那的神学自然法代表了古典自然法理论的巅峰,他将自然法的本性概括为实践理性,发展完善了奥古斯丁的"恶法非法"论,提出了可具操作性的反抗暴政理论。古典自然法表明了存在、真理和善的内在相互关联。

西罗马帝国灭亡时,蛮族侵入导致大量古希腊、古罗马典籍被毁,文化受到极大摧残。公元481年,东罗马皇帝关闭了希腊哲学学园,一些学者被迫迁往波斯。后来,希腊哲学典籍在阿拉伯世界得以流传。十字军东征促进了和阿拉伯人的学术交流,经过阿拉伯人注释的亚里士多德著作遂又流入欧洲。"12世纪时,古希腊、阿拉伯以及希伯来文本的拉丁译本风行全欧,为西方思想家苦苦思索的问题提供了解答。但这些译著——尤其是亚里士多德的著作——也在西方基督教世界引发了一场危机,因为它们中蕴涵的深意似乎是与基督教信仰相敌对的。13世纪的学者试图找到解决危机的办法,他们对往昔的真知灼见细细体会,把它们融入全面的思想体系中,作出了伟大的系统性总结。"[①]于是天主教神学逐步

[①] 〔美〕本内特、霍利斯特:《欧洲中世纪史》(第10版),杨宁、李韵译,上海社会科学院出版社2007年版,第345页。

从教父学发展为经院哲学,托马斯·阿奎那(St. Thomas Aquinas, 1226—1274)借用亚里士多德的哲学体系来解释天主教神学,创立了精致、系统的经院哲学体系。天主教学者中一直存在柏拉图主义与亚里士多德主义的对抗,前者带有神秘主义和出世色彩,后者则更为贴近经验主义。而奥古斯丁与阿奎那的区别也恰如柏拉图与亚里士多德的区别。奥古斯丁的文风是华丽和富于诗意的,每每有第一人称的直陈内心的叙述,论证多使用隐喻手法。阿奎那的文风却是枯燥少修饰的,论证按部就班,一板一眼,而且从不使用第一人称。[1]

经院哲学因其发源于教会学校中而得名,据罗素的概括,狭义的经院哲学早在公元12世纪初叶便已开始了,在学术上它具有一些鲜明的特征。第一,局限在正统教义的范围之内,学说是否合于正统教义要受宗教会议的评判;第二,12、13世纪以后,正统教义逐渐奉亚里士多德为最高权威,柏拉图不再居于首要地位;第三,推崇"辩证法"和三段论推理,烦琐好辩;第四,最初开始于亚里士多德和柏拉图对共相问题的争辩,但后来并不局限于争论共相问题;第五,过分强调"辩证法"推理必然产生的结果,漠视事实与科学,在仅凭观察才能决定的事物上偏信推理,以及过分强调语言上的区别和其精微意义。[2]阿奎那即为经院哲学的集大成者,1879年教皇列奥十三世敕令所有教授哲学的天主教文教机构必须把阿奎那

---

[1] 参见 D.J.奥康诺主编:《批评的西方哲学史》,洪汉鼎等译,东方出版社2005年版,第185—186页。
[2] 参见〔英〕罗素:《西方哲学史》(上),何兆武、李约瑟译,商务印书馆1963年版,第529—530页。"辩证法"这个词在中世纪的意义和现代的形式逻辑十分相似,主要是指不靠启示单凭理性的追求真理的方法。见前书,第530页译者注。

的哲学体系作为唯一正确的体系来讲授,这一敕令至今仍然有效。[①]

1323年,阿奎那被教皇封为"圣徒"。在天主教教会与欧洲世俗诸侯争夺控制权的斗争中,阿奎那借用亚里士多德哲学将古希腊自然法改造为体系精致的神学自然法体系,为教廷主张普世教权提供了有力的学理支持。

一、启示与理性的平衡——阿奎那神学自然法的哲学基础

基督教早期神学中存在的启示与理性之间的对立,在奥古斯丁那里得到了一种独特的化解:启示高于理性,人的理性来源于启示,"犹如光明有照耀与被照耀之分,同样智慧也分为创造的智慧与受造的智慧"。[②] 理性不是人自然具有的禀赋,而是上帝赐予人类的,人的理性是对上帝智慧的分享。上帝作为世界的超自然原因,是人的理性不能完全理解的,人的得救要依靠神的恩典,而神要怎样施予他的恩典,人的理性是无能左右的。经过奥古斯丁的阐释,启示与理性之间的紧张关系仍然存在,但它们不再是完全不相干的。奥古斯丁坚持认为人的认识要转向精神的内在存在,摒除肉体和感官的影响,凭借上帝赐予人类的精神视觉,才可能无限接近和领悟神的真理。

阿奎那继承了奥古斯丁的天启理性说,认为人是所有造物之

---

① 参见〔英〕罗素:《西方哲学史》(上),第549页。
② 〔古罗马〕奥古斯丁:《忏悔录》,周士良译,商务印书馆1963年版,第130页。

中唯一具有理性的生灵,自然理性之光使人可以分辨善恶,但他相信人性就是肉体与灵魂的统一。人的本性是上帝赋予的,也是上帝要用圣灵来引导臻于完善的,"神恩并不废止自然,而是成全它。"①另一点不同于奥古斯丁的是,阿奎那在一定程度上赋予人的理性以独立于启示的地位,认为感官经验是人类认识的基础,这显然得自于亚里士多德经验主义的影响。"阿奎那并未赞同奥古斯丁和安瑟伦关于神启人智的观点。……阿奎那把信仰与科学认识看成是同一个属——理智的赞同——之下的两个不同的种。……'信仰以自然认识为前提',阿奎那在《神学大全》中这么直截了当地说。"②确切地说,阿奎那认为人的理性不是得自于神的启示,而是人的自然本性,但是理性与启示之间存在重合的关系,有些启示真理是理性可以认识的,也有一些启示真理是理性不能认识的。"理性和启示(信仰)是重合的。有些基督教真理是无法用理性来把握的(比方说上帝的本质)。但理性可以把我们引向上帝。对于有些真理,我们既可以具有理性所领悟的洞见,也可以具有信仰所领悟的洞见(根据阿奎那,这包括对于上帝之存在的洞见)。"③

这样,阿奎那就以一种系统明了的方式化解了启示与理性之间的矛盾,它们既不是不相干的,也不是从属与被从属式的,而是可以在有限的范围之内发生重合。"阿奎那的哲学事业可以说成是一次独特的持久努力,即努力在一个被认为基本上可理解的宇

---

① 〔意〕登特列夫:《自然法·法律哲学导论》,李日章译,新星出版社2008年版,第45页。
② 参见 D. J. 奥康诺主编:《批评的西方哲学史》,第191页。
③ 〔挪〕希尔贝克、伊耶:《西方哲学史——从古希腊到二十世纪》,童世骏等译,上海译文出版社2004年版,第149—150页。

宙中,相对于被认为是无限全能精神的基督教的创世主、救世主上帝,划定人类有限的理性能力之作用和范围。"① 阿奎那认为,对于人类,上帝的本质固然无法揣测,但是人类可以领悟到上帝的存在,并且用理性的方式来证明。在《神学大全》中,他借用了亚里士多德关于"第一因"和"第一不动的原动者"(the first unmoved mover)的概念,来对上帝的存在作了非常著名的论证:

> 毫无疑问,感觉告诉我们,这个世界中有些东西是被推动的。可是被推动的任何东西都只能被另一个东西所推动。因为如果那样的话,就没有任何第一推动者,结果也就没有任何推动他物的东西了。因为除非受到第一推动者的推动,否则第二推动者是不能推动的。因此,必然要追及一个第一推动者,它不受任何东西所推动,而这个推动者,大家把它理解为上帝。②

经由阿奎那这样的证明,充塞于自然的"逻各斯"就令人信服地变成了人格化的上帝,上帝是必须从"外面世界踢进来的一脚"、是我们的理性必须心悦诚服去接受的世界的第一动力,"上帝的存在不是被任何其他事物所引起,他的存在也不依赖于任何外在于其自身的事物,上帝是自存之物(self subsistent)。任何事物的存在都是被上帝所引起并依赖于他,被造之物不是自存之物。"③

---

① 参见 D. J. 奥康诺主编:《批评的西方哲学史》,第187页。
② 同上书,第204页。
③ 〔美〕凯利·克拉克、吴天岳、徐向东主编:《托马斯·阿奎那读本》,北京大学出版社2011年版,第101页。

上帝的理性和意志是永恒法的根源,人类通过理性可以领悟其中的一些部分,被人类所领悟的永恒法就成为自然法。上帝"超越于这个世界,但又通过其无限权能继续支持着它,通过其恩典指导着它,并按照他的永恒律法治理着它。……自然的道德律及其组成部分——自然法(ius naturale)——恰恰就是针对人的神圣律法。……作为应然,作为自由的道德活动之规范,它被铭刻在人心中,而人是理性而自由的存在。它表现在人的道德的、理性的自然中;它书写在理性的心灵中。只要心灵能够理性地思考,上帝就会在他的良心中说话"。①

阿奎那曾经说:"信仰建立在永恒的真理之上,因此它的反面是不可能被证明的。"②这是他哲学立场的根本所在,他真诚地相信信仰与人类有限的理性是可以互证的。

二、阿奎那的神学自然法体系

"在中世纪的法学家当中,就自由与大胆地去重新阐释整个道德与法律问题而言,教会的法学家——教会法学者,是最出色最突出的。他们使自然法变得空前的一贯、清晰与有力。"③而在这方面做得最为出色的显然是阿奎那,他在奥古斯丁的永恒法观念基础之上,对古希腊罗马的自然法理论予以彻底神学的改造,并将其形塑成一个全面的法律理论体系,而超越了政治理论和道德法则的畛域,在这个意义上讲,阿奎那的自然法理论代表了古典自然法学

---

① 〔德〕海因里希·罗门:《自然法的观念史和哲学》,第34—35页。
② 〔美〕本内特·霍利斯特:《欧洲中世纪史》(第10版),第347页。
③ 〔意〕登特列夫:《自然法·法律哲学导论》,第35页。

的巅峰。"如何把先贤所说的正直生活与公共团体之基本责任教给基督教社会呢？如何接受罗马法使之成为基督教的普遍法律呢？如何调和异教哲人亚里士多德的教诲与基督教的人生观呢？……自然法观念这个全新的功能，再没有比在圣托马斯·阿奎那的教诲中表现得更清楚的了。"①

根据阿奎那对人类知识能力的认识，启示真理体现在上帝立下的永恒法当中，人类理性只能认识其中的部分内容——自然法，人法的制定要以自然法为准则，除此之外，人的理性所不及的部分涉及人的永恒福祉，为了这个终极的目的，人需要从圣经以及其他记录圣言的典籍中寻求指导。这样，阿奎那就把法分为永恒法、自然法、人法和神法四种类型。

永恒法起源于神的智慧，是神对创造物的合理安排。"如果世界是……由神治理的话，宇宙的整个社会就是由神的理性支配的。所以上帝对于创造物的合理领导，就像宇宙的君王那样具有法律的性质。……这种法律我们称之为永恒法。"②上帝在创造万物之前，已经在心中构思了关于自然和万物的范本，这个范本作为一套指导准则，就表现为永恒法，"永恒法不外乎是被认为指导一切行动和动作的神的智慧所抱有的理想。"③永恒法体现上帝的意志，它是其他一切法律产生的基础，是宇宙间最高的法，"既然永恒法是最高统治者的施政计划，那些以部属身份进行管理的人的一切施政计划，就必须从永恒法里产生。所以，一切法律只要与真正的理

---

① 〔意〕登特列夫：《自然法·法律哲学导论》，第41页。
② 〔意〕托马斯·阿奎那：《阿奎那政治著作选》，第106页。
③ 同上书，第111页。

想相一致,就总是从永恒法产生的。"①作为最高真理,它不是人的智慧可以完全参透的。永恒法包含这样几个要素:

> 第一,它包括了我们今天称之为自然科学的法则的那些东西:比如所谓的运动法则,天体中的星星和地球表面的石头正是依照它们在外部运动的。其次,它囊括了具有生命的被创造物、植物和动物中我们称为演化与生长的法则的东西,即对外部的影响或刺激作出反应的法则,本能等等东西。……第三,它包含另外一些法则,据此人作为理性的和自由的存在能够进行了解并形成意愿,因而,也就是包含理论与实践理性的法则。……人服从这种律法的方式表现为应然,而不是盲目的冲动和必然性。因而,对于作为一种自由的理性的存在的人来说,这永恒的律法就成为自然的道德律。②

阿奎那关于自然法的理解基本秉承了以亚里士多德为代表的希腊观念,只是在其上添加了"永恒法"的概念。在基督教教义中,"道成肉身",作为世界智慧的逻各斯,变成了上帝对宇宙秩序的安排。人的理性是对上帝理性的分享,自然法是永恒法中关于人类社会的那一部分,"与其他一切动物不同,理性的动物以一种非常特殊的方式受着神意的支配;他们既然支配着自己的行动和其他动物的行动,就变成神意本身的参与者。所以他们在某种程度上

---

① 〔意〕托马斯·阿奎那:《阿奎那政治著作选》,第111页。
② 〔德〕海因里希·罗门:《自然法的观念史和哲学》,第42页。

分享神的智慧,并由此产生一种自然的倾向以从事适当的行动和目的。这种理性动物之参与永恒法,就叫做自然法。"① 由于直接认识永恒法的困难,人们可以从自然法推导出永恒法的内容。

人法是世俗国家的制定法,它是人类从自然法的普遍原则出发运用推理得出的具体的准则。"人类的推理也必须从自然法的箴规出发,仿佛从某些普通的、不言自明的原理出发似的,达到其他比较特殊的安排。这种靠推理的力量得出的特殊的安排就叫做人法。"② 人法是由自然法推论出来的,它以城市的公共福利为目标,由市民社会的统治者来颁布,是支配人类行动的法则。人法可以区分为万民法与市民法,前者是从自然法中直接推论出来的结论,后者是从自然法产生的作为个别应用的标准,满足不同城市的特殊需要。

神法是神意的具体的、确定的体现,它的内容就是《圣经》。神法的必要性表现在四个方面:第一,人注定要追求永恒福祉,但人的智慧又无力参透永恒法的箴规,因此在理性所不及的事务上,就必须用神法来指导人的行动;第二,人类的判断往往是不可靠的,尤其在关于具有偶然性或特殊性的事务上,这时就需要神意的指导;第三,人法只能规范人的外部行动,神法则可以使人的内心保持正直;第四,人法不可能禁止和惩罚一切恶行,神法则可以防止各种各样的罪恶。③

---

① 〔意〕托马斯·阿奎那:《阿奎那政治著作选》,第107页。
② 同上书,第107页。
③ St. Thomas Aquina, *Summa Theologica*, Ia IIae, q. 91, a. 5.

三、作为实践理性的自然法

阿奎那在理性的分类上继承了亚里士多德关于思辨理性和实践理性的划分。亚里士多德对于柏拉图哲学的最大突破在于对实践知识的重视,在柏拉图看来,只有对理念的把握才是知识,对世俗实际事务的理解都只是意见,尽管他也强调哲学王要有丰富的人生和实践经验,但这些相对于理念洞见来说,都是微末之事。亚氏对此则持一种经验主义的立场,过有德性的生活不仅要有对善本性的知识,也需要在实践中养成好的习惯。亚里士多德强调了在实现正义的过程中实践理性的作用,思辨理性是"提供确定原则的知识或者哲学智慧",实践理性则"在自己所处的具体条件下,为人的行为提供理性的指引"。① 要实现正义,裁判者必须具备实践理性,具有审慎(希腊 phronesis,英译 prudence, practical wisdom,汉语学术界通常也将其译为"实践理性"或"实践智慧")的美德,②实践理性不是从理论思辨中可以获得的,而是必须在实践中慢慢体悟的,它要对那些在生活中经常变动的、特殊的事情深思熟虑,考虑怎样裁决才是对事情最有益的,只有年长阅历丰富处理过很多事务并且时常反思的人,才可能获得审慎的实践智慧。

亚里士多德虽然没有明确使用"自然法"这一词汇,但在古典自然法传统中,他通常被认为是自然法的创始人,他提出了自然正

---

① 〔英〕韦恩·莫里森:《法理学:从古希腊到后现代》,李桂林、李清伟、侯建等译,武汉大学出版社 2003 年版,第 49 页。
② 〔古希腊〕亚里士多德:《尼各马可伦理学》,廖申白译注,商务印书馆 2003 年版,第 47—48 页。

义和惯例正义的区分,这实际上就是自然法与实在法的区别。自然法是自然正义的体现,实在法是惯例正义的体现,自然正义来自于人类的本性,惯例正义是世俗社会的约定俗成,"政治的公正有些是自然的,有些是约定的。自然的公正对任何人都有效力,无论人们承认或不承认。约定的公正最初是这样定还是那样定并不重要,但一旦定下来了,……就变得十分重要了。"①

阿奎那在解决了启示与理性之间的矛盾之后,进一步发展了亚里士多德的实践理性和自然正义概念。阿奎那认为,无论在上帝那里还是人那里,理性都先于意志。人是具有思辨理性和实践理性的动物,"思辨理性是用于非如此不可的必然的事实方面的","实践理性则用于人类行动所涉及的偶然发生的问题上。"②思辨理性帮助人们认识和理解客观世界,实践理性则帮助人们实现正义,正义可以分为自然正义和实证正义,前者来自于神意和世界的本来秩序,后者来自于世俗统治者的立法。实践理性包含两类原则:"(1)人们自然地倾向于认为是真的规范行为的原则,(2)人们并非自然地倾向于认为是真的原则。第一类包含了所有那些人们自然认为是正义或非正义的行为规范。阿奎那的例子是:恶必须被避免,没有人可以被不正当地伤害,和不应当偷盗。……第二类原则可以是这样的:对偷盗的恰当惩罚是三年有期徒刑。在这里,自然正义和实证正义的区分也就是第一类原则和第二类原则的区分。"③

---

① 〔古希腊〕亚里士多德:《尼各马可伦理学》,第149页。
② 〔意〕托马斯·阿奎那:《阿奎那政治著作选》,第113页。
③ 〔美〕凯利·克拉克、吴天岳、徐向东主编:《托马斯·阿奎那读本》,第126—127页。

从苏格拉底开始,希腊哲学就将善生活作为哲学思考的终极目的:人应当怎样生活?什么样的生活才是善的生活?阿奎那秉承了希腊哲学的这一传统,认为人的思辨理性和实践理性都是指向善生活的目的,不同于希腊哲学的是,他坚持启示是高于理性的,善的终极来源是神创造的永恒秩序,存在、真理与善是内在统一的。存在合乎其本性就是善,这对于思辨理性来说就是真理,对于实践理性来说就是善。自然法的最高和基本规范是一个简单自明的箴规:善即当行,恶即不当为。

> 就如同存在是绝对归于认知的第一个东西,善也是指向行动的实践理性所要把握的第一件东西(因为每一主体都为某一具有善的性质的目的而行动)。因而,实践理性的第一原则就是基于善的自然的原则,也即,善就是所有事物所追求的。因而,法律的第一诫条就是,当实践和推进善,当避免恶。自然法的所有其他诫条都是以此为基础的;因而,实践理性自然地认知为人的善的一切东西,都属于自然法的诫条,表现为当行某事或不为某事的形式。①

在此基础上,阿奎那提出了自然法的三条一般原则:第一,人类自保生命的原则,人总是力求生存,反对对自己的生命造成威胁的毁灭性的东西;第二,人类作为动物而具有的天性和本能应予保护,这包括两性生活、繁衍后代等;第三,人特有一种和理性相一致

---

① 〔德〕海因里希·罗门:《自然法的观念史和哲学》,第44页。

的向善的倾向,希望认识上帝,希望过社会生活,有求知和与同类和平相处的欲望。①

阿奎那对于自然法的内容作了非常确切的限定,如果把自然法的内容泛化为不确定的道德规条,势必会使自然法变成空洞无意义的情感性的态度表达。要使自然法成为有意义的法律理论,就必须使自然法的箴规成为实在的行为规范。在阿奎那看来,自然法的内容只应包括《摩西十诫》,但自然法并不能替代实在法。自然法既是居于实在法之上的,与实在法的内容也存在重合。实在法的目的是要引导共同体实现共同的善,理性先于意志,在实在法的内容中,必须有一些合乎理性的东西,它们与共同体的生活具有本质关联。"在圣托马斯那里,没有一丁点在十七、十八世纪流行的理性主义自然法中所表现出来的放肆的踪影,按照他的说法,只有《摩西十诫》属于自然法的内容。……并不让实证法成为多余,相反其实是需要实证法的。"②阿奎那对自然法的性质也作了经验主义的阐释。自然法首先具有普遍性,对于所有的人都同样适用,但在个别情况下也容许例外。自然法也具有不变性,但在特殊情况下,自然法可以适当增删某些内容,因此用自然法指导制定人定法可以适当变通。

四、"恶法非法"与反抗暴政的权利

古典的自然法理念是与一种以德性为中心的政治学紧密结合

---

① 〔意〕托马斯·阿奎那:《阿奎那政治著作选》,第112页。
② 〔德〕海因里希·罗门:《自然法的观念史和哲学》,第49页。

在一起的,①所不同于近代自然法的是:后者是革命性的自然法,是以近代个人主义伦理为前提的,根据近代自然法的社会契约理念,国家是为了防范人性中不受理性规约的、不能自觉向善的成分,是人为形成的用以制约个人恣意性的政治秩序,并非在形而上学意义上为了达致善的生活所必需的;前者是蕴含于人性之中的,是为了实现寻求善的生活而必需的社会法则,其终极目的是为了寻求人与世界秩序的统一,是达致这个统一必须遵循的原则。简言之,近代自然法的目的是为了防范恶,古典自然法的目的则是为了通向善理念。古典自然法是人性内蕴的政治秩序的表达。这是一种保守意的自然法,意在通过理性的社会规制,引导人实现善的生活,而不是为实存的法律提供一个裁判效力的标准。柏拉图和亚里士多德都注意到了一个现实的问题:即国家的统治秩序和统治者制定的法律可能不合于自然正义的要求,但他们都没有因此否认现实政治秩序的合法性。"总体来说,希腊思想中完全不存在这样的观念:即,人类法律应当与某些价值符合,否则当归于无效。"②

阿奎那对于希腊自然法观念的发展,是他明确提出了实在法同自然法可能发生冲突并丧失道德意义的约束力。他在《神学大

---

① 博登海默将近代的自然法称之为"古典时代的自然法"和"古典自然法",参见〔美〕博登海默:《法理学——法哲学及其方法》,邓正来译,中国政法大学出版社1998年版,第38页以下。博氏这一用法并不符合西文法理学中的通例,在英美法理学中,classical natural law 一般用以指称亚里士多德-阿奎那传统的自然法,而不是近代的自然权利理论,自然权利理论甚至被明确地同自然法理论区分开来。参见拙文"奥古斯丁的神学自然法思想及其恶法非法论",载何勤华主编:《法与宗教的历史变迁》,法律出版社2011年版,第197页。

② 〔爱尔兰〕J. M. 凯利:《西方法律思想史》,王笑红译,法律出版社2002年版,第20页。

全》中指出:"圣奥古斯丁说(《论自由意志》,第一篇,第五章):'如果法律是非正义的,它就不能存在。'所以法律是否有效,取决于它的正义性。……如果一种人法在任何一点与自然法相矛盾,它就不再是合法的,而宁可说是法律的一种污损了。"①现代法律实证主义认为"恶法非法"是一个自相矛盾的陈述,而当阿奎那引用奥古斯丁这句著名的格言时,他只是想说明一个明显违背正义的法律就不再具有让人们服从的道德权威,他在《神学大全》中引用奥古斯丁的表述之后,明确地加上了这样的限定:"这种法律并不使人感到在良心上非遵守不可。"②实际上,奥古斯丁和阿奎那都没有直接使用"恶法非法"这样违背形式逻辑同一律原则的表述,在古典形而上学传统中,being(是,存在)也并不完全等同于近代以后"是"作为表达系词的意义,在古典形而上学中,"是"并不是近代分析哲学中的那种意义,即一个非此即彼的同一性判断,要么是要么不是,要么全是要么全不是。在古典形而上学中,"being"是动态的,是事物依其本性和潜质,朝向理想和范型无限接近的过程。换言之,在古典形而上学中,being(是,存在)是一动态的、过程式的谓词,being(是,存在)会有不同程度的表现,一个很低程度的表现就可能被视为一种不完全的存在,或者是一种存在的缺失。在现代分析哲学中,我们仍然可能遇到古典形而上学不同的语义原则残留下来的特有问题,比如一个从小在狼群、猿群中长大,完全没有人性生活方式和人性社会规范的人,就可能引发这样的疑问:"他(她)还是不是一个人类。"对人和一切被造物来说,"可知的

---

① 〔意〕托马斯·阿奎那:《阿奎那政治著作选》,第116页。
② 同上书,第121页。

存在就是应然的原则。这就是应然的最高原则:成为你的本质性存在。……让你的本质性存在得以完成,实现你作为一个自由的被造物所面对的存在的秩序。"①在阿奎那看来,法律的本质性存在或者说合目的性的存在,就是不违背永恒法和自然法基本准则的法律,而不仅仅是无关神意和道德的世俗专断命令,阿奎那说不合于自然法的法律就是法律的一种污损,就是在这个意义上讲的。

现代实证主义者对"恶法非法"论的驳斥其实没有任何玄奥,不过是用现代分析哲学的不同语义准则来责难依据另一种语义准则的古典形而上学的表达,而后者并不像前者那样基于一种刻板的"同一律"思维。奥斯丁在他对恶法非法的著名批评中指出:

> 认为同神的法律相冲突的人类法律就不具有约束力或者就不是法律,这样的观点就是……纯粹的废话。那些最恶的法律,以及那些同上帝的意志最相抵触的法律,一直都被司法机构作为法律不断适用。假设有一种无害的、肯定是有益的行为被主权者禁止实施,违者就要处以死刑,如果我实施了这种行为,我会被审判定罪,而且如果我反对这个判决,因为它是同上帝的法律相违背的,……法院仍会按照那个被我质疑效力的法律将我送上绞架,以此证明我的推理是徒劳无益的。从创世之始直到现在此刻,法庭从来都不会听取基于上帝法律的反对、异

---

① 〔德〕海因里希·罗门:《自然法的观念史和哲学》,第160页。

议或辩解。①

从奥斯丁开始,法律实证主义者坚持将法的有效性解释为在司法中的约束力。无论是主权者命令说,还是基本规范说或承认规则说,法实证主义都坚持这样两个基本共识:1. 有效力的法律才是法律,司法中实际被视作具有拘束力的裁判标准,才是有效力的法律。2. 法律的效力与道德没有必然关系,"在任何法律体系中,一个给定的规范是否在法律上是有效的,并且它是否成为这个法律体系的一部分,取决于它的渊源(source),而不是它的优劣(merits)"。② 奥斯丁这段著名的论述就是法律实证主义法律效力观的肇始,法律就是世俗的法院及其他政府机构在司法和行政中应该适用的规则,法律违背道德、神意根本不会影响它在司法中的约束力。那么在奥斯丁看来,所谓"恶法非法"的意义就是指法律如果违背了神意和法律就不能在司法中适用,而这显然不是奥古斯丁和阿奎那的本意。

坚持非实证主义立场的德国法哲学家罗伯特·阿列克西(Robert Alexy)认为实证主义对法的有效性的解释过于局促了,法的有效性即对规范义务人的约束力,具有三种理解维度:社会学的、伦理学的、法律教义学的。③ 通俗地说,法的效力和有效性不仅

---

① John Austin, *The Province of Jurisprudence Determined*, Library of Ideas ed., New York: The Humanities Press, 1965, p. 185.
② John Garner, "Legal Positivism: 5 and Half Myths", 46 *American Journal of Jurisprudence*(2001), p. 199.
③ 参见郑永流:"法的有效性与有效的法——分析框架的建构和经验实证的描述",《法制与社会发展》2007年第1期。

仅包括裁判约束力(法律教义学意义的效力,即逻辑效力),还包括实效(社会学意义的效力)和良心约束力(伦理学意义的效力)。一个具有裁判约束力的法律,在实践中会不同程度地缺乏实效和良心约束力,无论任何民族任何时代,这才是法律存在的真实境况。按照古典形而上学的理解,一个极度缺乏实效和良心约束力的法律,就是一种最低程度的法律存在,说它仍然是法律,这个判断其实已经意义很少。就像人们对一个狼孩或者人猿泰山还算不算人类会存在争议一样,一个在良心上完全让人无法接受的恶法还算不算法律,也会存在争议。在奥古斯丁和阿奎那看来,基督徒对于这样的法律可以选择不服从,因为基督徒在神的法律和俗世法律发生冲突时,只应选择前者,那是作为被造者的人类对造物者的义务。

阿奎那认为,当暴政颁布了直接违背神法的不义的法律,不服从这种法律是基督徒的宗教义务。"只要成文法包含任何与自然法相冲突的地方它就不是正义的,并且也是没有约束力的。"①《摩西十诫》中有些是肯定的诫命,有些是否定的诫命,阿奎那认为"只有那些有悖于禁止性自然法的法律才是绝对地无效的","只有颁布那与禁止性自然法相悖的权威不再是名副其实的权威,而变成了暴政。单靠权力不能强加任何内心的服从义务。"②确切地说,阿奎那只是提出了一种不服从不公法律的道德理论和政治理论,而根本没有提出不公法律就丧失法律效力的法律理论,而且他强调不服从不公法律的权利不能滥用,如果可能导致他人不当效仿或

---

① 〔美〕凯利·克拉克、吴天岳、徐向东主编:《托马斯·阿奎那读本》,第128页。
② 〔德〕海因里希·罗门:《自然法的观念史和哲学》,第60页。

是社会混乱,不服从就不是正当的。① 阿奎那对于不服从不公法律的论述是十分谨慎的,如果不服从不公法律导致的后果比不公法律本身的后果更坏,在这样的情形下,基督徒就有义务选择服从法律。无论是奥古斯丁还是阿奎那,他们都没有认同现代法律实证主义者课于"恶法非法"命题的那种意义,即实在法同道德相违背就丧失其作为实在法的裁判约束力,而只是强调基督徒可以保存自己的良心自由,可以不遵守这种明显违背自然道德准则的恶法。②

基督徒不服从不公法律可以根据自己的良心自由来选择具体的方式,但如果法律的不公达到了极致,政治秩序纯粹沦为暴政,人民就拥有反抗暴政的权利。暴政也可以在政治上进行不同程度的反抗,阿奎那提出了三种反抗暴政的政治手段:第一,如果社会有权为自身推选统治者,社会可以"废黜它所选出的国王,或因他滥用权力行使暴政而限制他的权力";③第二,"当没有希望靠人的助力来反对暴政时,就必须求助于万王之王的上帝,即所有那些在苦难之时向其呼吁的人们的救助者,这是因为他有力量使一个暴

---

① 在不服从不公法律这个问题上,阿奎那同以哈特为代表的现代法律实证主义者并无实质分歧。See Raymond Wacks, *Philosophy of Law: A Very Short Introduction*, New York: Oxford University Press, 2006, p. 4. Also see, *The Blackwell Guide to the Philosophy of Law and Legal Theory*, edited by Martin P. Golding and William A. Edmundson, Blackwell Publishing Ltd., 2005, pp. 15-17. Philip Soper, "In Defense of Classical Natural Law in Legal Theory: Why Unjust Law is No Law at all", 20 *Can. J. L. & Juris.* 201(2007).

② See John Finnis, *Natural Law and Natural Rights*, 2nd Edition, Oxford: Clarendon Press, 2011, pp. 363-365.

③ 〔意〕托马斯·阿奎那:《阿奎那政治著作选》,第59页。

君的铁石心肠变为柔和";①第三,极端情形下人民有权推翻暴政,推翻暴政的行为"严格地说来并不是叛乱,除非是可能发生这样的情况,即推翻暴政的行动带有严重的纷扰,以致社会从继之而起的骚乱所受的损害比旧有统治的继续来得大。"②

总体来说,阿奎那作为亚里士多德哲学的出色后继者,把古典自然法的理论推演为一种非常成熟的形式,这也使他成为古典自然法最正统的代言人。古典自然法并没有把"自然法"简单地等同为"道德",它是无法同追问初始存在的形而上学思考分离开来的,形而上学和实体本体论的哲学是古典自然法产生的根据。古典自然法"是与一种目的论的宇宙观联系在一起的。一切自然的存在物都有其自然目的,都有其自然的命运,这就决定了什么样的运作方式对于它们是适宜的。就人来说,要以理性来分辨这些运作的方式,理性会判定,最终按照人的自然目的,什么东西本然地(by nature)就是对的。"③在古典自然法的传统中,自然是一种精神的秩序,人是在自然之中的,是与自然相统一的,人在自然中通过理性发现自己生活的客观法则。自然法是关于本性(nature)的法则,是本身即为正确的法则,或者是人正的(希腊罗马),或者是神正的(基督教)。人的生活最终是要无限尽其本性,无限接近自身存在的最完美状态,要实现这个目的,人必须在自然法的引导之下,顺应自然的要求而生活,还必须生活在正义的社会秩序中。社会秩

---

① 〔意〕托马斯·阿奎那:《阿奎那政治著作选》,第60页。
② 同上书,第136页。
③ 〔美〕列奥·施特劳斯:《自然权利与历史》,彭刚译,生活·读书·新知三联书店2003年版,第8页。

序要以自然法为准则,制定合理的实证法来实现共同的善,帮助每个人尽其本性,实现自己可能达致的最完美的存在。自然法表明了"存在、真理和善的内在的相互关联",①它既是超然居于实在法之上的高级法准则,也是实在法的必要组成部分。

(原载《苏州大学学报(法学版)》2015年第2期)

---

① 〔德〕海因里希·罗门:《自然法的观念史和哲学》,第102页。

斯多亚哲学与自然法中的普世主义

> 斯多亚哲学是西方自然法理论的开端,基于其对世界精致的泛神论解释,斯多亚哲学提出了普世主义的平等观,人人皆有神性,在起源上皆为平等。斯多亚哲学的普世主义经由自然法的媒介改造了罗马法,为罗马法产生平等法权观念提供了哲学前提。

认为所有人在人格上是平等的,这在现代人看来是一种信念,是经过很多次流血抗争才换来的不同阶级观念上的妥协,而不是一种对世界的自然理解。然而在西方思想史上,最初它是一种理解,是斯多亚哲学(Stoicism,或译作"斯多噶""斯多葛"和"廊下派")独特的宇宙论对人类的理解。换言之,普世的人人平等在现代人看来是应然,在斯多亚哲学看来则是实然。

人在日常生活的琐事中,间或能将身边的背景拉开,就能感受到自己与世界之间的距离。每天奔波忙碌为了什么?十年、二十年、三十年,弹指就过去了,不同的人选择不同的生存方式,彼此认同或排斥,最终都要化为枯骨。离世之后,除了家人朋友有限的悬念,其他一切都会随着时间流逝于无形。按照自然科学家的解释,人类未来会让位于新的物种。太阳最终也要变成红巨星直至消亡,地球或者还能存活几十亿年。宇宙间每一个不可揣测的偶然性,都会让一些生命在瞬间消失了。它们真的都消失了吗?都去了哪里?生命消失之后的虚空对所有人来说没有分别。一旦意识到个体同宇宙之间这种不可消除的距离,人就可以感觉到个体生命之间差别的可以消除。

在有限中寻找永恒,在无限中寻找起点和归宿,是文明初生时代哲学家思索自然问题的共同初衷。在斯多亚看来,世界的始基是物质的,但也是有神的,神引导万物遵循同样的法则,在生生灭灭之间回到同样的始基,不断循环。每一个生命,其中都蕴含神的因子,在这个意义上,人人皆有神性,普世皆为兄弟。斯多亚哲学将唯物主义与有神论无矛盾地融为一体,纯为一种理路井然的泛神论哲学,由此开辟了西方思想史上自然法的开端。

斯多亚学派公元前3世纪由塞浦路斯人芝诺(Zenon,公元前326—前264)创立,因其在雅典一座对外开放的建筑Stoa poikile(意为"画廊",英文stoics来自希腊文stoa)聚众讲学而得名。从创派开始,斯多亚哲学一直流行到公元2世纪的罗马时期,前后绵延500年之久。斯多亚学派可分为早期、中期和晚期。早期斯多亚活动于希腊晚期和希腊化时代,其代表人物除芝诺外,还有克里安西(Cleanthes,约公元前331—前233)和克吕西波(Chrysippos,公元前280—前207)。中期斯多亚主要代表人物有罗德岛的巴内修斯(Panaitios von Rhodos,约公元前180—前100)及其学生波赛唐纽斯(Poseidonios,公元前135—前51),西塞罗(Marcus Tullius Cicero,公元前106—前43)也被认为是中期斯多亚的代表。① 晚期斯多亚活动于罗马帝国,主要代表人物有塞涅卡(Licius Annaeus Seneca,约公元前4—65)、爱比克泰德(Epictetus,约50—120)和马可·奥勒留(Marcus Aurelius,121—180)。就斯多亚派的伦理政治观点来说,他们在形式上继承了希腊的德性伦理学传统,但赋予其以强调个体和世界主义的新内容,而其最重要的贡献是明确提出了自然法理论。"斯多亚哲学成为从古代通向基督教世界的桥梁,更为独特的是,它将古典的希腊思想转变为一种可以明确辨认为自然法的理论。"②

一、个体生命与宇宙生命

自然是有灵的还是无灵,是理性还是非理性,是可设计可规范的还是根本无序的,不界定这些前提去谈论自然,讨论就很难有寻求共识的可能。

在希腊人看来,"自然"首先是指事物的本性,少数情况下才用以指"自然界"。希腊人对本性与"自然"的探索根源于他们对于世界统一的信念,最早的希腊哲学家,都在思考构成世界本质的单一基质,他们相信世界起源于单一的物质元素,而且遵循和谐的规律。赫拉克利特认为世界的本原是火,"这个有秩序的宇宙对万物

---

① 也有学者认为西塞罗并不属于当时任何一个学派,而是一个折中派,他的著作显示出对柏拉图、伊壁鸠鲁、怀疑派和斯多亚哲学观念的熟悉和混合,但他具有非凡的重述和综合能力。后世对斯多亚哲学的了解主要归功于他用杰出的修辞所做的通俗化宣讲。See R. W. Dyson, *Natural Law and Political Realism in the History of Political Thought*, Vol. I, Peter Lang Publishing, 2005, p. 110.

② Lloyd L. Weinreb, *Natural Law and Justice*, Cambridge: Harvard University Press, 1987, p. 36.

都是相同的,它既不是神也不是人所创造的,它过去、现在和将来永远是一团永恒的活火,按一定尺度燃烧,一定尺度熄灭。"①斯多亚深受赫拉克利特宇宙论的影响,将世界的起源解释为火的作用,不同于赫氏的是,斯多亚强调神在宇宙创生中的作用,神不仅是世界理性的体现,也是造物的实体。

> 宇宙有两种原则:主动原则和被动原则。被动原则是没有性质的实体,即质料;而主动原则是内在于这种实体的理性,即神(God),因为它是永恒的,是匠师,在整个质料范围中制造了所有个别事物。……神与理性(reason)、命运(fate)和宙斯同一;他也被冠以许多别的名称,起初他独自存在;……此后他首先创造了所有四种元素:火、水、气、土。……神也是有生命的存在,是永恒的、理性的,在幸福方面是完善的或有理智的,不允许任何恶进入其中,庇佑着世界和其中的一切存在,但他不具有人形。他是宇宙的创造者,是万物的所谓父亲,无论是在总体上还是在他那渗透一切的特殊部分的意义上都是如此。②

斯多亚何以成为从古代通向基督教的桥梁,就在于它摒弃了希腊人地方意义的英雄神祇,而明确提出了普世意义的创始神,神是与万物同在的理性存在,是有生命的但也是非人格化的,后来经历基督教父"道成肉身"的论证,就被转化为人格化的上帝。两千

---

① 〔古希腊〕第欧根尼·拉尔修:《名哲言行录》(下卷),马永翔等译,吉林人民出版社2003年版,第418页。
② 同上书,第456—457、462页。

多年后,当自然科学越来越有效地证明人类并未宇宙中唯一的智能生物,而只是一个过渡性的渺小群体,看上去基督教的人格神反倒不及它的斯多亚哲学母体更具对宇宙的解释力。如果说对于世界各地的部族来说,上帝是一个普世的神,那么对于无限广袤的宇宙来说,名为耶和华的上帝可能也只是宇宙中一个名为人类(human being)的渺小部族的地方神。用自己族类的形象来塑造普世的造物本原,现在看来愈益流于一种褊狭的世界想象。也许未来的世界,如果人类不愿面对有限物质存在的生死虚空无名地战栗,斯多亚的泛神论会成为未来更能契合宇宙智性的信仰。

确切地说,在斯多亚哲学中,神就是有生命的宇宙,也是宇宙的生命,二者是合为一体的。它是无形的理性存在,是与自然同一的,渗透在万事万物的灵魂中。每一个个体的生命,都分享着神的存在,是神用同样的基质创造出来的,这种起源和基质的同一,决定了个体生命的本原平等。

> 我们称之为本性的东西就是渗透并保护着整个宇宙的力量,这种力量并非没有感觉和理性。任何存在物,只要它不是单一的,而是复合的,都一定有某种构成原则。就人来说,这个构成原则就是理性,而动物的构成原则是类似于理性的一种力量,所有的目的和欲望就是以这种原则为根据产生出来的。这种力量也呈现在树根以及从地上生长起来的任何一种植物中。希腊人称这种力量为"主导力"(guiding force),它在而且必定在每一种复合物中起支配作用。因此,包含整个自然的构成原则的存在者一定是最高的存在者,拥有主宰一切的力量。

因此我们可以看到,世界的各个部分(因为世界上没有什么不是宇宙整体的一部分)都有感觉和理性。因此,在那个为整个世界提供构成原则的部分中,感觉和理性一定会在更大、更高的形式上呈现出来。因此,宇宙必定是一个理性的存在者,渗透并包含万物的自然则必定以它的最高形式拥有理性。因此,神与自然界必定是同一的,世上一切生物必定被包含在神的存在之中。[1]

二、逻各斯、正确的理性与自然法

赫拉克利特提出的"逻各斯"(希腊语 Λόγος、λoyos,英文 logos)后来成了一个能够代表希腊智慧的概念。[2] 赫拉克利特相信世界是永远流变的,但是流变与斗争最终会归于和谐,逻各斯是世界的精神本原,是自然为万物流变创设的永恒不变的法则,在将这个概念引入哲学时,他最早提出了对自然法的思考,但将其理论化的任务则是由斯多亚哲学完成的。

希腊哲学关于"自然"的思考发端于对构成世界的物质始因及其规律的思考,从泰利斯和阿那克西曼德开始,最初的自然哲学家都试图用一种物质始因解释世界,柏拉图和亚里士多德并没有违

---

[1] 西塞罗:《论神性》第二卷,第10—11节。转引自汪子嵩等:《希腊哲学史》(第四卷),人民出版社2010年版,第496—497页。

[2] 希腊语中"逻各斯"本有言说、说明、比例、尺度、规律、理性等多种含义,起先通常是指语言,赫拉克利特最早将这一概念引入哲学。参见汪子嵩等:《希腊哲学史》(第一卷),人民出版社1988年版,第454—459页。

背这个传统,他们只是试图把这个规律运用于政治社会。然而到了希腊化时代,关于"自然"的思考被加添了直接的人性化的含义,道德世界不是由物质世界派生的,而是与其共在的"自然"的组成部分。如果自然谕示着第一存在,那么世间万国和人民都是它演变的产物,人类的本性和宇宙的秩序都要遵从逻各斯的神圣诫命,如果自然是和谐统一的,世间万国和人民都要用同一种法律来治理。"在斯多亚哲学家的头脑里面,思考的对象不再是城邦公民一类人,而是更具一般性的理性的人。这种人并不只是生活在雅典或是罗马,而是立于天地之间,有着同一个神,同一种法律,那就是支配整个宇宙的理性,常驻不变的自然法。"①

在斯多亚哲学中,自然秩序被上升为宇宙秩序,逻各斯成为主宰整个宇宙的规律。宇宙间有一个遍及所有事物的神,一个对所有理智动物都是共通的理性——逻各斯,神与人共享这种理性。人的一生乃是神为他指定的一个职守,就好像统帅给士兵规定任务一样。世界好比一个大舞台,人们不过是舞台上的演员,每个人的职责就是演好指定给他的角色,不管这个角色是引人注目的还是卑微的,是幸福的还是悲惨的。虽然人间的万象看似杂乱无章,但是作为整体的宇宙是井然有序的、和谐的,万事万物的发生都有明智的秩序,都是人力所不能左右的。但人作为宇宙的一分子,好比一个小宇宙,人的生活也要遵循这个小宇宙的秩序,按照理性而生活,摆脱激情和欲望,不为所有怪诞离奇的身外之事所触动也不试图去干预它们,平静地接受一切,向逻各斯敞开自己的灵魂。每个人都用理性来规范自己的小宇宙,不要去干预他人的事务,世界

---

① 梁治平:《书斋与社会之间》,法律出版社1998年版,第107页。

就会在无形之中达致和谐和秩序,最终就到达宇宙的真理。

西塞罗对希腊哲学的经典表达主要表现在他对希腊哲学的成功翻译,在他的著作中,"希腊文的 logos 被翻译成 recta ratio[正确的理性],理性拥有内在的导向,这种导向使理性本身能够区别正确和错误;希腊文的 nomos 被翻译成 Lex,法律,在 nomos 的丰富希腊文含义中掺入了更加狭隘的罗马条文法律的含义。"[1]就这样,自然(phusis)与习俗(nomos)的二分被成功地转化为自然法与人定法的二分,自然法也从希腊风味的哲学转变为一种务实的法律理论。西塞罗在《国家篇》用十分雄辩的方式表述了自然法的定义和特征:

> 真正的法律是与本性相合的正确的理性;它是普遍适用的、不变的和永恒的;它以其指令提出义务,并以其禁令来避免做坏事。此外,它并不无效地将其指令和禁令加于善者,尽管对坏人也不会起任何作用。试图去改变这种法律是一种罪孽,也不许试图废除它的任何部分,并且也不可能完全废除它。我们不可以元老院和人民大会的决定来免除其义务,我们也不需要从我们之外来寻找其解说者和解释者。罗马和雅典将不会有不同的法律,也不会有现在与将来不同的法律,而只有一种永恒、不变并将对一切民族和一切时代生效的法律;对我们一切人来说,将只有一位主人或统治者,这就是上帝(God),因为

---

[1] 〔奥〕沃格林:《政治观念史稿·第一卷·希腊化、罗马和早期基督教》,谢华育译,华东师范大学出版 2007 年版,第 173—174 页。

他是这种法律的创造者、宣告者和执行法官。无论谁不遵从,逃避自身并否认自己的本性,那么仅仅根据这一事实本身,他就将受到最严厉的刑罚,即使是他逃避了一般人所认为的那种惩罚。①

理性是人和神共享的特质,自然法是宇宙这个共同体的法律,是神和人共享的法律。正义来自于自然,来自于人类的本性,"我们必须解释正义的本质,而这必须在人的本质中寻求。……法律是植根于自然的、指挥应然行为并禁止相反行为的最高理性,……这一理性,当它在人类的意识中牢固确定并完全展开后,就是法律。……正义的来源就应在法律中发现,是衡量正义和非正义的标准。"②作为国家制定法的人定法,只有在符合正确的理性、符合自然法的时候才是正义的。西塞罗抨击了罗马独裁者苏拉发布的公敌法令,依据该法的规定,独裁官可以任意甚至不经审判将任何公民处死而不受法律惩罚,他认为这样的法律"就不应再视为正义。正义只有一个;它对所有的人类社会都有约束力,并且它是基于一个大写的法,这个法是运用于指令和禁令的正确理性"。③

在罗马法遗留给后世的遗产中,可见的是其精致的法律概念、分类和解释技艺,不可见的是其背后隐藏的普世理性。罗马法借助从斯多亚学派和西塞罗那里传承来的世界主义的自然法观念,第一次为一个普遍适用的法律体系注入了理性主义精神。罗马法

---

① 〔古罗马〕西塞罗:《国家篇·法律篇》,沈叔平、苏力译,商务印书馆1999年版,第101页。
② 同上书,第151—152页。
③ 同上书,第163页。

"关于其自命具有普遍效力的主张,有一点是连现代不怀成见的读者都将留下深刻印象的,那就是这项主张并非基于武力,而是基于理性。那是诉诸法律之固有的尊严,而非诉诸它的强制力。"① 当罗马帝国被四面涌入的蛮族兵团摧毁之后,罗马人的法律沉睡在古旧城市图书馆的角落,历千年之后再度征服西方世界,那力量不是来自任何一个罗马君王的武力和荣耀,而是那些清晰明了、序列森严的法律条文背后蕴藏的理性的力量,那是一种借着希腊人道主义精神指向每个人格独立的心灵的普世理性。

三、转向内倾的德性伦理与世界公民的平等观

亚里士多德政治学的主旨是要为古老的城邦政治找到永恒的延续之道,然而自伯罗奔尼撒战争以来,城邦政治已经日趋衰败和解体。希腊人把人类区分为希腊人和野蛮人,"希腊语中 barbaros 一词,并不意味着现代意义上的 barbarian(蛮族),它不是表示厌恶和蔑视的词,不表示住在洞穴里吃生肉的人。它只表示那些不说希腊语而发出'巴巴'(bar-bar)这种噪音的人。"② 希腊人知道那些不说希腊语的民族也有自己悠久稳定的文明,但他们并不用希腊人的方式思考。在柏拉图和亚里士多德的德性伦理学和自然法理论中,这种地方主义的视域始终是一个恒定不变的背景,"自然正义适用于野蛮人和奴隶吗?""用帝国统治的波斯人怎样实现他们的德性?"追问他们这样的问题是无意义的,他们根本不曾思考城

---

① 〔意〕登特列夫:《自然法·法律哲学导论》,第15页。
② 〔英〕基托:《希腊人》,徐卫翔、黄韬译,上海人民出版社1998年版,第1—2页。

邦之外的自然秩序。

在亚历山大征服的希腊化时代,希腊人亲眼看到了一个庞大的世界帝国的形成,原有的邦与邦之间的文化疆域在被冲破,弥漫于各邦的寡头党-民主派的残酷政治斗争、战争、瘟疫、饥馑、贫富分化导致平凡人生活的瞬息万变,使得传统道德和伦理陷入空前的危机。希腊化使得希腊人的心灵开始突破原有的城邦界限,而感受到普世间与自己命运相同的人类的共同性,贵族与平民、主人与奴隶这些传统的人的界分都开始遭受质疑。"普世主义有否定与肯定两个意义:在否定方面,它意指民族宗教与文化的崩溃;在肯定方面,它意指当时把人类作为一个整体而意识到的观念。"①

当然,把斯多亚哲学纯然解释为是对一个新的多元混乱世界的心理应对显然是不够客观的,斯多亚哲学是严谨的学术耕耘,其中有对希腊古典传统的清晰理论发展,但也表现了明显的理论转向。"毫无疑义,城邦之内的社会是古典社会理论的主要关注目标,因此,在希腊化时代确实可以看到一个明确的转变:从强调个人同其公民同胞之间的关系转向强调个人同作为整体的人类之间的关系。"②

斯多亚的伦理概念体系基本沿袭了希腊主流的德性伦理学传统:幸福、本性、美德、理性、反对激情。"幸福"是人类追求的终极目的,人的本性在于人区别于动植物的独特官能即理性,其最佳发挥即德性,德性包括明智、勇敢、公正、节制,对德性威胁最大的是

---

① 〔美〕保罗·蒂利希:《基督教思想史——从其犹太和希腊发端到存在主义》,尹大贻译,东方出版社2008年版,第10页。
② *A History of the Philosophy of Law from the Ancient Greeks to the Scholastics*, edited by Fred D. Miller, Jr., Carrie-Ann Biondi, Springer, 2007, p. 113.

人的欲望与激情。这些都与亚里士多德的伦理学体系一脉相承。斯多亚派认为,动物的第一冲动是自我保护,因为本性从一开始就使其自爱。但是快乐并不是动物的第一冲动指向的目标,依据理性的生活才是自然的生活方式,人的本性是过与自然相一致的生活,这种生活方式与德性的生活是一回事,快乐只不过是顺应自然的生活带来的副产品之一。"德性因其自身而值得选择……德性自身足以确保幸福。"[①]"幸福实际上不依赖于任何外在的善。"[②]所不同的是,斯多亚伦理关注个体的内在修养甚于其外在的社会效果。

亚里士多德以前的德性伦理学强调人要顺应本性的要求而生活,以使自己的本性与整个自然一致,融入逻各斯主宰的自然秩序,这是一种由内而外的伦理学,其实质是政治学的准备,个人的德性和幸福生活只有在城邦秩序中才可能实现,城邦的自然正义才是最终目的。斯多亚伦理则是由外而内的伦理学,其最终目的是个体自身的修养,人要摆脱外在世界的影响达致心灵的平静。城邦的终结和大帝国的兴起,无休止的社会动荡和社会道德的空前败坏,使得国家看顾公民伦理的信念越益无力,这样的信念在一个人和人可以面对面共存的狭小城邦中是可实践的,在一个十分广袤且变动无常的空间中就成为一个无从下手的空洞命题,这必然导致道德修养成为一个主要靠个人自身来把持的领域。亚里士多德提出的那个做一个好公民和好人的两难,到希腊化-罗马时代成为一个活生生的问题,斯多亚在这个两难中选择了一个较为切

---

① 〔古希腊〕第欧根尼·拉尔修:《名哲言行录》(下卷),第438页。
② 同上书,第454页。

近的主题,即维护个人自身的伦理完整性。"主流伦理学讲内心、讲内在价值,讲欲望与激情,但其关注点在内心或道德(及非道德)行为的外部的、社会性的效应与后果:会不会破坏社会和谐、公正秩序?有没有伤及他人?斯多亚派则在'幸福论'言谈系统之下,'自然而然地'将关切重心移向个体自身的内在幸福。不是国家命运而是超国家民族的人性健康,不是社会秩序紊乱——而是个人面对宇宙及生存基本处境时的本体情绪紊乱——是问题(个体苦难等等,柏拉图与亚里士多德不是没看到,但这在他们的范式之中根本不作为问题而被考虑。在他们庞大精美的概念网络中,听得见卑微渺小的个体人的声音吗?)。所以这种新'伦理学'显然已经大大拓展了自己的论域。"[1]

斯多亚伦理的主旨是教人解脱,平静而泰然接受这世界上的一切事情。"智慧之人是没有激烈情绪的,因为他不会屈身堕于此类脆弱之中。""智慧之人是远离虚荣的,因为他对好的和坏的说法都漠不关心。"[2]这是一个乱象频出的时代,几乎没有人的命运是一成不变的,贫者无立锥之地,富者穷尽奢华直至债台高筑,冒险成为一个通行的职业,奴隶在角斗场上用血肉之躯做赌注,平民去向世界各地的战场用生命做赌注,贵族和中产阶级以手中的武力和政变做赌注。元老院和公民大会的讲坛上酝酿着各种阴谋,繁华的城市经常上演光天化日下的罪行。在这个混乱的时代,每个人的命运无常使哲学开始沉思作为世界公民的人的命运与尊严。人生要遭遇两种不同的事情,一种是不在我们力量范围之内的事情,

---

[1] 包利民:《生命与逻各斯——希腊伦理思想史论》,东方出版社1996年版,第326页。
[2] 〔古希腊〕第欧根尼·拉尔修:《名哲言行录》(下卷),第450页。

比如失意、痛苦、疾病、死亡等等,它们虽不是我们的意志可以左右的,但由于所有与我们有关的事都是符合宇宙理性的,我们必须欣然接纳它们。另一种是我们力量范围之内的事情,那就是按照本性生活,摆脱欲望和激情,做一个心灵平静的人,那是德性与幸福的所在。

确切地说,斯多亚伦理是一种折中主义的哲学,其概念体系来自于希腊德性伦理,但其伦理宗旨却能隐隐看到早期犬儒学派的影子,只是斯多亚摒弃了犬儒浮躁、激烈与弃世的一面,选择了一种平静理智的个体主义。自然昭示人要去寻求真我,"但这真我已不是公民之我,现实之我,而是人类之我,'世界公民'的我。纯粹个体'自我'的价值已在萌芽,……自我已不再与自己的'外在之物'等同。"①城邦价值体系中的地位、财富、国籍(公民权)、性别、主奴,在斯多亚看来都只是身外之物,它的终极关怀是混乱世界中人的命运与尊严,而不是人要舍身于其中并让自己成为其中一个环节的自然秩序。斯多亚伦理的消极性是其经常遭人诟病的地方,"这个立场有可能受到这样的驳斥:支配'内在'领域或许与支配许多外在境况同样困难。这个反驳当然是有分量的。但与此同时,我们应当记住,控制自然(疾病、歉收等)的能力在希腊化-罗马时期是相对较小的。如果对我们来说切除一个阑尾比控制我们的愤怒更容易的话,在古代情形则正好相反。因此,斯多亚学派劝人控制有可能控制的事情,也就是他们的心灵,这并不是完全不切实际的。对应于从共同体中的人向私人的个体转化,心灵被理解为某种内在的东西,与自然界和社会世界都分离开来。这在某种意

---

① 包利民:《生命与逻各斯——希腊伦理思想史论》,第292—293页。

义上说是非希腊式的:伦理现在与政治相分离了。每个人都要独立于社会和环境而修养自身。我们看到的是与社会相分离的私人的道德的观念。"[1]这种完全与政治分离的私人伦理,在形而上学意义上第一次真正论证了人和人实质的平等,而这恰恰是罗马法能够产生平等法权观念的哲学前提。

结语

斯多亚哲学对罗马法的影响,是一种精神意义的潜移默化的影响,而不是具体的行为准则的移植。在从市民法向万民法过渡的过程中,自然法是一个被经常借鉴的技术性概念,尤其用于克服市民法中的形式主义和繁文缛节。在从一个地方主义和形式主义的部族法转变为一个普遍适用的适于商品经济的高水平立法的过程中,自然法作为一个技术手段的作用是功不可没的。

斯多亚将自然法概括为一种代表普世理性的人生哲学,到罗马帝国时代普及成为罗马人家喻户晓的大众哲学,也深深渗入了罗马法的母体,优士丁尼皇帝钦定的法学教科书《法学总论》,开篇就将"诚实生活,无害他人,各得其所"[2]作为民法的基本原则确立下来,这是对斯多亚自然法哲学的准确法律表达。自罗马共和国晚期始,源自斯多亚的普世主义自然法观念开始对罗马的社会生活发生人道主义的影响,表现在这样三个方面:奴隶的法律地位和

---

[1] 〔挪〕希尔贝克、伊耶:《西方哲学史——从古希腊到二十世纪》,上海译文出版社 2004 年版,第 110 页。
[2] 〔古罗马〕查士丁尼:《法学总论——法学阶梯》,张企泰译,商务印书馆1989 年版,第 6 页。

社会地位有了一定改善,提倡对奴隶的人道待遇;妇女逐渐从丈夫的独裁权力支配中慢慢解放出来,夫权婚姻越来越被自由婚姻所代替;父母和子女之间的法律关系也渐趋人道化,家父权逐步受到限制,家父对子女的人身和财产的专制控制渐趋缓和。[①] 精研罗马法史的法史学家梅因将这一过程生动地概括为"从身份到契约"的过程。

反观自然法两千年来的学术史,一旦世界远离了纷争苦难,埋头奋进于文明的提升,自然法就会成为不合时宜的话语,而当劫难再次来临,痛定思痛,自然法就要复兴。这样起起落落的永劫回归,如今我们都说不清是第几度了。21世纪不过十多个年头,与晚期罗马法的发展相似,普世价值已经脱离了空疏的纸面学理,而成为各国提升政治文明的必然法制要义。在这样的时刻,重思自然法开端时的斯多亚哲学,不仅是个人脱离现代生活复杂喧嚣的解脱途径,也能让人类面对未来无从揣测的命运时多些意识形态的信心:无论去向哪里,无论未来我们会否灭绝,心灵中的神性之光都会顺应宇宙的安排去到新的出发地。

(原载《北方法学》2013年第6期)

[①] 参见〔美〕博登海默:《法理学——法律哲学与法律方法》,邓正来译,中国政法大学出版社1998年版,第17—20页。

拉德布鲁赫公式的意义及其在"二战"后德国司法中的运用

> 拉德布鲁赫公式是"二战"后德国法学家拉德布鲁赫提出的用于否决前政权法效力、解决疑难案件的司法方案,在这些疑难案件中,法律实证主义者提出的"溯及既往"方案并不能充分解决问题。"二战"以后德国法院创造性地将拉德布鲁赫公式运用于恢复犹太人公民权利的案件,这为当代世界类似的司法实践提供了有益的经验。

古斯塔夫·拉德布鲁赫(Gustav Radbruch,1878—1949)1946年发表的《法律的不法与超法律的法》一文在当代法哲学中引发了一场非常深刻的争论,不夸张地说,20世纪中叶以后的法哲学就是从这篇论文转向了理论的深耕,无论是法律实证主义,还是形形色色的自然法理论,还是各种在二者之间寻找中间立场的法律理论,都试图借助法律与道德的关系这个主题,从阐释法律概念转向更为复杂精致的论证。正是在这个意义讲,《法律的不法与超法律的法》无愧于"20世纪法哲学中最重要的文本之一"。[1]

---

[1] Thomas Mertens," Nazism, Legal Positivism and Radbruch's Thesis on Statutory Injustice",14 *Law Critiq.*(2003),p. 277.

拉德布鲁赫在《法律的不法与超法律的法》中提出的"拉德布鲁赫公式"(Radbruch Foumula)在他身后遭遇了以哈特为首的法律实证主义者的质疑,在实证主义者看来,"拉德布鲁赫公式"就像托马斯·阿奎那个"恶法非法"的古老命题一样,只会在法哲学和司法实践中引发自相矛盾和思维混乱。哈特认为,这个公式标志着拉德布鲁赫法哲学的转向,即从前期的法律实证主义立场转向了自然法。① 一个前半生持守实证主义立场的法学家抛弃了法治理想,转而诉诸情感直觉对法律的心理反击,这种解释似乎可以说明纳粹暴行对人类思想的巨大冲击力。"二战"之后,德国思想界整体都遭遇了这种巨大的冲击,从宗教界到哲学界,从史学解释到文学反思,纳粹带来的浩劫撼动了无数知识分子的世界观与良心。似乎法哲学界出现这样的代表也不足为怪,而曾经在魏玛时期担任司法部长并被纳粹视为"政治上不可靠"而剥夺海德堡法律教席的法哲学大师拉德布鲁赫,看来确实是承担这个反思与转变使命的不二人选。

然而细读《法律的不法与超法律的法》这个文本,不难发现哈特对拉德布鲁赫的指责是过于简单化的。拉德布鲁赫并不像哈特所说的那样,用一句简单的"纳粹法令人不能容忍所以不是法律"来解决所有追诉纳粹罪行的案件;恰恰相反,他对告密者案件提出了完全符合"法无明文不为罪"原则,也无需触动纳粹法效力的谨慎解决方案,远比哈特那个溯及既往的方案副作用更少。拉德布鲁赫主张以尽可能维护法的安定性的方式来裁决追诉纳粹罪行的案件,而不是普适性地否决纳粹法的效力。拉德布鲁赫公式并不是一

---

① H. L. A. Hart, "Positivism and the Separation of Law and Morals", 71 *Harv. L. Rev.* 593(1958), pp. 619-620, 616.

个普适性的司法方案,而是一个在尽可能维护法律安定性前提下用于解决疑难案件的辅助性司法方案。"二战"以后,拉德布鲁赫公式已经被德国法院多次运用,尤其是创造性地运用在恢复犹太公民权利的相关案件中,拉德布鲁赫公式已被国际法哲学界公认为"转型正义"(transitional justice)解决疑难案件的可行方案。

一、纽伦堡审判与德国的后续审判——拉德布鲁赫公式提出的法律背景

《法律的不法与超法律的法》发表于1946年8月,当时纽伦堡审判已经快到宣判阶段了。无独有偶,德国的史学巨擘梅尼克也在这一年写出了《德国的浩劫》。梅尼克在这本沉思录的末尾表达了德意志民族面对这场浩劫的双重沮丧,"根除国家社会主义的毒瘤这个任务,现在就转移到了战胜国手中。这对我们这些一直默默希望着以我们自己的力量来解决这一任务的德国人来说,成了心灵上的沉重负担……只有已经使自己完全明确我们目前所遭受的外来的异族的统治时代是先有着一个内部的异族统治时代、一伙罪犯们的统治时代的人,才能够找到一条解决国家义务问题的道路。外来的异族统治是可怕的事,对一个骄傲的民族来说,是沉痛的沮丧。但是这个民族的感情却并不必然地、普遍地要为此而痛苦。更优秀的人的民族感情,这时甚至于可以在悲痛之下得到深化和净化。"①

---

① 〔德〕梅尼克:《德国的浩劫》,何兆武译,生活·读书·新知三联书店1991年版,第180—181页。

梅尼克所描述的这种德意志民族的沉痛,在1946年的德国首先就表现为对纽伦堡审判的不信任。一个骄傲的民族,现在要由占领国的法庭审判一个存在了十二年的旧政权的罪恶,这是一件十分耻辱的事。在很多德国人看来,这不是"正义的胜利"(triumph of justice),而是"胜利者的正义"(victors' justice)。拉德布鲁赫在这时发表《法律的不法与超法律的法》,提出主张"恶法非法"的拉德布鲁赫公式,说明他深刻地领悟了纽伦堡审判的历史意义。但他的声音在当时德国的舆论中是非常不协调的,很快就被对纽伦堡的非难所淹没,只是到后来德国法院开始追诉纳粹罪行遇到种种疑难案件时,他的意见才开始被重视。

由四个战胜国(美苏英法)法官组成的国际军事法庭(IMT,International Military Tribunal's)1945年11月20日在纽伦堡开庭,1946年9月30日、10月1日宣判结束。纽伦堡审判是对主要战犯的罪行进行追诉,嗣后四国还要分别在各自占区进行后续审判。这些审判依据的法律基础是四国占领德国后成立的管制委员会1945年12月20日发布的《关于惩办犯有战争罪、反和平罪和反人道罪的罪犯》(以下简称"第10号法令")。《国际军事法庭宪章》和内容基本相同的管制委员会第10号法令,其法律思想来源于美国联邦最高法院法官罗伯特·杰克逊(在纽伦堡审判中充任首席检察官)的一份草案。① 围绕着法庭的组成、审判程序和最为根本的法律依据问题,当时德国的舆论提出了诸多质疑,这些舆论起初基本是没有公开化的,但在审判结束以后,德国法学界开始了

---

① 参见〔德〕卡尔·迪特利希·埃尔德曼:《德意志史》,第4卷下册,第166—167页。

公开的学术讨论,将纽伦堡审判中存在的诸多法律问题都揭示了出来。

概括来说,德国舆论对纽伦堡审判提出了这样几点质疑:1. 法庭的检察官、法官同时也是审判的立法者,违背了分权原则;2. 法庭的管辖权没有充分依据,完全由战胜国的法官组成;3. 对反人道罪的定义过窄,仅限于1939年战争爆发以后纳粹对外国人的犯罪;4. 法庭拒绝接受盟军也犯了类似罪行的抗辩;5. 反人道罪和战争罪都是《国际军事法庭宪章》新创的罪名,这违背了不得溯及既往和"罪刑法定"的原则。[1]

纽伦堡审判作为一次史无前例的大规模战犯审判,尽管并不彻底也存在很多法理上的问题,但它为揭露纳粹暴行、确立侵略性战争犯罪做了大量杰出的工作,也为开辟国际法新时期起到了里程碑的作用,审判中揭露出的大屠杀真相令德国民众感到震惊与愤怒,大部分德国人都认为被告们是罪有应得的。然而,德国也是一个有着深厚法治国传统的国家,德国舆论尤其是德国法学界对审判程序诸多方面的质疑,说明纽伦堡审判是一次非同寻常的审判,其中混杂着法律、道德和政治诸多因素的作用,而审判由英美程序主导,势必引起同德国法律文化的冲突。拉德布鲁赫在纽伦堡审判行将结束之时发表《法律的不法与超法律的法》,诉诸"恶法非法"的拉德布鲁赫公式,其实是在为否决纳粹法律效力提供新的理论依据。纽伦堡审判庭的法官们解释,反人道罪本身也是普通罪行,只是经过了政治动员和组织化的实施。关于"战争罪",法庭

---

[1] See Christoph Burchard, "The Nuremberg Trial and its Impact on Germany", 4 *J Int Criminal Justice* (2006), pp. 802-810.

论证1925年《洛迦诺公约》和1928年《凯洛格-白里安公约》等国际协定已经规定了侵略战争的违法性。[①] 但是对于溯及既往的问题，法庭的论证显然是不充分的，要让战犯为过去的政府行为承担个人罪责，无法回避的环节就是必须否决纳粹政权法律的效力，而拉德布鲁赫公式就从法理学上提供了一个替代方案。虽然纽伦堡审判的判决书中没有直接引用拉德布鲁赫公式，但拉氏在此时提出公式，很明显是要为审判提供法理学基础。

审判结束之后，四国占区都开始了后续审判。西占区包括纽伦堡审判在内共判处了5025名被告，其中806名被判死刑，486名被执行。在苏占区，除了军事法庭的审判之外，还根据管制委员会1945年发布的第10号法令通过行政程序进行判决，被判刑者总数估计为45000人。德国法院也对纳粹罪行进行追诉，1945年底1946年初，法院和检察院恢复了工作，其主管范围起初被占领当局限于德国人对德国人或对无国籍人犯下的罪行，以后逐渐扩大了德国法院的主管范围（各占区情况不一）。这些审判是以德国刑法为基础的，由于调查取证工作的复杂，为了突破原有凶杀案追诉期限20年的限制，1969年6月26日西德联邦议院决定将追诉期限延长到30年。在德意志联邦共和国境内，从战争结束到1970年底，有6181人因犯纳粹罪行而被德国法庭判决，其中12人判死刑（1948年前），123人判无期徒刑。在德意志民主共和国境内，1945年以来因犯纳粹罪行被判决刑的人数，1965年官方公布的数字是

[①] See Christoph Burchard, "The Nuremberg Trial and its Impact on Germany", pp. 807-809.

12807人。①

自1945年以来,德国境内四个占区和德国法院分别进行了对纳粹罪行的追诉。在司法当中追诉这些罪行,可以采取的有三种途径:依据溯及既往的特别立法追诉;援用拉德布鲁赫公式或者采取类似的方式(诉诸自然法);尽可能在原有法律体系(包括纳粹统治以前德国的立法)框架之内采取内部证成,不要去触及纳粹法效力的问题。在这个问题上,法律实证主义者提出的溯及既往法方案显然是将问题简单化了,实际上也根本不可能回避拉德布鲁赫提出的纳粹法效力的问题。在1958发生的哈特-富勒争论中,哈特对拉德布鲁赫公式提出了尖锐的批评,认为追诉告密者应当诉诸溯及既往的刑事立法。② 富勒在对哈特的反驳中为拉德布鲁赫做了辩护,并且一针见血地指出了哈特方案并不能回避否决纳粹法效力:"哈特教授无条件地谴责法院这样的司法判决:法院自己宣布那些告密者进行告密所依据的纳粹法律无效。在这一点上,人们会不由自主地提出一个问题,即哈特教授所提出的问题是否真的有益于对法的忠诚。无疑,用一个具溯及力的刑事法规来对抗告密者,必然意味着适用于告密者及其受害人的纳粹法律,就那些法规而言将会被视为无效。伴随这一转变,存在的问题看起来将不再是是否宣布一度是法律的东西已不再是法律,而是由谁来承担这一肮脏的工作,是法院还是立法机关。"③

---

① 参见〔德〕卡尔·迪特利希·埃尔德曼:《德意志史》,第4卷下册,第172—173页。
② See H. L. A. Hart, *Positivism and the Separation of Law and Morals*, p. 619.
③ 〔美〕朗·富勒:"实证主义与忠于法律:答哈特教授",何作译,载强世功:《法律的现代性剧场:哈特与富勒论战》,法律出版社2005年版,第170页。

在拉德布鲁赫、哈特、富勒之间发生的这场系列争论深刻地反映了不同国家法律文化的差异。在英国,普通法法院是没有权力审查立法效力的,法官也往往奉行严格的遵循先例原则(1966年以前尤其如此),法官对法律解释的空间是有限的。所以哈特认为,要否决立法的效力,只能由立法机关承担这个任务,虽然溯及既往的立法是恶法,但为了避免让战争罪犯逍遥法外这个更大的恶,只有两害相权取其轻。在德国和美国,法官往往会对法律采取比较宽松的解释原则,美国联邦最高法院还有对立法合宪性进行司法审查的权力,"二战"后德国也部分仿效了美国的这一制度,设立宪法法院。所以在美国和德国的法律人看来,司法机关要审查甚至否决一部法律的效力,并不是非常不可思议的事,只有英国人才会觉得这不可思议。就法律文化传统来说,德国法律人觉得不可思议的不是司法否决立法效力,而是溯及既往的立法。很多德国的司法官不能接受直接依据管制委员会发布的第10号法令来追诉纳粹罪犯的做法,德国1871年刑法典(纳粹期间仍然有效)、魏玛共和国1919年宪法和德意志联邦共和国1949年基本法均明确禁止溯及既往的立法。[①] 渐渐地,拉德布鲁赫公式开始受到重视,因为它是在溯及既往法之外的一个可行司法方案。

二、拉德布鲁赫公式的主旨及其构成

在《法律的不法与超法律的法》中,拉德布鲁赫重申了他对法

[①] See Michael S. Bryant, "Prosecuting the Cheerful Murderer: Natural Law and National Socialist Crimes in West German courts, 1945-1950", 5 *Hum Right Rev* (2004), p. 87.

价值的基本立场。首先,法拥有自身内蕴的价值:法的安定性,"有法总是还好于无法,因为它至少还产生了法的安定性。"①"但法的安定性不是法必须实现的唯一的价值,也不是决定性的价值",②除此之外,法还拥有另外两项价值:合目的性与正义。根据拉氏对法价值的多元立场,安定性、正义与合目的性这三种法律价值是法理念的三个不同作用方向,它们之间可能发生冲突。通常情况下,安定性是居于首位的,即便法律不善也不能动摇安定性。但在极端情形下,纳粹法因为完全缺失正义价值,正义就与法的安定性价值发生了剧烈的冲突。为了解决这一冲突,拉氏提出了这样的解决方案:"正义与法的安定性之间的冲突可能可以这样妥善解决:通过法令和国家权力来保障的实在法是具有优先地位的,即便其在内容上是不正义的、不合目的性的;除非当实在法与正义之矛盾达到如此不能容忍的程度,以至于法律已经成为'非正当法'(false law,unrichtiges Recht)时,法律才必须向正义屈服。在法律的不法与虽内容不正当但仍属有效的法律这两种情况之间划出一条截然分明的界限,是不可能的,但最大限度明晰地做出另外一种划界还是有可能的:凡正义根本不被追求的地方,凡构成正义之核心的平等在实在法制定过程中有意地不被承认的地方,法律不仅仅是'非正当法',它甚至根本上就缺乏法的性质。"③这就是所谓的"拉德布鲁赫公式"。

---

① 〔德〕古斯塔夫·拉德布鲁赫:《法律智慧警句集》,舒国滢译,中国法制出版社2001年版,第169页。
② 同上书,第169—170页。
③ Gustav Radbruch, "Statutory Lawlessness and Supra-Statutory Law", trans. by Bonnie Litschewske Palson and Stanley L. Polson, 26 *O. J. L. S.* (2006), p.7. 着重号为笔者所加。加着重号的两段文字就是法哲学界所称的"拉德布鲁赫公式"。

根据拉氏的法律概念,安定性、正义与合目的性是法的必然价值追求,纳粹法不仅仅违背了法的正义价值追求,也背弃了同前法的历史延续性,缺失法的安定性价值。① 而法的合目的性价值是由安定性和正义来共同保障的,相应地,纳粹法也就缺失了对合目的性的法价值追求。三种价值追求是法理念的核心,缺失这三种价值的法,就丧失法的效力,成为形式合法的犯罪,甚至根本就丧失法的资格。"拉德布鲁赫公式并不是一种自然法直觉或对国家社会主义的情感反应导致的结果,毋宁说,它是对拉德布鲁赫所概括的构成法理念的三种成分经过谨慎考量以后导致的结果。"② 拉氏提出这个公式是为了纠正他前期理论中的一个错误,即对法的安定性价值强调得更多,而完全牺牲了法的正义价值,导致出现合法的罪恶这种极端情形。③

《法律的不法与超法律的法》中一共提到了四个具体的案件,从这四个案件中,可以分辨出三个类型:告密者被追诉、纳粹时期司法官因司法或行刑等公务行为被追诉、纳粹时期反抗纳粹法制的行为被免于追诉。在所有这三类案件中,前纳粹法律的效力问题都成为焦点的法律争议,也就是说,这些案件中所涉的前纳粹法律都会不同程度地遭遇合法性质疑,相应地会出现两种结果:前纳粹时期合法的行为被认定为非法,或者,前纳粹时期非法的行为被认定为合法。这四个案件都是德国法院或其他执法机构已经审结

---

① See Thomas Mertens, "Radbruch and Hart on the Grudge Informer: A Reconsideration", 15 *Ratio Juris*(2002), p. 188

② Robert Alexy, "A Defence of Radbruch's Formula", in David Dyzenhaus ed., *Recrafting the Rule of Law: The Limits of Legal Order*, Oxford: Hart Publishing, 1999, p. 36.

③ See Stanley Palson, "Radbruch on Unjust Laws: Competing Earlier and Later Views", 15 *O. J. L. S.*(1995), pp. 493-494.

的案件,在现实中,德国法院和执法机构都否决了涉案的前纳粹法律的效力,或是以间接的形式(援引管制委员会发布的溯及既往的第10号法令),或者是以直接的形式,直接在裁决中否决前纳粹法的效力(一个纳粹军队逃兵被免于追究责任)。这四个案件均发生在《法律的不法与超法律的法》写作之前,拉氏写作此文,最终是为了提出对这个四个案件的合理解决方案。

细读到文末才发现,拉德布鲁赫虽然提出了这个公式,但对于四个案件却提出了不同的解决方案。他首先表达了对溯及既往法方案的怀疑,"面对过去12年的法律不法(现象),我们必须以对法的安定性尽可能少的损害来致力实现正义的要求。并不是任何一个法官都应当自行其是,可以宣布法律无效,这个工作还是应当由更高一级的法院或立法机关来承担。"①拉氏在文末对几个案件提出了不同的裁决思路,他的法律意见基本都遵循了"法无明文不为罪"的原则,详细论证了对三案被告定罪的法律依据。他所援引的法律基本都是纳粹统治之前德国的生效法律,实际上在这三个案例中,拉氏的法律意见只有在法官案(告密者案的法官)中直接触及了纳粹法的效力问题,也就是说他主张只有在法官案中,才可能直接运用公式。总体来说,面对几个具有典型意义的疑难案件,拉德布鲁赫认为"这些案件不应该通过引入溯及既往的法规来解决,而只应诉诸对'法无明文不为罪'(nulla poena sine lege)原则的正当尊重来解决",②他主张以尽可能维护法的安定性的方式来裁决

---

① 〔德〕古斯塔夫·拉德布鲁赫:《法律智慧警句集》,第173页。着重号为笔者所加。

② See Thomas Mertens, "Radbruch and Hart on the Grudge Informer: A Reconsideration", p.192.

这些案件,也就是说,尽可能在法律体系的框架内采取内部证成,而不是普适性地否决纳粹法的效力。在1946年以后拉氏发表的其他文章中,他都严格限定了公式的适用范围,强调法的安定性是首要价值,只有在非常特殊的情形下(12年纳粹统治造成的合法罪恶或者与此类似的独特情形下),安定性才应该让位于正义。①

研究者们指出,拉德布鲁赫公式可以分解为两个子公式:

拉德布鲁赫第一公式 当实在法同正义的矛盾达到了"不能容忍的程度"时,以至于法律已经成为"非正当法"时,实在法就失去了它的法律有效性。阿列克西教授将第一公式称为"不可容忍性公式"(intolerability formula),也有研究者将其称为"非正当法公式"。在第一公式中,拉氏并没有直接结论"恶法非法",而只是主张在不可容忍的极端情形下实在法会失去自己的效力。

拉德布鲁赫第二公式 凡正义根本不被追求的地方,凡构成正义之核心的平等在实在法制定过程中有意地不被承认的地方,法律不仅仅是'非正当法',它甚至根本上就缺乏法的性质。阿列克西教授将第二公式称为"否定公式"(disavowal formula),也有研究者将其称为"丧失法资格公式"。② 在第二公式中,拉氏才作出了"恶法非法"的结论。

《法律的不法与超法律的法》问世之后,拉德布鲁赫第一公式多次被德国法院运用以解决疑难案件,第二公式却从来没有被实

---

① See Stanley Palson, "Radbruch on Unjust Laws: Competing Earlier and Later Views", p.497.

② See Robert Alexy, "A Defence of Radbruch's Formula", in David Dyzenhaus ed., *Recrafting the Rule of Law: The Limits of Legal Order*, p.16. Also see Thomas Mertens, "Radbruch and Hart on the Grudge Informer: A Reconsideration", p.190.

际运用过,法官和法理学家们认为要认定立法者具有弃绝平等的目的很困难,因为平等是一个纯粹形式的概念。① 拉氏1946年以后的作品对此问题做了进一步强调,似乎他本人也不主张直接适用第二公式。②

从"二战"后德国法院的司法实践来看,拉德布鲁赫公式主要运用于这样两种情形下:1. 溯及既往的特别立法所不能规范的特殊个案,主要用于恢复犹太人的公民权利。2. 追诉前政府公职人员的犯罪。③

三、拉德布鲁赫公式的典型运用:恢复犹太人公民权利

在纳粹政权覆灭、纳粹价值观遭受国际社会普遍质疑的特殊时代条件下,纳粹法的效力必须重新接受检验,纳粹的统治造成的"法律的不法",对于"二战"后法官是一个无法回避的法律问题,在这个特殊的过渡时期如何用合乎法治的方式来裁决这些疑难案件,是"二战"后德国法院面临的最大司法挑战。这个任务仅仅依赖于立法机构颁布过渡时期特殊立法是无济于事的,因为立法者出于各种审慎的政治考虑,并不必然出台解决这些疑难案件的特别立法,即便有了这样的立法,也会有一些特殊的个案是这些立法所不能规范的。阿列克西教授在《对拉德布鲁赫公式的辩解》一文

---

① See Thomas Mertens, "Radbruch and Hart on the Grudge Informer: A Reconsideration", p. 190.
② See Stanley Palson, "Radbruch on Unjust Laws: Competing Earlier and Later Views", p. 497.
③ See Ibid., pp. 491-492.

中非常深刻地揭示了"二战"后德国司法遭遇的这个困境,他指出,立法机构并不必然像哈特说的那样采取行动颁布溯及既往的立法来解决过渡时期疑难案件,这是种种复杂的原因导致的,有时候过渡时期的立法机构还不具有充分的行动能力。在司法实践中,也会有一些特殊的个案是特别立法无法规范的,比如"二战"后德国颁布了归还犹太移民财产的法令,但有一些犹太人未能在法定的期限之内主张权利,法院就必须考虑用别的途径来裁决这些案件。①

1933年开始,纳粹政府开始系统实施其排犹政策,这一年,犹太商店开始被破坏抵制,犹太人被禁止担任医生、律师、法官。1935年9月,纳粹政府通过了臭名昭著的《纽伦堡法》,公然剥夺了犹太人自19世纪开始以来享有的公民的平等权利,取消所有犹太人德国国籍,不允许犹太人担任公职,包括立有战功人员也一律开除,禁止犹太人同德国人通婚和发生任何个人接触。希特勒亲自给"犹太人"下了定义,凡曾祖父母中有三人是犹太人的均为犹太人。《纽伦堡法》开始实施以后,犹太人彻底沦为德国的异类,丧失了任何法律保护。1933—1935年间,大批犹太人逃离德国。从1933年希特勒上台到1935年底,有八千犹太人自杀,七万五千犹太人流亡国外,其中包括爱因斯坦、弗洛伊德、茨威格、阿伦特等大批文化精英。无数犹太人涌向各国领事馆,申请准予政治避难的护照,但是各国的移民法都只准许接受少量的犹太移民。在工商业界,犹太资本家财产被没收一空,犹太工人被纷纷解雇。1939年

---

① See Robert Alexy, "A Defence of Radbruch's Formula", in David Dyzenhaus ed., *Recrafting the Rule of Law: The Limits of Legal Order*, p. 36.

"二战"爆发以后,纳粹开始在其控制的欧洲各地建立集中营,对犹太人进行残酷无情的大屠杀。纳粹政府在德国国内还颁布了《国籍法》等补充法令,彻底剥夺犹太人(包括纳粹控制的其他地区的犹太人和移居国外的犹太人)的公民权利,没收犹太人的财产。希特勒上台时,德国共有50万犹太人,排犹政策导致大批犹太人逃亡和被驱逐,①1939年德国境内只剩下27万多犹太人(不包括奥地利),1945年战争结束以后,德国境内还有一万二千犹太人幸存。②经过了这场浩劫,犹太移民并没有多少人会选择回到德国,但是在涉及财产继承等民事纠纷时,出现了大批疑难案件。"二战"后德国法院直接适用拉德布鲁赫公式,首先就是用来解决这类案件的。

1945年以后,德国法院裁决了大量的类似案件,在拉德布鲁赫发表《法律的不法与超法律的法》之前,就已经有法律直接诉诸自然法裁决纳粹法律无效的实例。1946年,威斯巴登(Wiesbaden)区法院裁决了一个犹太人后裔要求归还财产的案件。原告在战争期间被驱逐到波兰,在集中营被迫害致死,财产被纳粹政府没收,几名被告人在一次拍卖中买到了他的财产。战后死者的继承人要求归还财产,被告人提出了"善意购买人"(bona fide purchaser)抗辩,认为他们是以合法途径获得这些财产的。根据纳粹政府1941年11月25日发布的《帝国国籍法》第11号法令第3章第1节第1款之规定:"依据本法规定丧失德国国籍的犹太人之财产自其丧失国

---

① 参见〔以色列〕阿巴·埃班:《犹太史》,阎瑞松译,中国社会科学出版社1985年版,第375—376页。
② 参见〔德〕卡尔·迪特利希·埃尔德曼:《德意志史》,第4卷,上卷第461页,下卷第62页。

籍之日起收归国有。"威斯巴登区法院在判决中否决了这一法令的效力,认为其违背了自然法,因而自始无效,并据此判决将财产归还原告的继承人。①

1946年拉德布鲁赫提出公式以后,强调要谨慎运用,要以安定性考虑为首,尽可能在既有法律体系的框架之内寻求内部论证来解决疑难案件,只有在法律与正义的冲突达到"不可容忍的"情形下才可以否决纳粹法效力。从拉氏在《法律的不法与超法律的法》中提到的几个真实案件和他的法律意见来看,他实际上是非常担心德国法院滥用管制委员会第10号法令这类溯及既往的立法,也担心轻率地否决纳粹法效力,因为这会大规模地破坏法治。在这篇文章发表之后,尤其在德国建国之后,德国法院开始谨慎地运用拉德布鲁赫公式或者类似的论证,而且往往是在高级法院的裁判中,才会直接否决纳粹法的效力。由于德国并没有遵循先例的正式制度,在司法个案中适用拉德布鲁赫公式,并不会产生大规模的司法影响。

第一个直接运用拉德布鲁赫公式的实例是1968年德国联邦宪法法院裁决的一个恢复犹太移民国籍的案件。根据纳粹1941年《帝国国籍法》第11号法令第2章之规定:"犹太人于下列情形下丧失德国国籍:(a)在本法生效之日时已在国外有正常居所的犹太人,自本法生效之日起(丧失德国国籍);(b)本法生效之后在国外获得正常居所的犹太人,自其变动正常居所至国外之日起(丧失

---

① Michael S. Bryant,"Prosecuting the Cheerful Murderer:Natural Law and National Socialist Crimes in West German Courts,1945-1950", p. 95.

德国国籍)。"①一位犹太籍律师在"二战"爆发前夕流亡到荷兰阿姆斯特丹,1942年他又从荷兰被驱逐。这名犹太律师可能已经在集中营丧生,但是案情牵涉到他的遗产继承问题,只有恢复他的德国国籍,继承人才能顺利继承他的财产。

联邦宪法法院裁决涉案的纳粹法律违背了基本的正义准则因而是无效的,据此恢复被继承人的国籍。法院认为"当国家社会主义党统治时期的法律规定同正义的基本准则是如此明显地相冲突,以至于一个准备适用它们或认清其法律后果的法官将会发布一个非法的裁决,而不是一个合法的裁决,这时就可以否认它们的效力",涉案的第三帝国法律"违背了这些基本准则","在这部法律中,同正义的冲突达到了这样一种不能容忍的程度,以至于该法必须被认定为无效"。宪法法院的判决继续陈述,该法已被付诸实施多年这一事实亦不能使其成为有效,"因为,一旦被颁布,一部违反法律构成性准则的非法律(non-law)无论如何都不能因其已被适用和遵守而成为法律。'"②在这个判决中,法院几乎是引用了拉德布鲁赫第一公式(不可容忍性公式)的原话,虽然没有提到拉德布鲁赫的姓名。这个案例成为司法中运用拉德布鲁赫公式的一个典型范例,为以后类似案件的裁决创立了一个先例。在这类的案件中,在既有法律体系框架内采取内部证成恢复当事人权利已无可能,纳粹法效力成为司法裁决中无法回避的问题,而且判决只对个

---

① Quoted in Robert Alexy, "A Defence of Radbruch's Formula", in David Dyzenhaus ed., *Recrafting the Rule of Law: The Limits of Legal Order*, p. 36.

② Decision of 14 February 1968, Entscheidungen des Bundesverfassungerichtes, BVerfGE 23, 98 (106). Quoted in Stanley Palson, "Radbruch on Unjust Laws: Competing Earlier and Later Views", p. 491.

案生效,并不会产生大规模的影响,不会导致其他法院不适当地仿效,德国司法中也有援引重要法学家意见作为法律渊源的传统,因而适用拉德布鲁赫公式是完全正当也完全必要的。

四、拉德布鲁赫公式的扩展运用:柏林墙射手案及其争议

1949年两德分立以后,柏林也被分为东西两个地区,并成为北约和华约两大政治集团的冷战前沿。起初,柏林市民是可以在市内自由活动的,但随着冷战逐渐升级,1952年东西柏林的边界开始关闭。据统计,1949年到1961年间大约有150万东德人逃入西柏林,其中有大批科技人员和熟练技术工人。1961年8月12—13日夜间,东德政府紧急修筑了柏林墙,在边界只留下了13个通道口,并颁布法令规定东德居民未经许可不得进入西柏林。柏林墙修筑以后,东德仍有居民试图以各种方式逃至西柏林。东德政府在柏林墙沿线设置了碉堡和铁丝网防止逃亡,并派驻大批边界守卫,依据东德边界法令的相关规定,边界守卫可以采用武力阻止逃亡。根据联邦德国官方认定的数字,1961—1989年因试图逃亡被柏林墙守卫击毙的人数为264人。①

1984年12月1日凌晨三点十分,一名年仅二十岁的德国青年米夏埃尔(Michael)用梯子试图翻越柏林墙逃往西德,两名守卫发现了他,他们首先在广播中发出警告,命令他下来,阻止无效以后鸣枪示警,还是没有能够阻止他。于是两名守卫都开始向米夏埃

---

① See Russell Miller,"Rejecting Radbruch:The European Court of Human Rights and the Crimes of the East German Leadership",p. 655.

尔开枪,两人都开了二十多枪,持续几分钟时间。当米夏埃尔爬到墙顶时,被击中膝盖和背部,他摔了下来,后来被送往医院,六点二十分在医院死亡。① 这是在柏林墙下发生的枪击事件中的一件,但也是极不平常的一件,因为它引发了拉德布鲁赫公式在德国司法中的再度运用。1992年,这名受害人的死亡导致了两名守卫和三位东德政府高级官员在柏林地区法院的被诉,开枪致受害人死亡的守卫被判缓刑,东德国防部副部长弗里茨·施特雷勒茨(Fritz Streletz)、东德国防部部长海因茨·克塞勒(Heinz Kessler)和东德国务委员会主席埃贡·克伦茨(Egon Krenz)均被柏林地方法院判处故意杀人罪(作为间接责任人),分别判处五年半、七年半和六年半有期徒刑,定罪的根据是他们在东德政府中的领导者地位,特别是他们在国防委员会中具有高级权威,直接领导边防法制,他们的定罪量刑牵涉到多起柏林墙逃亡者的死亡。两德统一之后,联邦德国当局就柏林墙枪击事件发起了6500次调查,5900人被判无罪或免予起诉,100多人被定罪,这起案件是其中最有代表性的一件,共经过了四级诉讼,直至2001年在欧洲人权法院终审裁决。1992—1996年,柏林地区法院、德国联邦司法法院和联邦宪法法院在三级裁决中都适用了拉德布鲁赫公式,其中联邦最高法院是直接适用的。②

在德国诉施特雷勒茨、克塞勒和克伦茨(*Germany v. Streletz, Kessler and Krenz*)一案的诉讼过程中,争议的焦点是守卫开枪是否

---

① See Manfred J. Gabriel,"Coming to Terms with the East German Border Guards Cases Winner",38 *Colum. J. Transnat'l L.* (1999),pp. 384-385.

② See Russell Miller,"Rejecting Radbruch:The European Court of Human Rights and the Crimes of the East German Leadership",pp. 656-657.

符合当时德意志民主共和国的法律规定。被告克伦茨等三人提出了如下的抗辩理由:1982年《德意志民主共和国边界法》第27章第2条规定可以使用枪支阻止越界;在实施边界法制时使用枪支不会被起诉是东德政府的既有惯例。依据1982年《德意志民主共和国边界法》第27章第2条第1款之规定:"如果刑事违法行为即将实施或正在持续中,而且在当时情形看来构成重罪(felony),就可以使用枪支予以阻止",第27章第3条规定:"使用枪支时应当尽可能不要危及人命。"阿列克西教授在分析此案时认为,根据这两条法律,此案中守卫开枪是完全合乎当时法律规定的:首先东德刑法将穿越边界规定为重罪;其次,两名守卫已经采取了一切可能的阻止措施,包括广播警告和鸣枪示警,都没有能够阻止米夏埃尔继续越界,在这种情况下,如果不开枪米夏埃尔就可能成功越界;第三,"使用枪支时应当尽可能不要危及人命"只是一个模糊的指示性规定。因此,阿列克西教授认为在该案中东德边界法的效力问题是无法回避的,只有诉诸拉德布鲁赫公式才能为惩办罪犯提供充分的法律论证。[1]

在三级审判中,德国法院都拒绝了三被告提出的抗辩理由。1992年,柏林地方法院的判决认为,这些辩护理由的基础是靠不住的,因为它们十分邪恶地和令人难以容忍地违反了"正义的基本准则和国际法保护下的人权"。[2] 1994年,联邦最高法院的判决直接诉诸了拉德布鲁赫公式,判决中写道:"实在法同正义的冲突已经

---

[1] See Robert Alexy,"A Defence of Radbruch's Formula", in David Dyzenhaus ed., *Recrafting the Rule of Law:The Limits of Legal Order*, pp. 20-21.

[2] Quoted in Russell Miller,"Rejecting Radbruch:The European Court of Human Rights and the Crimes of the East German Leadership", p. 657.

达到了这样一种不能容忍的程度,以至于作为'非正当法'的法必须让位于正义。在纳粹专制政权覆灭后,这些公式试图概括最为严重的不法行为的特征。要把这一观点适用于本案是不太容易的,因为在东德内部边界的杀人行为不能等同于纳粹犯下的大规模屠杀罪行。但是不管怎样,这一过去的观点仍然有效,也就是说,在评价以政府名义实施的行为时,必须要问的是,这个政府是否已经逾越了每一个国家作为一般性定罪原则所允许的最大限度。"[1]1996年,联邦宪法法院维持了联邦最高法院的判决,判决中写道:"在这个非比寻常的情形下,客观正义准则的要求本身,以及这种要求所包含的对国际共同体认识到的人权的尊重,都使得法院不可能接受这样的辩护理由。"[2]综观这三个判决,基本都采纳了拉德布鲁赫公式的论证,联邦最高法院是直接援引的,柏林地方法院和联邦宪法法院的判决也都隐含了类似的论证,三个判决都是用"实在法同正义冲突"为依据来否决了东德边界法的效力。

德国法院对拉德布鲁赫公式的这一扩展运用在司法界和法学界都引起了很大争议,即便直接诉诸拉德布鲁赫公式的联邦最高法院的判决,其中也提到不能将东德政府击毙逃亡者的行为同纳粹暴行相提并论。此案中的第三被告埃贡·克伦茨曾为东德国务委员会主席,在1989年开放柏林墙直至两德统一的进程中,克伦茨是持开明态度并且起了积极作用的,他的支持者们也都纷纷抱怨德国法院的不公平,认为德国法院有将此案政治化的倾向。三

---

[1] Quoted in Stanley Palson, "Radbruch on Unjust Laws: Competing Earlier and Later Views", p. 492. 加着重号的文字为拉德布鲁赫公式的原文。

[2] Quoted in Russell Miller, "Rejecting Radbruch: The European Court of Human Rights and the Crimes of the East German Leadership", p. 657.

名被告将此案申诉至欧洲人权法院,认为德国法院的判决违反了《欧洲人权公约》第7条第1款之规定,该款确立了禁止溯及既往和罪刑法定的合法性原则。2001年3月21日,欧洲人权法院大审判庭经过审查,以十四票对三票裁决德国法院的定罪并没有违反公约第7条第1款,但是拒绝适用拉德布鲁赫公式。

欧洲人权法院对此案的裁决采取了在既有法律体系之内寻求内部证成的路径,而避开了敏感的东德法律效力问题。首先,法院认为东德人民警察法第17条第2款及东德国家边界法27条第2款所确立的成文法抗辩理由不能适用,这些法律只允许对待"重罪"使用枪支,根据这些法律条文的表述,"重罪"包括以特定强度实施或同其他人共同实施的危害他人生命或健康的非法越境,其中包含使用枪支或其他危险方式。法院认为此案不符合上述这些要素,此案中受害人米夏埃尔是独自实施越境行为的,而且手无寸铁,用的是原始的办法,他的越境也根本不会危及他人的生命健康,对这样的行为开枪予以阻止超越了东德法律规定的界限。法院还认为,正是由于东德宪法对人道尊严和个人自由的规定具有高度优先性,上述法律才对使用枪支阻止越界做出了高度限制性规定(阻止重罪方可使用)。其次,法院认为,东德政府关于在实施边界法制时使用枪支不会被起诉的惯例这一抗辩理由也不能适用。法院认为东德对这类行为不予起诉并不是基于对法律的有效解释,而是对东德法律的一贯性违反的结果。对这类行为不起诉的做法是违反东德宪法的,该法包含两个规定,即对生命的尊重,以及要求尊重生命的国际义务。法院解释说,东德对这类行为的不起诉是申诉人(克伦茨等三人)行使权力的结果,尽管这种惯例存在,但这种惯例是申诉人自己创造的,并且同东德法律规定相悖。①

表面看来欧洲人权法院拒绝了拉德布鲁赫公式的适用,但仔细分析欧洲人权法院裁决的精神,其实质并不同拉德布鲁赫提出公式的初衷相违背。拉氏生前就已指出,应当以对法的安定性尽可能少的损害来尽力实现正义的要求,即便对道德上令人愤怒的告密者案,他都主张要在既有法律体系之内寻找合法判决,而不是轻易否决旧法律的效力。欧洲人权法院的判决与其说是对拉德布鲁赫公式的反驳,不如说是对不适当运用公式的反驳。两德统一以后,东西德国之间原有的经济文化差异仍在阻碍着实质统一的进程。在这种形势下,避免将柏林墙射手案毫无必要地政治符号化,不仅有利于维护正常的法治秩序,也有利于缓解两德之间仍然存在的无形分隔。

结论

拉德布鲁赫作为德国法学界最后一位可堪称为古典大师的人物,他在生命的最后阶段经历了对法治国理念进行了沉痛反思。面对德国法院清算纳粹罪行缓解社会仇恨的合法性困境,他一方面要承认纳粹法效力必须屈服于正义这个无可否认的社会事实,一方面又对滥用溯及既往立法、以恶治恶的司法现状有着深深的隐忧,拉德布鲁赫公式就是这种深刻思想矛盾的反映。一个经过

---

① See Russell Miller, "Rejecting Radbruch: The European Court of Human Rights and the Crimes of the East German Leadership", pp. 658-659.

严谨论证的法学家意见,通过司法中的谨慎考量来解决疑难案件,终归是在混乱社会局面中持守法治理想的一个最不差的选择,而且德国法院的实践说明,拉德布鲁赫公式可以创造性地用于恢复被剥夺的公民基本权利,这样运用拉德布鲁赫公式,是不太可能产生副作用的。在今日这个仍然动荡不安、种族屠杀战争暴行仍然阴魂不散的世界,拉德布鲁赫公式可能不仅仅是一种独特的德国体验,完全有可能运用于其他地区类似的司法实践。

(原载《华东政法大学学报》2009年第4期)

告密、良心自由与现代合法性的困境
——法哲学视野中的告密者难题

告密者案件不是一个一般意义的疑难案件,而是一个"根本性的疑难案件",其中不仅牵涉到法律解释的争议,也牵涉到对法律合法性的争议。德国法院对告密者案件的真实裁决是审慎严谨的,比起哈特的方案,这些裁决更合于法律实证主义忠于法律的宗旨。拉德布鲁赫和富勒对这个案件的建议都比哈特方案更好,哈特方案并不能回避恶法非法的问题。纳粹统治时期司法沦为犯罪工具,法官丧失良心自由,这是现代社会真实的合法性困境。

公元前43年,罗马执政官西塞罗被他的仇人安东尼发布法令宣布为公敌(hostis publicus)。安东尼从前辈苏拉那里学到了公敌法令,那是罗马共和国曾有过的最残酷的法律。安东尼和同盟屋大维、雷必达共同发布了他们想要的公敌名单,被宣告为公敌的人不再受到法律的任何保护,窝藏或者隐瞒他们的人与他们同罪,杀死他们的人可以凭头颅领取巨额奖金,奴隶还可以得到自由和公民权,告密者得到同样的奖金。西塞罗准备逃亡到马其顿,一个奴隶向追捕的军队告密了,追兵很快找到了他。一个曾经在诉讼中被他搭救的百夫长砍下了他的头颅和双手,献给安东尼请赏。他的头和手被悬挂在他曾经抨击独裁者的讲坛边,悬挂了很长时间,跑来看这些示众之物的人,比以前跑来听他演讲的人还要多些。公元前43年,罗马城中人人自危,一片恐惧,人们最害怕的恰恰是从前自己亲爱和熟悉的人。奴隶出卖主人,儿子出卖父亲,债务人出卖债权人,农夫出卖地产肥美的邻居,妻子出卖丈夫,丈夫被杀的当天,她就举行她的新婚典礼。①

西塞罗生前曾抨击苏拉那部残酷的公敌法令,他说这样的法律"就不应再视为正义。正义只有一个;它对所有的人类社会都有约束力,并且它是基于一个大写的法,这个法是运用于指令和禁令的正确理性"。② 然而他最终却惨烈地殉身于此。共和已经沦陷,守护罗马共和法律的国父西塞罗已经死去,帝国就要来临。在暴君频出的罗马帝国,只要独裁者愿意,他们都可以变成苏拉和安东尼,法律在他们手中就变成酷虐的杀人利器,能够搅动平常人心中最黑暗的贪欲和恶念,那些堕入黑暗的人们,强横尚武的可以选择做独裁者军中的百夫长,屠弱无力的可以选择叛卖和告密。

两千年后,罗马帝国古老的统治技艺经由秘而不宣的心灵默契,降临到阿道夫·希特勒治下的第三帝国土地。在第三帝国的议会里,法律变成了更为酷虐的杀人利器,被宣布为公敌的,不仅仅包括所有反对独裁者的人,还有一个人数众多的无辜族群。为这法律做后盾的,是威力胜过罗马军团千万倍的火药武器,还有组

---

① 〔古罗马〕阿庇安:《罗马史》(下卷),谢德风译,商务印书馆1976年版,第330—331、318、323—326、333页。
② 〔古罗马〕西塞罗:《国家篇·法律篇》,沈叔平、苏力译,商务印书馆1999年版,第163页。

织严密千万倍的现代科层制官僚体系。在第三帝国阴郁的生存斗争中,酷虐的法律同样搅动平常人心中最黑暗的贪欲和恶念,那些堕入黑暗的人们,强横尚武的可以选择做盖世太保和党卫军,孱弱无力的同样选择叛卖和告密。面对这更为严密和精致的现代合法罪恶,最无良心自由的就是操作法律的那些精英。比起平常人,他们还有忠于法律的职责所系,即便法律已经变成杀人工具,他们也无从逃避指责。没有人知道,这是上帝惩罚罪人的历史必然性,还是现代性演进中一个脱节的偶然产品。1945年以后,第三帝国的浩劫过去,幸存的人们追问,当法律精英扈从独裁者作恶的时候,为什么他们没有想到"恶法非法"的古老训诫?人们真诚地相信,就像第三帝国的罪恶如同罗马一样古老,最古老的法律智慧也可以开出新意,帮人们寻回失落的法治秩序。人们动用这古老的智慧,要法律精英们回答:面对邪恶的法律,一个人有没有权利告密?那个接受告密的法官,到底是在犯罪还是在实施法律?

一、胜利者的正义与正义的胜利:现代法哲学中真实的告密者案及其法律背景

1951年,《哈佛法律评论》摘要报道了一个德国法院裁决的告密者案:被告决定摆脱她的丈夫——一个长期服役的德国士兵,丈夫在探亲期间向她表达了对希特勒的不满。1944年,被告向当局告发了丈夫的言论,并出庭作证,军事法庭根据纳粹政府1934年和1938年发布的两部法令,判定该士兵犯有发表煽动性言论罪和危害帝国国防力量罪,处以死刑。经过短时期的囚禁后,他未被处死,又被送往前线。战后,被告和军事法庭的法官被交付审判,检

察官根据1871年《德国刑法典》第239条,起诉二人犯有非法剥夺他人自由罪。1949年班贝格(Bamberg)地区上诉法院在二审中判定涉案法官无罪,但被告罪名成立,因为她通过自由选择,利用纳粹法律导致了她丈夫的死亡和监禁,而这些法律"违背了所有正派人士所持的健全良知与正义感"。① 报导最后提到了拉德布鲁赫1946年著名的文章《法律的不法与超法律的法》,该文被法律实证主义者解释为标志着拉德布鲁赫从实证主义向自然法的转向,在其中他提出了一个类似"恶法非法"的拉德布鲁赫公式:通常情况下法的安定性应居于首位,即便法律不善也不能动摇安定性,但如果安定性与正义的冲突达到了"不能容忍"的程度,法律已经沦为"非正当法"(false law, unrichtiges Recht),法律就必须向正义屈服。② 看起来,班贝格法院的判决推理似乎与拉德布鲁赫公式是一致的。

这篇短短两页的报道对案情就说了这么几句,仔细读读结论,地区上诉法院的判决是不是有些自相矛盾?如果据以判决受害人死刑的纳粹法律无效,那为什么法官无罪告密者却有罪?他们不都一样非法剥夺了他人的自由吗?因为那些法律是不道德的因而是无效的,所以他们致受害人死亡或监禁就是非法的,这是判决推理的关键环节。那法官脱罪的理由是什么?是因为法官不能逃避司法职责,在纳粹统治下,如果他拒绝裁判,他甚至可能遭遇生命

---

① "Recent Case, Criminal Law in General—German Citizen Who Pursuant to Nazi Statute Informed on Husband for Expressing Anti-Nazi Sentiments Convicted under Another German Statute in Effect at Time of Act", *Harvard Law Review*, vol. 64 (April 1951), p. 1005.

② 〔德〕拉德布鲁赫:《法律智慧警句集》,第170—171页。

危险,即便他拒绝裁判,受害人同样难逃法外的厄运?如果是这样,那应该将法官定罪然后免责,而不是判决其无罪。为什么法院会做出这样明显自相矛盾的判决?

1958年,英国法律实证主义的领袖哈特在《哈佛法律评论》上发表了《实证主义和法律与道德的分离》一文,对这个判决提出了尖锐的批评,认为法院受到了拉德布鲁赫的影响。相应地,哈特提出了实证主义的解决方案:要么不要处罚这种行为,要么发布一个溯及既往的法令来惩治告密,"尽管溯及既往的刑事立法或惩罚是邪恶的,但将其公开适用于案件中,至少体现了坦率的美德。我们必须明白,当惩罚该女子时,我们只是在两个邪恶中选择其一:要么使该女子免受惩罚,要么放弃法不溯及既往这一大多法律体系都接受的珍贵道德原则。"[①]这就是哈特提出的所谓"告密者困境"。

后来的调查证明,不是法院自相矛盾,而是这个报道弄错了。真实的情形是,在这个案件中,法院并没有援引拉德布鲁赫公式或者类似的论证宣告纳粹法律无效,只是裁决被告的行为"违背了所有正派人士所持的健全良知与正义感"。法院认为涉案的纳粹法律是邪恶的,尤其量刑过于严酷,绝大部分德国人都会认为这是恐怖的法律,"但是不能认定它们是违反自然法的法律",法院认为军事法庭那位判处被告丈夫死刑的法官"是在其法律职责范围以内行事",但判定被告非法剥夺了他人自由。[②]

[①] 强世功:《法律的现代性剧场:哈特与富勒论战》,法律出版社2005年版,第129页。

[②] H. O. Pappe, "On the Validity of Judicial Decisions in the Nazi Era", *Modern Law Review*, vol. 23 (May 1960), p. 263.

这样看来,至少这是一个没有自相矛盾的判决,也没有受到拉德布鲁赫的影响。在拉德布鲁赫和哈特的争论中,很多隐含的政治历史背景决定了这并不是一场纯粹的法理学理论交锋,告密者案件背后隐藏的法律和道德困境要远比哈特所陈述的复杂得多。回过头去看引发这场争论的那篇哈佛法律评论的案件摘要,其中指出,"这个案件是那些最早对这类问题适用德国法律的案件之一,大部分先前的案件都适用了盟军管制委员会关于惩治反人道罪的第10号法令(1945年12月20日)和第38号法令(1946年10月12日)……在美管区,德国法院已被禁止适用管制委员会发布的法令。"① 管制委员会的法令是战后制定的溯及既往的新法,要追诉战争期间的罪行,纳粹法的效力问题是无法回避的,因为这些罪行在当时是合法的。而要解决这个问题,胜利者希望诉诸溯及既往的立法,德国人希望用自己的办法。实际上,就像富勒已经指出的,哈特的办法和拉德布鲁赫的办法并不像哈特说的差异那么大,它们其实很相似。② 一个溯及既往的刑事立法,隐含的必然前提就是否决了前法的效力,只是回避了为什么否决前法效力的问题。看来哈特和拉德布鲁赫的这场争论,表面是实证主义和自然法的较量,背后还有胜利者和失败者法律话语权的较量。

1945年的春天,"二战"的最后阶段,战斗开始在德国本土展开,普通的德国人才意识到这场战争对他们的残酷,关于奥斯威辛和其他集中营杀害了500万以上犹太人的消息,此前在德国一直是个模糊的流言。1945年4月,美军解放了柏林附近靠近魏玛市

---

① 〔德〕拉德布鲁赫:《法律智慧警句集》,第106页。
② 强世功:《法律的现代性剧场:哈特与富勒论战》,第170页。

的布痕瓦尔德(Buchenwald)集中营,那里见到的惨象是骇人听闻的。为了帮助德国人相信这个事实,美军强令1200多名魏玛市民亲自到布痕瓦尔德来参观。随后发布的各种新闻消息,才让德国人相信那原来不是流言,那以前,大部分德国人只见到工厂里强迫做工的外国工人,但都习以为常也不觉得那有什么不对。而现在他们知道,纳粹的暴行已经使德国人在西方的文明世界沦为贱民,这个曾经孕育了席勒、康德、荷尔德林、歌德的以文明著称的民族,现在不可思议地变成了西方世界的野蛮人。① 到底应该拿德国人怎么办,同盟国内部起初并没有达成一致,"英国觉得,可能最好采用一个政治方案,即对纳粹头目进行快速军事审判,或者干脆枪决了事。英国主张,这将满足报复的需要,也没有贬低合法性(legality)的理想。一场壮观的审判,看上去就像是'事先编排好的'(put-up job),这在英国一向不得人心。"②但是偏爱正当程序的美国人坚持要来一场审判,他们相信这对于德国的未来更有好处。由四个战胜国(美苏英法)法官组成的国际军事法庭起始就宣布,审判的目的不仅是要揭露纳粹罪行让罪犯受到惩罚,还要对德国公众进行教育。③

纽伦堡审判1945年11月20日开庭,1946年9月30日、10月1日宣判结束。纽伦堡审判是对主要战犯的罪行进行追诉,嗣后四

---

① Konrad H. Jarausch, *After Hitler: Recivilizing Germans*, 1945-1995, trans. by Brandon Hunziker, Oxford, New York: Oxford University Press, 2006, pp. 3-6.

② 〔美〕朱迪思·N. 施克莱:《守法主义:法、道德和政治审判》,彭亚楠译,中国政法大学出版社2005年版,第139页。

③ *The Legacy of Nuremberg: Civilising Influence or Institutionalized Vengeance?*, edited by David A. Blumenthal and Timothy L. H. McCormack, Leiden, Boston: Koninklijke Brill nv, 2008, p. 17.

国还要分别在各自占区进行后续审判。这些审判的法律基础是四国管制委员会1945年12月20日发布的《关于惩办犯有战争罪、反和平罪和反人道罪的罪犯》的第10号法令(以下简称"第10号法令")。《国际军事法庭宪章》和内容基本相同的第10号法令,其法律思想来源于美国联邦最高法院法官罗伯特·杰克逊(在纽伦堡审判中充任首席检察官)的一份草案。[①] 对于德国人,纽伦堡审判是一场空前的耻辱,大部分人都认为坐在被告席上的纳粹精英是罪有应得,但他们不愿意相信这是德意志民族整体的罪行。在很多德国人看来,这不是"正义的胜利"(Triumph of Justice),而是"胜利者的正义"(Victors' Justice)。围绕着法庭的组成、审判程序和最为根本的法律依据问题,德国法学界及舆论提出了诸多质疑:1. 法庭的检察官、法官同时也是《国际军事法庭宪章》的起草者,也就是纽伦堡审判的立法者,这违背了分权原则;2. 法庭的管辖权没有充分依据,完全由战胜国的法官组成,没有来自中立国(比如瑞士和葡萄牙)的法官,也没有德国法官;3. 对反人道罪的定义过窄,仅限于1939年战争爆发以后,而且法庭只注意纳粹对外国人的犯罪。根据反人道罪的定义,纳粹政府对德国人民所犯的罪行(1939年前后)都不受追诉,判决中几乎没有提到纳粹对德国持不同政见者的迫害、对残障儿童的"安乐死"措施等暴行;4. "你也一样"抗辩(tu quoque defence) 在审判中被拒绝,法庭拒绝接受盟军也犯了类似罪行的证据;5. 反人道罪和战争罪都是《国际军事法庭宪章》新创的罪名,这违背了不得溯及既往和"罪刑法定"的原则。

[①] 〔德〕卡尔·迪特利希·埃尔德曼:《德意志史》(第4卷下册),第166—167页。

德国人认为依据德国法律中谋杀、人身伤害、盗窃、剥夺自由这些既有罪名就可以对战犯进行追诉,不必诉诸反人道罪这种没有法律依据的新罪名。另外,战争构成犯罪在国际法上也没有先例。①

尽管纽伦堡审判并不彻底也存在很多法理上的问题,但它为揭露纳粹暴行、确立侵略性战争犯罪做了大量杰出的工作,也为国际刑事司法起到了开创性的作用。审判中揭露出的大屠杀真相令德国民众感到震惊与愤怒,美国人坚持要通过审判对德国民众进行教育,确实是具有远见卓识的。然而德国也是一个有着深厚法治国传统的国家,纽伦堡审判是一次非同寻常的审判,其中混杂着法律、道德和政治诸多因素的作用,而审判由英美程序主导,势必引起同德国法律文化的冲突,在审判之后的后续审判中,冲突就聚焦于到底应该适用什么法律来裁决案件的问题。1945年底至1946年初德国法院和检察院逐步恢复了工作,其主管范围起初被占领当局限于德国人对德国人或对无国籍人犯下的罪行,以后逐渐扩大了主管范围(各占区情况不一)。与战胜国审判大量适用第10号法令所不同的是,德国法院的审判是以德国刑法为基础的。一方面,很多德国的司法官不能接受直接依据第10号法令来追诉纳粹罪犯的做法,德国1871年刑法典(纳粹期间仍然有效)、魏玛共和国1919年宪法和德意志联邦共和国1949年基本法均明确禁止溯及既往的立法。② 适用溯及既往的新法在纽伦堡审判这样的

---

① Christoph Burchard, "The Nuremberg Trial and its Impact on Germany", *Journal of International Criminal Justice*, vol. 4 (September 2006), pp. 802-810.

② Michael S. Bryant, "Prosecuting the Cheerful Murderer: Natural Law and National Socialist Crimes in West German Courts, 1945-1950", *Human Right Review*, vol. 5 (July-September 2004), p. 87.

国际审判中是必要的,因为当时的国际法还没有成熟的旧有法律体系可资借鉴,但在德国国内的审判中,诉诸前纳粹的法律则是完全可能的,并且可以避免破坏法律安定性的弊端;另一方面,德国法官阶层为了洗清虎从纳粹的恶名,必须重新树立司法非政治化、司法独立的形象,在纳粹期间,德国的法律人与其说是因为追随实证主义而做了纳粹帮凶,不如说是彻底丧失了司法独立,使司法彻底沦为纳粹政治的工具。要为德国法律人重建良好的职业声誉,需要排除战胜国对德国司法的政治影响,比起适用战胜国制定的第 10 号法令及其他相关法令,诉诸旧有的德国刑法或者诉诸自然法,显然更能起到重塑司法独立的作用,这样德国人才会相信这是"正义的胜利"而不是"胜利者的正义"。①

二、合法性的断裂与重建:德国法院对告密者案的裁决

1945 年德国投降之后,盟军对德国进行政治重建的首要任务就是废除纳粹法统,有一种简单的做法就是宣布纳粹统治十二年之间所有的政府行为无效,这样纳粹政权就会变成一个毫无正统性(legitimacy)的暴君统治,仿佛古代的僭主一样。② 但这势必造成难以预料的社会混乱,也是难以实行的。为了避免对法律的安定性造成过大的破坏,管制委员会采取的做法是废除明显具有

---

① 〔德〕英戈・穆勒:《恐怖的法官——纳粹时期的司法》,王勇译,中国政法大学出版社 2000 年版,第 204 页以下、80 页。
② Michael Stolleis, *The Law under the Swastika: Studies on Legal History in Nazi Germany*, trans. by Thomas Dunlap, Chicago & London: The University of Chicago Press, 1994, pp. 174, 179.

意识形态色彩的纳粹法律,并倡议回到"前希特勒的法律体系"。① 在1945年以后德国法院追诉前纳粹罪行的司法活动及相关民事司法中,由于纳粹政权造成的合法性中断和法律体系的碎片化,确定何为仍然有效的法律成了常见的疑难问题。德国法律人认为,被废止的纳粹法律只是自废止时无效,而不是自始无效,②没有被废止的纳粹法律仍然有效,前纳粹的法律一直有效,要回归到合法性断裂以前的法律体系,最大的难题就是要处理纳粹法律与旧有法律的冲突。大量的待决案件是不能回避的,如果司法机关不能有效履行自己的职责,民间的私相复仇就会愈演愈烈。只有逐步解决纳粹暴政造成的这些遗留司法问题,德国社会才可能摆脱纳粹法律的影响,实现合法性的重建。告密者案件的真实裁决是对这种复杂混乱情势的一个非常有代表性的说明。一般来说,疑难案件(hard case)发生在对法律解释发生争议的时候,告密者案件的特殊之处在于,它不仅关涉到法律解释的争议,还关涉到对旧有法律合法性的争议。在这个意义上讲,告密者案件不是一个一般意义的疑难案件,而是一个"根本性的疑难案件"(fundamental case),③它触动了一个法律体系最为根本的合法性问题,在裁决中必须对涉案的旧有法律进行合法性审查。

在哈特弄错的那个真实的告密者案中,告密者被告和涉案的

---

① Michael Stolleis, *The Law under the Swastika: Studies on Legal History in Nazi Germany*, pp. 168-171.

② Ibid., p. 180.

③ David Dyzenhaus, "The Hart-Fuller Debate at Fifty: the Grudge Informer Case Revisited", *New York University Law Review*, vol. 83 (October, 2008), p. 1008.

法官一审都被判无罪,班贝格上诉法院二审维持法官无罪,但被告非法剥夺他人自由罪成立,因为"(a)她没有告密的义务;(b)她实施告密行为是为了满足自己的个人动机;(c)她应该已经预见到在当时的情形下告密(会不可避免地导致与受害人行为极不相称的严重后果)'违背了所有正派人士所持的健全良知与正义感'"。法院还强调当时德国的民众普遍认为这类行为是"违背良俗与道德"(decency and morals)的,以此确证判决。法院认为此案中导致受害人丧失自由的纳粹法律是不道德的,"她故意利用了那些绝大多数德国人都知道是意图对人民进行恐怖统治的法律,这些法律即便在纳粹统治最兴盛的时期都为大多数人所知是不道德的。"① 但法院并没有做出结论说这些法律是违背自然法的,因为这些法律尽管是非常不公正的,但并没有要求人们做出任何"本身为神的法律或任何文明国家的人定法律所禁止的"积极的行为,只是惩罚公开发表反纳粹言论这种疏忽行为。

班贝格上诉法院对纳粹法律的合法性检验完全遵循了托马斯·阿奎那的古典自然法路径。按照阿奎那的观点,自然法的内容是非常确定的,这一点他不同于后世那些随意演绎发挥的自然法学家。自然法的最高和基本规范是一个简单自明的箴规:善即当行。只有《摩西十诫》属于自然法的内容,自然法并不使实在法成为多余。② 阿奎那主张道德上的约束力是法效力成立的必要条件,他所说的"恶法非法"的本意只是强调违背自然法的法律不能

---

① David Dyzenhaus, "The Hart-Fuller Debate at Fifty: the Grudge Informer Case Revisited", *New York University Law Review*, vol. 83 (October 2008), p. 1009.
② 〔德〕海因里希·罗门:《自然法的观念史和哲学》,第41—50页。

约束良心,"这种法律并不使人感到在良心上非遵守不可。"①《摩西十诫》中有些是肯定的诫命,有些是否定的诫命,阿奎那认为"只有那些有悖于禁止性自然法的法律才是绝对地无效的","只有颁布那与禁止性自然法相悖的权威不再是名副其实的权威,而变成了暴政。单靠权力不能强加任何内心的服从义务。"②禁止性的自然法(不得杀人、不得偷盗、不得奸淫)是任何文明国家的法律都会视为犯罪的行为,如果纳粹的法律公然要求人们去做这样的事,法律就成了合法的罪恶。

富勒在1958年同哈特的争论中详细分析了告密者案件涉及的纳粹法律。这两条具体规定,一个是1934年12月20日通过的《禁止恶意攻击国家与党及保护党的统一法》第二节的规定:

(1)任何公开发表恶意或煽动性言论反对民族及民族社会主义德国工人党领导人物,或者发表之言论透露他们府邸之位置或针对他们采取之措施与建立之制度,及其他性质上削弱人民对其政治领袖人物之信任者,应判处监禁。

(2)虽未公开发表恶意言论,但当其意识到或应当意识到这些言论有可能公开时,以公开言论论处。③

另一个则是1938年8月17日通过的战时特别刑法第五节相关部分:

下列人当因破坏国家抵抗力量构成犯罪而处死刑:公开设法拉拢或煽动他人拒绝在德国及其盟军中服兵役者;公开寻求伤害

---

① 〔意〕阿奎那:《阿奎那政治著作选》,第121页。
② 〔德〕海因里希·罗门:《自然法的观念史和哲学》,第60页。
③ 强世功:《法律的现代性剧场:哈特与富勒论战》,第176—177页。

或动摇德国人民及其盟国人民坚决抗敌之意志者。①

这两条法律都是惩处公开言论的,但只是很不公正地惩罚了危害性很小的言论疏忽,并没有公然要求人们实施合法的犯罪,据此班贝格上诉法院认定了这两条纳粹法律的合法性。在这个前提之下,法院认为判处受害人刑罚的军事法庭是在职责范围之内行动,因为适用法律是法官的职责,因此法官无罪,但被告是有罪的,因为纳粹的法律并没有把告密规定为必须履行的义务。② 耐人寻味的是,法院判定被告实施的是间接犯罪,在德国刑法中,间接犯罪是指罪犯利用一个工具作为中介来达到犯罪目的(剥夺他人的生命或自由)。比如说,被告发现某处有一条恶狗或猛兽,或发现某处有一陷阱,将受害人引至该处,间接达到了危害受害人的目的。在此案中,法院判定被告利用法院这个特殊的工具达到了剥夺受害人自由的目的,那么,纳粹法院及其适用的纳粹法律在此案中就变成了一个和恶狗、猛兽或陷阱类似的东西,③这些东西本身是无所谓合法不合法的,只是客观存在的危险。在德国刑法理论中,关于间接犯罪的一般观点认为当直接的侵害是合法行为时,间接导致这一侵害的行为就不应该受到惩罚。为了确证判决,法院援引了德国刑法学家埃贝梅耶·罗森伯格(Ebermeyer Rosenberg)的观点,作了非常独特的推理,即间接犯罪在直接的侵害是合法行

---

① 强世功:《法律的现代性剧场:哈特与富勒论战》,第175页。
② H. O. Pappe, "On the Validity of Judicial Decisions in the Nazi Era", p.263.
③ David Dyzenhaus, "The Hart-Fuller Debate at Fifty: the Grudge Informer Case Revisited", p.1009.

为时也可能成立。①

乍看上去,班贝格上诉法院的判决在推理上显得有些做作和不自然,如果这个判决能够成为一个先例的话,在一个非纳粹的正常统治下的告密是不是也可能构成间接犯罪呢?比如说,一个人因为不道德的私人动机告发另一个人的犯罪行为(杀人、盗窃之类)。显然,这个判决是不可能成为一个正常的先例的,因为告密者案件是一个特殊时期(合法性断裂)的特殊疑难案件,一个触及旧有法律合法性的疑难案件。这是一个煞费苦心的判决,它以非常严谨也合于正统自然法教义的形式完成了对纳粹法律合法性的检验问题:纳粹的法律是不道德的,但是并没有违背自然法;相应地,适用这些法律的判决是不道德的,但也是合法的。它也以非常巧妙的形式完成了对被告行为违法性的论证:被告既没有法定的告密义务,也明知告密是明显不道德的,因为纳粹法律虽然没有违背自然法,但是惩罚过错很小的疏忽行为是明显不道德的,去助长这种法律的实施就是不道德的;但被告仍然为了个人目的实施了告密并出庭作证,因此,军事法庭裁决的合法并不影响被告间接犯罪的成立。

班贝格上诉法院的判决其中隐含的法理前提是:合法性和道德存在必然关系,合法性的丧失取决于法律本身不道德的程度。在这个判决中,法官的行为被笼统性地宽免了,没有受到细致的审查,也就是说,法院不问法官是否滥用了自由裁量权的问题,法院推定适用那两条纳粹法律的判决是必然不公正的,即便法官谨慎

---

① David Dyzenhaus,"The Hart-Fuller Debate at Fifty: the Grudge Informer Case Revisited", p. 1009.

地自由裁量,也不能改变判决不公的事实,但是这种不公正并没有达到使判决丧失合法性的程度。无独有偶,1952年7月,西德联邦最高法院裁决了一个非常类似的告密者案件,但在裁判中采用了另外一种推理路径,详细审查了该案所涉纳粹法官的自由裁量问题,并判定法官和告密者共同犯有非法剥夺他人自由(直接犯罪,告密者是从犯),这是告密者案件裁决的另一个可行方案。

在第二个告密者案中,联邦最高法院裁决被告犯有"非法剥夺他人自由"和"意图杀人"(homicide)。被告的丈夫1940年起服役,被告在家与人通奸,丈夫休假时向她发表了对纳粹领导人的贬损性言论,1944年7月20日刺杀希特勒事件之后,他写信给被告表示了对希特勒没有被刺死的遗憾,被告把这封信和其他的信都交给了当地纳粹党的领导人。1945年2月,丈夫深夜回家,发现被告和另外一个军人在一起。争吵之后,被告再次向当地党组织指控他,他被当场逮捕,两周后由军事法庭进行审判。主审法官提醒被告,她可以不宣誓作证,丈夫有被判死刑的可能,如果没有她的宣誓证词,证据就有可能不充分。她坚持宣誓作证,丈夫被判死刑。但他没有被处决,继续被拘留,1945年4月又回到原部队。1951年,被告在伍兹堡(Wurzburg)被陪审团宣判无罪,陪审团认为审判受害人的军事法庭是依法组成并裁决的,而且被告有权利相信她的行为合法。1952年7月8日,联邦最高法院撤销了这一无罪裁决,并将其发回下级法院重审。①

此案中被告的抗辩理由是自己的教育水平,她认为自己作为普通妇女,就她当时所知,她丈夫就是违背了法定义务,而且她信

---

① H. O. Pappe, "On the Validity of Judicial Decisions in the Nazi Era", p.265.

任军事法庭的合法性。在一审判决中,陪审团接受了这一抗辩理由,因为被告作为一个没有受过高水平教育的普通妇女,不可能指望她认识到对法治国(Rechtsstaat)原则的违反。联邦最高法院驳回了这一抗辩理由,法院认为:"在独立法官可以确保个人的自由与尊严的正常情形下可以运用这一抗辩理由。然而在纳粹统治下,法院的实践经常不能满足法律正当程序的核心要求,也就是,对刑法目的做出超乎偏见的(detached)、合乎事实的(factual)和详尽无遗的(exhaustive)考虑。这一点是一个社会的普通成员完全能够了解的。"①和班贝格上诉法院一致的是,此案中联邦最高法院坦承纳粹统治期间的司法是不正常的,其合法性是有待审查的。但对合法性审查采取了不同的路径,不是诉诸实体的自然法考察,而是诉诸法律适用的正当程序考察,这和富勒驳斥哈特的路径是基本一致的。

在纳粹统治期间,惩治公开言论的立法都被做出了无限扩大的解释,"纳粹德国的最高法院主张,只要是在一定意义的'公共区域'之中发表的言论就可以被视为'公开',而不论其针对的受众的多少";最高军事法院更绝,他们强调,只要不能排除言论被传播的可能性(而法院又强调这种可能性永远不可能排除),则该言论即可被认为是公开言论;甚而,所谓国民法院作出了最彻底的断言,他们宣称,"……纳粹主义就是旨在使全体德意志人民关心政治,而任何政治言论原则上都应视为公开言论。罪犯不能主张其言论的保密性。"②联邦最高法院在审查此案时没有回避这个事实,但认

---

① H. O. Pappe, "On the Validity of Judicial Decisions in the Nazi Era", p. 267.
② 〔德〕英戈·穆勒:《恐怖的法官——纳粹时期的司法》,第133页。

为即便是这样,将配偶间的言论解释为公开言论也是极为专断的解释,"即便根据对公开性概念的最不利的解释,定罪也需要犯意(mens rea),也就是说,在丈夫这一方,必须明知并且默许可能发生的泄密。"① 就像后来富勒指出的那样的,如果配偶间的言论可以视为公开言论,世界上就没有私下的言论了。② 配偶是最为私隐和亲密的关系,这种关系就提供了对私隐的担保,除非能够证明有特定的情形解除了这种担保,但是在本案中并没有这样的证据。

另外,联邦最高法院也考察了纳粹军事法院的量刑幅度问题,认为对受害人判处死刑违反了德国刑法的既定原则。涉案的纳粹法令规定的刑罚为最低一天监禁,最重死刑。法官有很大的自由裁量度,量刑应当根据危害性来确定合适的比例。德国刑法禁止残酷刑罚和不必要的重刑。在此案中,言论是在配偶之间的,可能只对一个人发生影响,其危害性是可能发生的危害中最小的一种,但被判处了最重的刑罚。"因此,做出死刑判决的唯一解释就是军事法庭屈服于行政当局要求镇压每一个批评意见和观点的压力。在这种情形下作出的判决,并不是在适用法律,而是对司法权威的专断滥用。"③

在仔细考察了告密者案的两个真实判决后,不难发现,哈特提出的溯及既往方案的最大缺陷是根本没有从一个法官的角度来考察这个案件,而将这个任务完全交给立法者了。哈特后来发现了自己对告密者案件的认识错误,在《法律的概念》第二版中,他做了一条很长的注释说明这个问题,但他认为这个误解并不重要,不影

---

① H. O. Pappe, "On the Validity of Judicial Decisions in the Nazi Era", p.266.
② 强世功:《法律的现代性剧场:哈特与富勒论战》,第177页。
③ H. O. Pappe, "On the Validity of Judicial Decisions in the Nazi Era", p.267.

响他所做出的结论。① 事实上,这是一个非常重要的误解,哈特根本没有注意告密者案中怎样处置纳粹法官的问题,而在此案中这是一个不能被省略的问题,②"对法官来说,道德上不公正的法律是一个真正的法律问题,哈特没有解决这个问题。"③如果哈特持一种更为耐心的态度而不是简单地倒向"胜利者的正义",他至少应该说明溯及既往的法到底指的是什么? 他是不是认同盟军占区审判适用第10号法令的做法,认为这个法令就可以解决所有问题? 如果是那样,告密者案中隐含的德国合法性断裂这个深层寓意就被完全抹煞了。实际上,一个高级法院的具有约束力的先例,可以起到和溯及既往立法同样的作用,④还可以避免溯及既往立法的弊端。这两个判决都是尽量在既有法律体系之内通过内部论证来达致判决结果,对法的安定性更少破坏,比起哈特的方案,这两个判决都更合于法律实证主义忠于法律的宗旨。

三、"恶法非法"与"不可容忍性":拉德布鲁赫公式的真意

当哈特富勒就告密者一案发生争论时,拉德布鲁赫已经辞世九年了。所谓的"拉德布鲁赫公式"是在拉德布鲁赫死后德国法学界总结出来的,这种总结是将"拉德布鲁赫公式"理解为一个司法

---

① H. L. A. Hart, *The Concept of Law* (2nd Edition), Oxford: Clarendon Press (1994), pp. 208-209, 304.

② Thomas Mertens, "Radbruch and Hart on the Grudge Informer: A Reconsideration", *Ratio Juris*, vol. 15, No. 2 (June 2002), p. 200.

③ Ibid., p. 203.

④ H. O. Pappe, "On the Validity of Judicial Decisions in the Nazi Era", p. 264.

方案,而哈特批评德国法院受到了拉德布鲁赫的影响在司法中判定纳粹法律无效是造成这种总结的关键因素,但哈特是在不实信息的误导下得出这一结论的。《法律的不法与超法律的法》这篇文章绝大部分篇幅都在讨论几个具体疑难案件的裁决思路,只有中间一段提出了后人总结为"拉德布鲁赫公式"的表述:"正义与法的安定性之间的冲突可能可以这样妥善解决:通过法令和国家权力来保障的实在法是具有优先地位的,即便其在内容上是不正义的、不合目的性的;除非当实在法与正义之矛盾达到如此不能容忍的程度,以至于法律已经成为'非正当法'时,法律才必须向正义屈服。在法律的不法与虽内容不正当但仍属有效的法律这两种情况之间划出一条截然分明的界限,是不可能的,但最大限度明晰地做出另外一种划界还是有可能的:凡正义根本不被追求的地方,凡构成正义之核心的平等在实在法制定过程中有意地不被承认的地方,法律不仅仅是'非正当法',它甚至根本上就缺乏法的性质。"[1]根据拉氏对法价值的多元立场,安定性、正义与合目的性三种法律价值是法理念的三个不同作用方向,它们之间可能发生冲突。纳粹法不仅仅违背了法的正义价值追求,也背弃了同前法的历史延续性,缺失法的安定性价值。[2]而法的合目的性价值是由安定性和正义来共同保障的,相应地,纳粹法也就缺失了对合目的性的法价值追求。三种价值追求是法理念的核心,缺失这三种价值的法,就

---

[1] Gustav Radbruch, "Statutory Lawlessness and Supra-Statutory Law", trans. by Bonnie Litschewske Palson and Stanley L. Polson, *Oxford Journal of Legal Studies*, Vol. 26, No. 1 (2006), p. 7.

[2] Thomas Mertens, "Radbruch and Hart on the Grudge Informer: A Reconsideration", p. 188.

丧失了法的效力,成为形式合法的犯罪,甚至根本就丧失了法的资格。仅从《法律的不法与超法律的法》的文本含义来看,被称为"拉德布鲁赫公式"的这段文字可能有几种不同的目的:(1)为盟军废止纳粹部分法律效力和纽伦堡审判适用溯及既往新法提供理论基础,换言之,为一种立法方案提供法哲学论证;(2)为德国法院解决告密者等疑难案件提供司法方案;(3)同时兼具(1)(2)两重目的。

《法律的不法与超法律的法》发表在纽伦堡审判行将结束之时,当时德国法学界对于纽伦堡审判的程序都是持质疑态度的。文章开篇详述了四个已经被裁决的疑难案件(包括一个告密者案件),几乎都是适用管制委员会的第10号法令判决的。纽伦堡审判的同时,四个战胜国占区都开始了对其他纳粹期间罪行的追诉,在美、英、法占区是用审判的形式,在苏占区,除了军事法庭的审判之外,还有直接适用第10号法令的行政程序简易判决,[1]各占区的德国法院也逐步恢复了工作。但拉德布鲁赫在文末对四个案件都提出了不同的解决方案,都不赞同运用第10号法令来裁决这些案件,他还明确指出:"面对过去12年的法律不法(现象),我们必须以对法的安定性尽可能少的损害来致力实现正义的要求。并不是任何一个法官都应当自行其是,可以宣布法律无效,这个工作还是应当由更高一级的法院或立法机关来承担。"[2]这样看来,拉德布鲁赫提出的那个公式更有可能是为盟军管制委员会的立法方案提供法哲学基础,而不是主张在司法中径行否决纳粹法的效力。在文末提出的具体裁决意见中,拉德布鲁赫基本都遵循了"法无明文不

---

[1] 〔德〕卡尔·迪特利希·埃尔德曼:《德意志史》(第4卷下册),第172页。
[2] 〔德〕拉德布鲁赫:《法律智慧警句集》,第173页。

为罪"的原则,详细论证了对被告定罪的法律依据,他所援引的法律基本都是纳粹统治之前德国的生效法律。①

《法律的不法与超法律的法》中提到的四个疑难案件,最典型的也是一个告密者案件。"二战"期间,前初级司法官普特法尔肯(Puttfarken)向纳粹法院告发商人戈逖希(Goettig),普特法尔肯在一个厕所的墙上发现了戈逖希留下的字迹:"希特勒是一个杀人狂,应对战争负罪。"纳粹法院根据普特法尔肯的告发判处戈逖希死刑。判决的做出不单单是因为这个留言,也因为戈逖希听信了外国广播的宣传。战后设在诺德豪森(Nordhausen)的图林根刑事陪审庭对此案进行审判,依据第10号法令判处涉案的纳粹法官谋杀罪,普特法尔肯被判胁从谋杀罪。② 这个判决的思路不同于前述两个德国法院的做法,拉德布鲁赫在文末提出了对这个案件的不同思路,他主张判处普特法尔肯间接谋杀罪,③这和后来班贝格法院的思路是一致的。

有研究者指出,《法律的不法与超法律的法》这篇文章"是由一种实践的需要催生的,而不是源于理论思索",④仅从这篇文章断言拉德布鲁赫发生了从实证主义向自然法的转向是不足以服人的。拉德布鲁赫的法概念在他的前期理论和后期理论中并没有发生实质性的改变,在他的法哲学中,法理念一以贯之地是由安定性、正义和合目的性构成的,只是不同时期有不同的侧重点。"法律理念

---

① 〔德〕拉德布鲁赫:《法律智慧警句集》,第173—175页。
② 同上书,第161页。
③ 同上书,第175页。
④ Thomas Mertens, "Nazism, Legal Positivism and Radbruch's Thesis on Statutory Injustice", *Law and Critique*, Vol. 14, No. 3, (2003), p. 279.

的三个方面:正义、合目的性与法的安定性,根据所有三方面的理念来共同控制着法律,即使它们可能出于尖锐的矛盾之中。当然,应该将决定权赋予这个原则还是那个原则,在不同的时代会有不同的倾向。"①拉氏提出公式的法哲学主旨是要纠正他前期理论中的一个错误,即对法的安定性价值强调得更多,而完全牺牲了法的正义价值,导致出现合法的罪恶这种极端情形。②"拉德布鲁赫公式并不是一种自然法直觉或对国家社会主义的情感反应导致的结果,毋宁说,它是对拉德布鲁赫所概括的构成法理念的三种成分经过谨慎考量以后导致的结果。"③

仔细分析告密者案的语境,看来哈特和拉德布鲁赫的分歧远不是用"法律实证主义"和"自然法"的标签所能够概括的。首先,他们之间有战胜国和战败国政治立场上的分歧,战胜国关心维护国际新秩序,战败国希望修复本国断裂的合法性;相应的,他们关注法律秩序的不同方面,哈特更关心用立法来解决问题,拉德布鲁赫更关心司法中维护法的安定性。哈特指责"在拉氏对道德上邪恶的法律存在本身所产生的问题的整个论述中,潜在着某些比天真更易导致混乱的思想,"④他显然秉承了奥斯丁指责阿奎那同样的逻辑,认为主张"恶法非法"就会导致思维的混乱。在关于告密者的系列论争中,拉德布鲁赫和富勒都考虑到了审查纳粹法律合

---

① 〔德〕古斯塔夫·拉德布鲁赫:《法哲学》,王朴译,法律出版社 2005 年版,第 77 页。
② Stanley Palson, "Radbruch on Unjust Laws: Competing Earlier and Later Views", *Oxford Journal of Legal Studies*, Vol. 15, No. 3, (Autumn 1995), pp. 493-494.
③ Robert Alexy, "A Defence of Radbruch's Formula", in David Dyzenhaus, ed. *Recrafting the Rule of Law: The Limits of Legal Order*, Oxford: Hart Publishing, 1999, p. 36.
④ 强世功:《法律的现代性剧场:哈特与富勒论战》,第 129 页。

法性的问题,因为无论在立法还是司法中这个问题都是无法回避的,首先盟军管制委员会已经明确废止了部分纳粹法律的效力,已经造成了纳粹法律合法性的事实中断,其次司法中必须追诉过去合法的行为也必须对合法性抗辩做出响应,提出完整的法律论证。唯独哈特丝毫不关心这个问题,在实证主义者看来,那应该留给政治来解决,那是在法律之外的。看起来,面对纳粹合法性中断这个真实的道德与法律困境,拉德布鲁赫和富勒都要比哈特来得更坦率,仅仅诉诸溯及既往的立法才是一种非常不坦率的鸵鸟式政策,而且也没有任何哲学基础能够说明溯及既往就肯定是一种实证主义的选择,因为溯及既往背后隐藏着的必然是开放的政治和道德讨论。

法律实证主义者认为拉德布鲁赫提出的"不可容忍性"太过主观,从语词含义的角度来看,"不可容忍性"的含糊程度基本等同于哈特提出的"最低限度自然法"。什么是"不可容忍的",也就等于说是能够容忍的最低限度。怎样理解拉德布鲁赫所说的"不可容忍性",或许哈特的"最低限度自然法"就是一个可行的注脚。另一个可行的注脚则是班贝格法院依据阿奎那理论所做的论证,一种法律如果要求人们去做自然法或文明社会都会禁止的行为,就是不可容忍的。拉德布鲁赫自己采取的是诉诸基本人权,如果法律根本不承认平等这种基本人权,就成为不可容忍的。盟军战胜后明确废止的部分纳粹法律,包括最为臭名昭著的剥夺犹太人基本公民权的《纽伦堡法》,从法理上讲也是诉诸了和拉德布鲁赫同样的路径。实际上,对"不可容忍性"这类语词的排斥与其说是基于实证主义,不如说是基于对自然科学语词的唯科学主义偏爱,尽管很多自然科学(甚至数学)中使用的语词根本不像自身标榜的那么精确。法律实证主义者还认为拉德布鲁赫公式和阿奎那的"恶法非法"一样会导致逻辑混乱,这种对于"恶法非法"命题不顾一切的拒斥,深层的心理动因是一种根深蒂固的"语词本质主义",即害怕"法"这一词语意义的变化要甚于害怕一种法律的真实死亡,也拒绝承认历史中的很多时刻,"恶法非法"都会成为真实的法律问题。奥斯丁对阿奎那的指责其实是一种脱离历史语境的误解,哈特对拉德布鲁赫的指责则是罔顾纳粹法律已经被盟军管制委员会废止效力这一事实,废止纳粹法效力的根据只能是"恶法非法",而不能是赤裸裸的"强权就是公理"、你们被打败了所以你们的法律就不作数了。

无论是主权者命令说,还是基本规范说或承认规则说,法实证主义都坚持这样两个基本共识:1. 有效力的法律才是法律,司法中实际被视作具有拘束力的裁判标准,才是有效力的法律。2. 法律的效力与道德没有必然关系,"在任何法律体系中,一个给定的规范是否在法律上是有效的,并且它是否成为这个法律体系的一部分,取决于它的渊源(source),而不是它的优劣(merits)。"[①]法律实证主义坚持描述哪些社会规范是实际生效的法律,但拒绝解释为什么是这些而不是那些社会规范会成为实在法律。法律实证主义也坚持从逻辑上解释法律效力,而拒绝其他路径的解释,而逻辑很多时候都不能解决推理起点的有效性,这使得现代法律实证主义在法律效力的解释上日益沦为一种同义反复:"法即主权者宣布为法之物,而主权者即宣布何为法之人";[②]法即基本规范最终授权为

[①] John Garner, "Legal Positivism: 5 and Half Myths", *The American Journal of Jurisprudence*, vol. 46(2001), p.199.

[②] 〔美〕朱迪思·N. 施克莱:《守法主义:法、道德和政治审判》,第45—46页。

法之物,而基本规范即最终授权何为法之规范;法即承认规则确认为法之物,而承认规则即确认何为法之社会事实。一旦合法性中断,法律发生了真实的死亡,实证主义对法效力的解释就变得苍白无力,实证主义坚持的法律与道德的分离也就站不住脚了。拉德布鲁赫在亲身经历了德国合法性的中断后,深刻地领悟到了这一点,"实证主义根本不可能依靠自己的力量来证立法律的效力了",①法律的效力必须诉诸对正义的考虑。

余论 实证主义是无辜的吗:德国法律人的集体罪责与拉德布鲁赫的忏悔

哈特对拉德布鲁赫尖刻的指责很大程度上缘于拉德布鲁赫对实证主义的批评,"事实上,实证主义由于相信'法律就是法律',已使德国法律界毫无自卫能力,来抵抗具有专横的、犯罪内容的法律。"②在哈特身后,实证主义者继起了对拉德布鲁赫的反驳,认为实证主义没有做纳粹的帮凶,恰恰相反,纳粹的主导法律意识形态是自然法。实际上,纳粹的种族优越论借用了一种完全生物意义的自然法③。从这个角度来看,拉德布鲁赫认为纳粹统治前和其统治时期,实证主义是法律界主导的思潮,这一认识是片面的,他给了实证主义一个它不应得的污名。④ 但是有趣的是,德国法律人为了集体的自我开脱,都愿意选择实证主义作为替罪羊,而拉德布鲁

---

① 〔德〕拉德布鲁赫:《法律智慧警句集》,第169页。
② 同上书,第169页。
③ Thomas Mertens, "Nazism, Legal Positivism and Radbruch's Thesis on Statutory Injustice", pp. 281-284.
④ Thomas Mertens, "Radbruch and Hart on the Grudge Informer: A Reconsideration", p. 193.

赫显然为他们找到了自我开脱的理由。① 自那以后,当代法哲学中实证主义与自然法夹缠不清的嘴皮仗就绵延无休了。

如果穷根究底,自然法只是在立法领域做了纳粹帮凶,纳粹所借用的自然法也不是通常所理解的任何一种,甚至可能是对自然法的扭曲和滥用。② 反过来说,在纳粹统治期间,纳粹司法机构的主导意识形态是实证主义还是纳粹意义的自然法,这二者又能造成什么实质性的区别?在纳粹极权机器的无上威力之下,忠于法律无可避免地要屈从于忠于纳粹意识形态。如果一个法官具有道德上的勇气,敢于援引圣托马斯·阿奎那的训诫来质疑纳粹法律的合法性,他也许能够证明面对极权统治法律人还可以保存自己的良心自由,但他必然会惨烈地死去。哈特坚持在告密者案中要将法律和道德分离开来,"这些法律是法律,但是它们太邪恶了以至于不能被遵守",③在这一点上,哈特和阿奎那并没有实质分歧。如果哈特真地是这样要求法官的,那这是一个在道德上比拉德布鲁赫还要苛刻得多的要求,普通公民可以对法律持一种外在观点,不与既存体制合作,法官却是必然要对法律持内在观点的。

"在任何特定时间,依据规则(法律规则和非法律规则)为生的任何社会的生活都可能存在于两种人之间的张力之中:一方面是接受规则和自愿合作以维护规则,并因而从规则的观点来看待他们本人和他人行为的人;另一方面是拒绝这种规则,仅从把规则作

---

① 〔德〕英戈·穆勒:《恐怖的法官——纳粹时期的司法》,第203—204页。
② 〔德〕海因里希·罗门:《自然法的观念史和哲学》,第139页。
③ H. O. Pappe, "On the Validity of Judicial Decisions in the Nazi Era", p.130.

为可能惩罚之征兆的外在观点出发才注意这些规则的人。"①哈特在《法律的概念》提出的"内在观点"与"外在观点"实现了当代法理学中的阐释学转向,在某种意义上,"内在观点"这个概念可能是哈特对法理学理论最伟大的贡献。② 然而在哈特提出这个概念以后,人们对内在观点和外在观点的含义发生了诸多争议,其中最有意思的争议就是,哈特和德沃金都认为霍姆斯法官的"坏人论"是极端的外在观点,有人却提出"坏人"也是持内在观点的。③ 如果哈特考虑一下那些被盟军废止效力的纳粹法律,他就会发现面对这样的法律,大多数正派的公民会对这样的法律持"外在观点",内心并不认同它的合法性,他们可以选择从社会中退隐,或者选择良心的拒绝,至少可以采取一种不抵抗也不合作的消极姿态,维持自己的良善生活,而一个坏人倒是有可能对这种法律持"内在观点",接受它并自愿同它合作。臭名昭著的奥斯威辛集中营,其领导管理机构就是由党卫军精心挑选的三十名德国刑事犯组成的。一个人是不是要对法律持"内在观点","内在观点"到底是什么,关键在于"内在"于什么样的法律。哈特坚持坏人对于法律持极端的外在观点,实际上是将道德上邪恶的法律根本排除在了他所描述的法律之外,换言之,哈特的规则解释论法律实证主义如果要坚持自己对内在观点的解释,逻辑上必须以"恶法非法"作为预设前提。关于"内在观点"和"外在观点"的另一个关键问题是,普通公民可以对法律持"外在

---

① 〔英〕哈特:《法律的概念》,张文显等译,中国大百科全书出版社1996年版,第92页。

② *The Path of the Law and Its Influence*, *The Legacy of Oliver Wendell Holmes, Jr.*, edited by Steven J. Burton, Cambridge University Press, 2000, p.197.

③ Ibid., pp.163-168.

观点",法官却只能对法律持"内在观点",正常情况下,法官持"内在观点"可以保持自己的良心自由,纳粹统治下,法官无法保留自己的良心自由,他们集体充当了纳粹合法罪行的协从犯。班贝格上诉法院在间接犯罪的论证中把纳粹法院等同于一个和恶狗、猛兽、陷阱相同的东西,其实是一个非常贴切的隐喻。1985年,当德国人对纳粹的集体记忆已经模糊、创痛已经平复的时候,西德联邦国会通过了一项决议,宣布:"'国民法院'这一机构实际上不能算作一个法院,而是纳粹进行独裁统治,实行恐怖高压的工具。"①

就在拉德布鲁赫写作《法律的不法与超法律的法》的那一年(1946),雅斯贝尔斯出版了著名的《德国罪责》一书,呼吁德国人正视纽伦堡审判,承认德意志民族的集体罪责,并要区分集体罪行与个人罪行。1945年8月,雅斯贝尔斯在一次演说中就曾提醒德国人:"当我们的犹太朋友被拉走时,我们没有上街;直到我们自己也遭到毁灭的时候我们才叫喊起来。我们宁愿脆弱地活下去,理由是我们的死帮助不了任何人。这个理由是站不住脚的,即使这是合乎逻辑的。我们活下去是有罪的,是于心有愧的。"②在《德国罪责》一书中,雅斯贝尔斯指出,除了法律意义的罪行之外,"'你们是有罪的'这个陈述可以有几种含义,它可能意味着:'你们必须为你们忍受的这个政府的行为负责'——这涉及我们的政治罪行。……或者:'你们支持这个政府并且同它合作,因而是有罪的。'这其中有我们的道德罪行。……'或者,当罪恶在实施时,你们袖手旁观没有

---

① 〔德〕英戈·穆勒:《恐怖的法官——纳粹时期的司法》,第273页。
② 〔美〕科佩尔·S.平森:《德国近现代史——它的历史和文化》(下册),范德一译,商务印书馆1987年版,第732页。

采取行动阻止,因而是有罪的。'这里暗伏着我们的哲学(意义的)罪行。"① 雅斯贝尔斯呼吁德国人停止对纽伦堡审判的指责,要正视这种耻辱本身的含义,德国人的耻辱并不在于审判,而在于为德国人招致审判的纳粹体制及其暴行。② 雅斯贝尔斯在"二战"后率先充当了德国人的精神导师,他的集体罪责理论深刻地影响了一代德国人,从1950年代开始,德国政府开始了对种族灭绝、战争犯罪和大规模暴行受害者旷日持久的赔偿,这一行动现在还在延续。③

无从查考的是,拉德布鲁赫有没有受到雅斯贝尔斯集体罪责理论的直接影响,但在《法律的不法与超法律的法》的字里行间,都能感受到拉德布鲁赫对德国法律人集体罪责的沉痛。《法律的不法与超法律的法》中共提到四个案例,拉德布鲁赫对于告密者涉案纳粹法官的处理是很独特的,他认为应认定法官被告罪名成立,但可援引《德意志刑法典》第54条关于紧急状态的规定,对其免予处罚。因为法官如果拒绝裁判,会遭遇生命危险。④ 拉德布鲁赫和班贝格法院一样,赞同采取间接犯罪的裁决路径,同样主张不需要触动纳粹法律的合法性就可以判处告密者有罪,但他又不同意对法官不予定罪,而主张定罪然后免责,这样等于就将告密者案和法官案分别处理了,而实际上这两个案件是不应该分别处理的。拉德布鲁赫在文末暴露出的这个矛盾,表明他不赞成当时德国法律界

---

① Karl Jaspers, *The Question of German Guilt* (2nd Edition), trans. by E. B. Ashton, New York: Fordham University Press, 2000, pp. 43-44.
② Ibid., pp. 43-44.
③ *The Legacy of Nuremberg: Civilising Influence or Institutionalized Vengeance*? Edited by David A. Blumenthal and Timothy L. H. McCormack, Leiden, pp. 13-14.
④ 〔德〕拉德布鲁赫:《法律智慧警句集》,第173页。

主导的普遍宽免法官的舆论。① 在纽伦堡审判主要战犯之后,德国司法界普遍反对在疑难案件中给法官定罪,因为法官不能逃避司法职责,也就没有主观犯意。这是一个集体性的"自我开脱"。② 在魏玛共和国担任过司法部长并被纳粹视为"政治上不可靠"而剥夺海德堡法律教席的拉德布鲁赫,偏偏主张对法官定罪然后免责,这难道是他在表达自己政治清白的道德优势吗?《法律的不法与超法律的法》结尾有一句耐人寻味的诘问:"那些深受居于主导地位的实证主义毒害、除了法律其他的一概不予承认的法官还可能在应用实证法的时候怀有枉法的意图吗?"③实际上,拉德布鲁赫的本意是同雅斯贝尔斯一致的,纳粹统治期间德国法官整体丧失了良心自由,无法认定他们具有枉法的意图。这是集体的罪责,不同于个人的罪责,个人罪责不能宽免,集体罪责可以宽免但不能否认,这就是拉德布鲁赫对法官案提出独特司法意见的真实考虑。

或许拉德布鲁赫是在真诚地忏悔,如果纳粹统治之前,德国的法律人不是像他自己最初那样笃信实证主义,而是认识到实证主义的界限,适当地诉诸对正义的考虑,德国就不会沦落在纳粹的暴政之下,至少可以抵御那些专横的、具有犯罪内容的法律。这是一个天真的幻想,但拉德布鲁赫并不是在占领道德制高点苛责自己的同行,而是希望借此说明德国法律人的集体罪责。"二战"以后,拉德布鲁赫建议对法律教育进行实质性的改革,应当把自然法、人权和比较法的内容引入法律教育中,这一建议无疑

---

① 〔德〕英戈·穆勒:《恐怖的法官——纳粹时期的司法》,第259页。
② 同上书,第256—257页。
③ 〔德〕古斯塔夫·拉德布鲁赫:《法哲学》,第235页。

是正确的。① 然而历史无法假设,实证主义？自然法？谁真的能够避免纳粹暴政的出现？谁真的足以抵御合法性断裂这个现代性的困境？

余论

公元前63年,罗马执政官西塞罗向元老院揭露了野心家喀提林蓄意暴动颠覆共和的阴谋,元老院授权他逮捕了喀提林,为了避免喀提林党人继续作乱,他亲自监督,没有经过审判就处死了喀提林。由于成功破解了这次阴谋,挽救了共和国的危亡,他被罗马人誉为国父。当西塞罗抨击苏拉滥用公敌法令、不经审判就处死很多守法公民的时候,他曾经疾呼这些不公正的法律就不是法律。那么他会怎样解释自己不经审判就处死喀提林的行为呢？或许"恶法非法"的理想不适用于国家危亡的紧急时刻,或许忠于法律的信念也不能用于对待穷凶极恶的国贼。两千年后,德国人捡起了西塞罗"恶法非法"的古老训诫,他们不愿意不经审判就处死罪人,尽管英国和俄国的战胜者都这样主张。他们要追问第三帝国的法律是否违背了这古老的训诫,为的是要在未来杜绝第三帝国的恶行。但是法律人应该深省,无论是自然法的理想天国还是实证主义的理想天国,还是二者兼而有之的法律理想天国,守法主义本身都不足以杜绝暴政的出现。只有一个开放和普遍承担政治责任的健康公民社会,才能帮助人们避免未来的厄运。

(原载《法律科学》2009年第6期)

---

① Thomas Mertens, "Radbruch and Hart on the Grudge Informer: A Reconsi-deration", p. 193.

法律形式主义与法律现实主义

法律现实主义的兴起及其主要流派

美利坚民族在西方文化中是一个学步很迟的幼童,尽管今天美国文化已经获得了远胜于欧洲宗主的霸权地位,但它毕竟只有二三百年的历史,立国时日尚短,承平日久,更没有经历丧邦灭国的沉痛,不可能孕育出属于自己民族的根基深厚的哲学。独立以后,美国在文化上基本还是英国和法国的殖民地,政治、宗教和哲学上争论的主要派别,也在很大程度上被亲英还是亲法所决定。在某种意义上,美国人和古代史上的罗马人非常相似。罗马人在文化和哲学上是希腊前辈的学生,而美国人最初也是欧洲文化的学生。罗马人具有独特的治国技艺和管理才能,其法学之昌明隆盛,就得益于对希腊哲学的通俗化和实践运用。美国人虽然立国尚浅,但在治国技艺和制度建设上同样具有可与罗马人匹敌的天赋,同欧洲老牌资本主义国家相比,美国人在文化上是侏儒,在制度文明上却具有后发优势,可以充分利用欧洲政治哲学和社会理论中的精华,在美洲这块没有贵族和封建制的净土上进行全新的制度建设实验。这一点,美国的知识分子在开国不久就已经有了深刻的体会。"1815年,理查德·拉什发表了一本题为《美国法学》的小册子。拉什意识到,在文学和艺术中'不应指望我们能造就出像拜伦勋爵和沃尔特·司科特那样的人物。'为了寻求安慰,他断言:'美国可以把自己巨大的智力能量释放在其他地方,只有在法学领域,'美国'才可能与那些古老的民族并驾齐驱。'"①

18世纪后期,波士顿成为美国的商业和文化中心,波士顿周边的新英格兰在文化上陷入了固步自封的褊狭地方主义,波士顿的上流社会精英把自己视为英国文化的正统继承者,是北美殖民地中血统最高贵、最有教养的阶层。②"18世纪的后10年中,新英格兰知识界的孤立状态非常严重,因此知识界出现了非常严重的停滞趋势。"③新英格兰的知识精英排斥带有平等主义色彩的新思潮,沉醉于复兴英格兰旧式的等级制度,他们敌视民主、自命不凡而又鼠目寸光,对于文化上仰人鼻息的地位一直没有很清醒的自觉。这是新英格兰的文化黑暗时代,也是美国建国初的文化黑暗时代,这个时代排斥超验哲学和自由思潮,美国人没有属于自己的民族文化,没有属于自己的思想者,只是在英格兰旧宗主的文化阴影中小家子气地跟随。最初来到新英格兰的清教徒原是为了逃避旧世界的宗教迫害,在新大陆创建全新的纯洁教义和没有压迫的新世界,然而现在,美国人仍然没有完全摆脱陈腐的加尔文教义,属灵的枯竭也导致了文化各领域的沉沉死寂。这是一个迫切需要文化革命的时代,而波士顿的文化启蒙者爱默生(Ralph Waldo Emerson,1803—1882)就要掀起这场革命。

1837年8月31日,爱默生在波士顿的剑桥镇向全美大学生荣

---

① 〔美〕伯纳德·施瓦茨:《美国法律史》,王军等译,中国政法大学出版社1989年版,第90页。

② 新英格兰的移民多为从英格兰本土迁移来的白种新教徒,英文中称为WASP,即white Protestant of Anglo-Saxon ancestry(祖先是盎格鲁-撒克逊人的白种新教徒)。

③ 〔美〕帕灵顿:《美国思想史,1620—1920》,陈永国译,吉林人民出版社2002年版,第583页。

誉协会发表了他最著名的演讲——《美国学者》(American Scholar),这是美国人的知识独立宣言,也是新英格兰文艺复兴的宣言:

> 也许这变更的时刻已经到来。美洲大陆的懒散智力,将要睁开他惺忪的眼睑,去满足全世界对他多年的期望——美国人并非只能在机械技术方面有所成就,他们还应该有更好的东西奉献人类。我们依赖旁人的日子,我们师从它国的长期学徒时代即将结束。在我们四周,有成百上千万的青年正在走向生活,他们不能老是依赖外国学识的残余来获得营养。有些事件与行动发生了,它们必须受到歌颂,它们将会歌颂自身。谁能够怀疑我们的诗歌复兴?谁敢说它不会迈入一个新时代,就像天文学家宣布的那颗天琴星座中闪闪发光的明星,终究有一天会变成光照千年的北极星。①

从那以后,这篇演讲撼动了无数年轻的美国心灵,美国的学者就要在各个领域出现了,美国人将不再在文化上完全依赖别人,而在法学领域,他们尤其要创造可与古老民族比肩的成就。1869年,纽约市的一名律师兰德尔(C. C. Langdell,1826—1906)被任命为哈佛法学院的首任院长,兰德尔在哈佛大学任职期间,创立了统治

---

① 〔美〕爱默生:《美国学者——爱默生讲演集》,赵一凡译,生活·读书·新知三联书店1998年版,第1—2页。

美国法学界五十年的判例教学法(case method),①而他在探索教学过程中提出的法律理论,也成为统治美国法学界五十年的正统法律教义,并被后来的批评者们誉为"形式主义"和"机械法理学"。②这是第一代的美国法律哲人,尽管兰德尔缺乏个性和才华,但他的理论对于美国法理学是具有开创性意义的,他创立了真正美国式的法律教育,也创立了真正意义的美国法理学。兰德尔的时代是美国法开始从英国普通法的母体中分离出来逐渐成形的时代,兰德尔的法律学说和判例教学法改革,在其中起了十分关键的推动作用。兰德尔倡导的形式主义法理学适应了19世纪末期美国商业的迅速发展,成熟的商业需要一种形式合理性的法律,作为19世纪晚期美国势力日增的社会集团,商人对法律的逻辑可预测性具有特别的需求。③ 兰德尔的形式主义法律理论在这时出现并占据统治地位,也正好印证了韦伯关于形式合理性法的分析。然而循规蹈矩的时代就要过去了,史无前例的经济大萧条就要将美国带入一个新的时代,也要将美国法带入一个翻天覆地的变革时代。

1897年1月8日,时任马萨诸塞州最高法院法官的霍姆斯应邀参加波士顿大学法学院庆祝法学院所在的礼堂落成典礼并发表演讲,这就是著名的《法律的道路》。从这篇演讲开始,美国法理学

---

① Neil Duxbury, *Patterns of American Jurisprudence*, Oxford: Clarendon Press, 1997, pp. 13-14.

② 兰德尔和他的追随者们并没有提出"形式主义"的概念,可以说,形式主义者并没有真正属于自己的概念定位,作为一种法律理论,它只存在于像霍姆斯、庞德、卢埃林、弗兰克这些批评者的反思当中。See Anthony J. Sebok, *Legal Positivism in American Jurisprudence*, New York: Cambridge University Press, 1998, p. 57.

③ See Thomas C. Gray, "Langdell's Orthodoxy", 45 *U. Pitt. L. Rev.*, 28-32 (1983).

要走向另外一条道路,而霍姆斯也要取代兰德尔,成为新一代的美国法律哲人。《法律的道路》这篇演讲发表时并没有引起什么震撼,在当时,这是一篇寂寂无名的讲话,既没有被口诛笔伐也没有获得什么赞誉。这以后几十年间,也没有法学院的教授提请学生特别注意这篇讲话。直到1930年代,新一代的现实主义(legal realism)法学家就要把它打造成一个经典的文本。

1930年代左右,积极投身罗斯福新政的法律现实主义者对于兰德尔的法律学说和判例教学法十分不满。而恰好在这时,年迈的霍姆斯却因为在1905年洛克纳诉纽约州(*Lochner v. New York*)一案中持异议,博得了同情劳工的名誉,他被一批犹太裔的自由主义青年知识分子推向了公众,被鼓吹为联邦最高法院罕见的自由派法官和社会良心的代表。在罗斯福新政期间,联邦最高法院一直是以极度保守、处处对新政掣肘的面目出现的,霍姆斯被打造为新政意识形态在联邦最高法院的代表,极大地满足了这个人心思变的时代普罗大众的精神需求。霍姆斯的法理学在这时才得到法理学界的关注,现实主义者把霍姆斯作为他们的精神导师,从霍姆斯那里寻找批判兰德尔的便利的武器,也为他们自己的新法律理论张目。

1983年,曾任马萨诸塞州最高法院法官的版权法专家本杰明·卡普兰(Benjamin Kaplan)生动地回忆了1930年代霍姆斯在法律现实主义发源地——哥伦比亚大学法学院的崛起。

> 半个世纪以前的1930年,我来到了哥伦比亚大学法学院。这个地方正躁动不安,它将成为就要被称作法律现实主义运动的先驱。事实上,1930年恰好是现实主义

那些蛊惑人心的著作——卡尔·卢埃林的《荆棘丛》(The Bramble Bush)、杰罗姆·弗兰克的《法律与现代精神》(Law and the Modern Mind)——出版的年份。现实主义从霍姆斯那里获取了灵感和术语,现实主义的教授们很切题地强调,霍姆斯激动人心的演讲《法律的道路》应当成为我们阅读的起点。这篇演讲抓住了我们的想象,因为透过它的文字我们就能看到作者自己的形象。这是一个参加过内战的负了伤的老兵,他既被看作一个激进分子,又是一个贵族。……就在这个学术年份,霍姆斯的九十岁生日被作为一个国家性的事件来庆祝。于是,《法律的道路》带着一种特别的吸引力呈现在我们眼前。这是一篇1897年发表的神妙莫测的演讲,实际上,它结合了出现在《普通法》旁注和其他论文中的思想。这篇不同寻常的演讲有很多意蕴,……但对我们来说它主要是一些建议,其实质是这样的:你正在从事一个著名的职业,它并不神秘,你的当事人想要知道在关于法律的事务上如何应对,因此法律研究的目的就是要去预测最终实施法律的人——法官的行为,法律最好也就被定义为对法院实际上将要做些什么的预测。你不要混淆法律与道德,为了确保这个区分,要用犬儒主义的态度来看待法律,就像坏人一样,他感兴趣的只是可选择的行动将会带来的确切后果:除了法律的运作之外,排除所有其他因素。此外,不要被法院判决通常呈现的三段论形式所欺骗,法律的发展最终不是由这些逻辑决定的,而是由立法者对各种社会目的在不同时间相对价值的判断所决定的。在当前的形势下,通过对学说演进不拘一格的研究,你就可以达致对法律的最佳理解,这些研究将会揭示学说的原始基础并根据现实情况来评价它们。然而,你应该预见到一个时代,那时历史研究将会退居次位,人们的关注将会直接指向法律的目的和实现它们的手段。总而言之,"未来的法律从业者须为统计学家和经济学大师"。这个建议,伴随着霍姆斯"犬儒主义酸液"的喷洒,对于一个处在大萧条第二个年头的年轻听众来说,是非常称人心意的。①

从大萧条和新政以后,形式主义与现实主义之争就成为贯穿美国法理学争论的一条主线。如果我们要用哈特那个著名的隐喻来说明这条主线,这是一个高贵的梦和一个噩梦的斗争。我们可以用很多个二元对立来描述这场斗争:逻辑与经验,确定与不确定,内在视角与外在视角,规则反应与事实反应。作为唯一原产于美国的法律理论,现实主义对于此后的美国法理学发生了非常深远的影响,不夸张地说,现实主义是美国本土法理学的母体。②

---

① Benjamin Kaplan,"Encounter with O. W. Holmes, Jr.", 96 *Harv. L. Rev.*, 1836-1837(1983).

② 更早一些时候,欧洲大陆法学出现了自由法运动对概念法学的批判热潮,这也是一种类似于反叛形式主义的运动。参见杨仁寿:《法学方法论》,中国政法大学出版社1999年版,第62—72页。美国现实主义者从自由法运动中汲取了不少理论的灵感。See James E. Herget and Stephen Wallace,"The German Freelaw Movement as the Source of American Legal Realism",73 *Va. L. Rev.*, 399(1987).

一、现实主义对形式主义的反叛

"现实主义"(realism)在人文社会科学中是一个多义的词汇，realism在哲学中本意为"实在论"或"唯实主义"，是与"唯名主义"(nominalism)相对的哲学派别，其哲学立场关乎对事物"共相"的看法，"那些主张共相是实在的人，被称为'实在论者'（或'概念实在论者'）。那些主张共相并不实际存在、而仅仅是名称（拉丁语nomina）的人，被称为'唯名论者'。"①柏拉图的"理念论"即是一种典型的"实在论"和"唯实主义"哲学，法律现实主义中的realism显然不是这种含义的。实际上，法律现实主义者所指的"现实主义"和文学艺术中所称的"现实主义"同义，"他们所说的现实主义指忠实于事物的本性，对事物本来面目的准确记录，这区别于人们对事物的想象、愿望或对事物应然状态的推测。他们使用现实主义一词意指忠诚地持守于法律秩序的现实状况，并将其作为法律科学的基础。"②

法律现实主义强调研究行动中的法（law in action），将法院行为作为法理学的焦点，拒斥抽象的理论概括。作为一种新的社会实证倾向的法律理论，法律现实主义在美国的兴起归因于这样三个因素：首先，美国拥有独特的司法制度，美国有一个真正意义的最高法院，这个非民选的司法机构对于民选议会制定的法律拥有

---

① 〔挪〕希尔贝克、伊耶：《西方哲学史——从古希腊到二十世纪》，童世骏等译，上海译文出版社2004年版，第146页。

② Roscoe Pound, "The Call for a Realist Jurisprudence", 44 *Harv. L. Rev.*, 697 (1931).

违宪审查权,可以最终决定哪些立法成为法律,司法过程的运作对于美国法律具有举足轻重的作用,这使得法律理论家自然要更多地关注现实的司法活动,而不是法学家们抽象的理论建构。其次,英国兴起的法律实证主义对于主权的描述并不是非常适合美国社会的情况,美国法律体系是由一个联邦立法机构和多个州立法机构组成的,奥斯丁的单一主权模式不能很好地解释美国复杂的法律体系,美国人需要更为复杂精致的法律定义。再其次,19世纪末期兰德尔理论对美国法律教育的统治桎梏了美国法律发展的需要,引发了理论界和实务界对其强烈的批判,相对于兰德尔对理论建构的纯粹关注,批评者们更为关注现实的司法过程。①

在美国法理学和法律教育中,一直存在着学院派出身的法哲学家和律师出身的法律职业者争夺话语霸权的斗争,这场斗争一直延续到今天。兰德尔创立的形式主义法理学不仅忽视职业律师看待法律的经验,也终结了美国法律教育中律师执教的传统(这个传统沿袭自英国普通法法律教育的模式)。②现实主义要在法哲学和法律教育两个层面同时对形式主义予以反动,并彻底改变以后美国法理学的方向。严格来说,法律现实主义并不是一个独立的学派,而只是一种理论倾向,其在1930年代达到影响力的顶峰,主要代表人物包括格雷(John Chipman Gray,1839—1915)、霍姆斯、弗兰克(Jerome Frank,1889—1957)和卢埃林(Karl N. Llewellyn,1893—1962)。现实主义者最初并没有统一的学术纲领和行动,只

---

① See Ian McLeod, *Legal Theory* (2nd Edition), New York: Palgrave Macmillan Press, 2003, pp. 137-138.

② 参见〔美〕腓特烈·G. 坎平:《盎格鲁-美利坚法律史》(影印版),法律出版社2001年版,第87页。

是对法律形式主义一致表示了不满和强烈批判,要搞清法律现实主义的基本理论要素,有必要先了解法律形式主义是一种怎样的学说。

二、法律形式主义(legal formalism)及其要素

对法律形式主义的最常见的误解就是将其等同于法律实证主义,或是将其理解为法律实证主义的一种形式,这种误解的最直接推论就是把现实主义的反叛形式主义理解为对法律实证主义的反叛。① 这种误解的根源在于混淆了两种不同的法律理论,即解释法律自身性质的法律理论和描述司法过程的法律理论。实证主义是一种关于法律一般性质的理论,它试图通过对法律"概念"的分析,来解释存在法律的社会区别于不存在法律的社会的特性。② 实证主义在法律理论上解决的首要问题就是,一个社会中的规范要满足什么条件才可以成其为法律(主权者命令、基本规范或是承认规则);次要的问题则是,法律与道德作为两种不同的社会规范,在概念上是分离的。作为一种描述法律性质的法律理论,实证主义是与自然法相对立的。概念分析是实证主义者使用的主要分析工具,但实证主义者并不必然认为法律是一个封闭的逻辑自足的概念体系。自然法学家也可能使用概念分析的方法,有可能认为法律体系是逻辑自足的,也就有可能成为一个坚决的形式主义者,布

---

① See Anthony J. Sebok, *Legal Positivism in American Jurisprudence*, New York: Cambridge University Press, 1998, pp. 108, 114.
② See Brian Leiter, "Positivism, Formalism, Realism, Bookreview on Anthony Sebok, Legal Positivism in American Jurisprudence", 99, *Colum. L. Rev.*, 1140 (1999).

莱克斯通就是一个最好的例子。① 形式主义则是一种司法理论,一种"关于法官们实际怎样裁判案件和(或)关于他们应当怎样裁判案件的理论"。②

对形式主义方法的拥护有程度的不同,如果不考虑程度的差别,将法律形式主义作为一个理想型,其核心主张就是坚信法律制度是一个封闭的逻辑自足的概念体系,法律证明的方法明显区别于非法律的证明方法(比如意识形态的、政治的、伦理的或者经济的证明方法),认为法律制度对每一个案件(至少是大部分案件)都能提供一个唯一正确的判决,可以通过形式推理从法律中推导出正确的判决,法律制度对于所有案件都是具有确定性的,"法律推理应该仅仅依据客观事实、明确的规则以及逻辑去决定一切为法律所要求的具体行为"。③ 概括地说,法律形式主义的最基本的两个要素就是机械的演绎推理和一个封闭的规则体系。④

兰德尔的法律理论被认为是美国法律形式主义的典型代表,他受到了当时自然科学的影响,认为任何特定领域的知识都可以构建成由相互关联的、逻辑上可证明的基础原则所支配的科学,⑤这种按照自然科学模式构建学科知识体系的唯科学主义是19世纪末期风行一时的思潮。兰德尔法律教义的中心就是把法律看作

---

① See H. L. A. Hart,"Positivism and the Separation of Law and Morals",71 *Harv. L. Rev.*,593,610 (1958).

② Brian Leiter,"Positivism, Formalism, Realism, Bookreview on Anthony Sebok, Legal Positivism in American Jurisprudence",99 *Colum. L. Rev.*,1144 (1999).

③ 〔美〕史蒂文·J. 伯顿:《法律和法律推理导论》,张志铭、解兴权译,中国政法大学出版社1998年版,第3页。

④ Frederick Schauer,"Formalism",97 *Yale. L. J.*,523 (1988).

⑤ Neil Duxbury,*Patterns of American Jurisprudence*,Oxford:Clarendon Press,1997,p.10.

一种科学,"图书馆就是教授和学生们真正的工厂,它对我们的意义就如同大学实验室对化学家和物理学家、自然历史博物馆对动物学家、植物园对植物学家的意义一样",①借助科学的方法,律师们可以从一些基础性的原则、概念中推演出正确的法律裁决。实际上,兰德尔的法律教义是借助 19 世纪末期理性主义者奉为圭臬的几何学方法,试图通过纯粹的思考从既抽象又精确的自明真理推论出关于世界的新知识,进而构建一个完整的科学知识体系。依据当代美国法学家托马斯·格雷的概括,兰德尔法律教义的具体内容包括这样一些要素:②

1. 法律的概念秩序(conceptual order)

实体的基础规则可以从少数抽象的原则和概念中推演出来。少数顶层的范畴和原则建基在大量的底层规则之上,形成一个概念化的秩序体系。当一个新的个案出现却没有规则可适用,它可以被范畴化,一个可适用于它的正确规则就可以通过运用一般的概念和原则而推演出来。

2. 法律的融贯性(comprehensiveness)和整全性(completeness)

法律制度在程序上必须是融贯的,即能为其管辖权内的每一案件提供一个程序性机制来作唯一的解决,不允许存在程序裂隙(procedural gaps)和程序重叠(procedural overlaps);在实体上必须是整全的,实体规范必须能为受其规范的每一案件提供唯一正确的实体的答案,不允许存在实体裂隙(substantive gaps)和实体重叠(substantive overlaps)。

---

① Neil Duxbury, *Patterns of American Jurisprudence*, 15. Quoting Christopher Columbus Langdell,"Harvard Celebration Speeches", *Law Q. Rev.*, 3(1887).

② See Thomas C. Gray,"Langdell's Orthodoxy", 45 *U. Pitt. L. Rev.*, 6-15(1983).

3. 法律的逻辑合理性

每一个司法裁决都应是经由可证明的逻辑推理得出的。必须指出的是,逻辑合理性是法律制度整全性的充分条件而非必要条件,例如,德沃金认为法律制度具有整全性,但不具有普遍的逻辑合理性,他认为每一个案件都有一个正确答案,但在疑难案件中不存在可证明的推理。

4. 法律的可接受性(acceptability)

法律制度实现了法律以外的价值。兰德尔的教义中可接受性是一个次要的因素,他主张实质正义和当事人各方的利益对裁决法律问题是基本不相干的,裁决法律问题只应使用内在于法律之中的决策标准,可接受性只在法律概念秩序允许的限度内影响裁决。如果严格适用规则裁判会导致不合理的结果,那么宁可牺牲个案中的公平也要保证整个法律制度的可预测性。

概括地说,兰德尔的法律教义认为法律是(也应是)一个建立在法律概念公理基础上的不存在裂隙(gaps)的封闭的逻辑自足的规则体系,裁判是(也应是)一个依赖规则的科学的逻辑运算过程,裁判是非工具倾向的,即基本不考虑裁判可能产生的实际社会结果。当然,用兰德尔的教义来代表法律形式主义是很不确切的,形式主义只是一种大致的思想倾向,对于法律内部存不存在裂隙、依赖规则到何种程度,很多所谓的形式主义者都有精细的理论界定,并不都是像兰德尔的理论这样机械的。①

---

① 有些研究者认为形式主义倾向可以分为两个不同的种类:"过度受缚于规则的裁决"(overly rule-bound decision making)理论和"简单案件形式主义"(easy case formalism)理论,后者认为只有在简单案件中裁决才完全依赖规则。See Martin Stone, "Formalism", in *Oxford Handbook of Jurisprudence and Philosophy of Law*, 172-174(2002).

三、《法律的道路》与"反叛形式主义"

1930 年代,法律现实主义者将霍姆斯 1897 年发表的演讲《法律的道路》打造成了一个代表现实主义基本纲领的经典文本,并认为霍姆斯在美国法学界最早扛起了"反叛形式主义"的大旗。法律现实主义者对于兰德尔的法律学说和判例教学法十分不满,都把霍姆斯作为他们的精神导师,从霍姆斯那里寻找批判兰德尔的便利的武器。近一些年来,很多学者都已指出,弗兰克、卢埃林等法律现实主义者在美国法理学中虚构了一个霍姆斯反抗兰德尔教义的神话,夸大了兰德尔法律学说的缺陷以及霍姆斯同兰德尔的冲突,从而为现实主义法律理论攫取了有力的合法性支持。但是这个神话并不符合历史的真实,实际上霍姆斯在世时虽然对统治法学院的教义有一些不满,但根本没有过现实主义者们所说的同兰德尔之间的论争。兰德尔的时代是美国法开始从英国普通法的母体中分离出来逐渐成形的时代,而兰德尔的法律学说和判例教学法改革,在其中起了十分关键的推动作用。对于兰德尔的思想开创性和理论分析能力,霍姆斯是十分赞赏的,他只是反对兰德尔使用纯粹逻辑的方法来构建法律学说。[①]

确切地说,霍姆斯生前并没有自觉地充当一个反叛形式主义的英雄,但他确实表达了对兰德尔法律教义的批评意见,霍姆斯主要反对的是兰德尔学说使用纯粹逻辑的方法,并且用生动的修辞

[①] See Patrick J. Kelley, "Holmes, Langdell and Formalism", *Ratio Juris*, Vol. 15, No. 1, March 2002, 30-31.

表达了他的不满,"法律的生命不是逻辑,而是经验,时代的迫切要求、盛行的政治道德理论、公共政策的直觉认识,无论是坦率承认的还是讳莫如深的,在确定约束人们行为的规则的作用上远胜于三段论式的演绎推论,甚至那些法官们共有的偏见也是如此",①"一般性命题并不能决定具体的案件,判决将依赖于一种比任何明确表述的大前提都更为精微的判断或直觉",②"逻辑方法与逻辑形式所彰显与满足的乃是冥涵于每一人心中对于确定性与和谐之追求。然而,确定性不过是一种幻象,而和谐亦非人类命定固有的状态"。③ 归结起来说,霍姆斯提出了三点对形式主义的不同意见:在判决过程中起最重要作用的不是逻辑和规则,而是经验,这包括政策的考虑、政治道德理论、个人的偏见还有直觉;法律本身是不确定的;法官在裁判中不应刻板适用规则,而应权衡社会利益。但霍姆斯从来没有认为逻辑和概念在裁决中是完全无用的,他的某些现实主义后继者们把他的观点极端化了。

在美国法理学中,《法律的道路》是一个非常重要的开创性的文本,它把法律定义为"对法院将要做些什么的预测",这种理论把诉讼和执业律师放在了法律过程的中心,美国法律制度的许多特征使得这种新观点特别容易被美国律师们接受。④ 在某种意义上,

---

① O. W. Holmes, *The Common Law & Other Writings*, The Legal Classics Library, 1 (1982),转引自於兴中:"法律的形式与法律推理",载葛洪义主编:《法律方法与法律思维》第2辑,法律出版社2003年版,第95页。

② *Lochner v. New York*, 198 U. S. 76 (1905).

③ 〔美〕霍姆斯:"法律之道",许章润译,《环球法律评论》2001年(秋),第325—326页。

④ See Lord Lloyd & M. D. A Freeman, *LLOYD's Introduction to Jurisprudence* (Seventh Edition), London: Sweet & Maxwell LTD (2001), p. 802.

霍姆斯的预测理论在英美法理学中实现了立法过程中心论的法理学向司法过程中心论的法理学的范式转换,"霍姆斯是第一个把法理学理论建立在一个源自法律实践的视角之上的学者"。①《法律的道路》在美国法理学中开创了一个新的视角,一个看待法律的律师的视角。现实主义者在美国法理学中延续了这个视角,从而在1930年代实现了从形式主义向现实主义的转向。兰德尔的形式主义法理学适应了19世纪末期美国商业迅速发展对形式合理性法的需求,但随着大萧条的来临和美国国内社会矛盾的日益尖锐,形式合理性法已经不能对社会的剧烈变化做出能动的反应,时代需要一种社会反应更为灵活迅速的法律机制,以及与此相适应的新的法理学,《法律的道路》就在这时为美国法律指明了新的路径。

霍姆斯在《法律的道路》中提出了一种关于法律的"坏人-预测"理论。"坏人-预测"理论包括这样几个要点:

1. 要想了解法律的性质,最好是从一个坏人的角度出发。"如果你只想知道法律而非其他什么,你必得将人当作一个只在乎法律知识允许其得以预测之物质后果的坏人,而非一个好人,其秉依冥冥中良心制裁的训谕,懂得自己行为的理由,不论其为法律或非法律的理由。"②

2. 从一个坏人的角度出发,法律就是法院实际上会对他做的事情,因此从预测的角度可以合理地显示法律的特征。

3. 法律在某种意义上是区别于道德的,应当将二者分离开来。尽管法律中充满了转借于道德的语词,但这些语词在法律中往往

---

① Thomas C. Gray, "Holmes and Legal Pragmatism", 41 *Stan. L. Rev.* 836 (1989).
② 霍姆斯:"法律之道",第323页。

具有与道德不同的含义,将法律与道德混淆导致的谬误之一就是把权利义务当作绝对的、先验的范畴。

4. 政策和社会实际需要影响法律的发展,法官裁决时应对社会利益进行衡量,法律研究应该关注法律的社会目的和实现它们的手段。

"坏人-预测"理论是一个内在矛盾的命题,因为并不是只有坏人才会预测法院将会做什么,所有当事人都会预测法院将会做什么,恰恰相反,一个非道德的坏人很多时候并不会预测法院将会做什么,而是会关心警察将会做什么,或者说,他(她)会更多地关心怎样不让法院做些什么。那么,刨去"坏人"这个不适当的隐喻,霍姆斯的预测理论就是他最重要的司法哲学。预测论是一种典型的律师视角的法律理论,一个好的律师就是能为当事人更好预测法院判决的律师。"当法律的预测理论被理解为一种关于法律实践的理论时,它具有强烈的直觉上的吸引力。它的解释力源于这样一个事实,即它准确地描述了律师们所做的事情——实际上,律师们确实运用法律原理去预测未来案件的结果。"[1]在兰德尔通过"判例教学法"巩固了学院法律教育在美国法律教育中的地位之后,霍姆斯则为其指明了实践的方向。判例教学法是要训练学生"像律师一样思考",那么怎样才算是"像律师一样思考"呢?法学学生必须去认真地阅读过去的判例集,分析影响法官们裁决的推理过程,从而去预测在以后的案件中法院会怎样裁决。

霍姆斯把法律看作一种完全外在的经验事实、律师们用来作

---

[1] Catharine Pierce Wells, "Holmes on Legal Method: The Predictive Theory of Law as an Instance of Scientific World", 18 *S. ILL. U. L. J.*, 342(1993-1994).

出法律服务对策的一堆外在参数。霍姆斯的预测论是要把法律构造成一种经验科学,其中先前的判决是经验材料,通过观察这些经验材料,律师们可以从中概括出一些法律原理,从而去预测法院在未来的判决,但在这个预测的过程中,应当拒斥逻辑的谬误、考量法律的社会目的。在普通法的法律教育中也应当贯彻这些原理,帮助学生真正把握有效预测法院判决的技巧。霍姆斯所反对的逻辑的谬误,显然是针对哈佛法学院当时流行的判例教学法。

兰德尔的法律形式主义不是独立存在的纸上法律理论,而是同他的判例教学法紧密联系在一起的。判例教学法排斥对判决过程的社会科学分析,而将判决过程完全归结为概念之间的精确演绎,这一点是霍姆斯感到最不满的地方。所以霍姆斯在《法律的道路》临近末尾的地方对法条主义者提出了警告,预言未来法律人必须掌握统计学、经济学的知识,这个预言的真实寓意,应当是鼓励法律教育多涉及社会科学的知识,帮助法律人在了解法律的基本原理之外,了解立法者的社会目的、大众的社会需求,否则就无法真正理解法的变迁,也无法亲身参与和推动法的变迁。霍姆斯对法律中的社会利益和法律目的的强调,与19世纪德国法学家耶林的主张颇多契合,因此他被称为"美国的耶林"。

四、现实主义对形式主义的反动——法律理论与法律教育

法律现实主义者把霍姆斯作为他们思想上的先驱,但是作为一场知识运动的法律现实主义,是1920年代在美国东北部的哥伦

比亚法学院和耶鲁法学院这两所法学院里出现的。① 这两所大学中属于现实主义学术阵营的有卡尔·卢埃林、昂德希尔·默尔(Underhill Moore)、沃尔特·惠勒·库克(Walter Wheeler Cook)、赫曼·奥利芬特(Herman Oliphant)、利昂·格林(Leon Green),此外,现实主义还有一些非学术职业的成员,主要是以杰罗姆·弗兰克为代表的律师。弗兰克在1930年代进入了罗斯福政府参与新政,后来成为一名联邦法官。除他之外,一些具有学术背景的现实主义者也具有非常出色的法律从业经验,威廉·道格拉斯(William O. Douglas)被罗斯福任命为联邦最高法院的大法官,瑟曼·阿诺德(Thurman Arnold)则是华盛顿一家著名的律师事务所的创建人,该所至今仍以他的名字命名。

根据当代美国法理学家布赖恩·莱特的总结,如果摒弃其中过于极端的观点,把现实主义作为一种比较严肃的司法理论,大致可以将其主要观点概括为:

1. 法官在裁决过程中主要是对案件的事实作出反应,而不是对可适用的规则作出反应;

2. 法官在遇到事实时是直觉式地下结论,这个过程中逻辑和概念都是无用的;

3. 在形成结论以后法官将在事后以适当的法律规则和理由对该结论予以合理化;

4. 决定裁决的主要因素是非法律理由(政策、道德等理由)而不是法律理由,法官是(也应该)根据对社会利益的衡量来作出

---

① See Brian Leiter, "American Legal Realism", in *The Blackwell Guide to the Philosophy of Law and Legal Theory*, edited by Martin P. Golding and William A. Edmundson, Blackwell Publishing Ltd, 2005, p. 51.

裁决；

5. 法律本身是存在裂隙的,法官应当通过裁决来立法以推进社会改革。①

现实主义者在理论的具体细节上差异是非常大的,但上述的基本立场可以作为将他们统摄于现实主义阵营的共识,当然,对这个共识支持到何种程度,现实主义者之间的差异也是非常大的。现实主义的司法理论确实非常富于法律人的洞见,在司法裁决过程当中,对案件事实的定性,即将具体个案归摄于一般法律范畴的这一关键过程,形式主义者确实没有给出解说。康德在《纯粹理性批判》中就已明确指出,将具体事物归摄于一般范畴的判断是一种只能被实践而不能被传授的特别的天赋。逻辑在怎样对具体事物进行分类时是无用的,逻辑只能从规则推出进一步的规则,而不能得出这种特殊的判断。现实主义者将这种判断能力完全归结为直觉,这是普通法传统中很多著名法官们支持的观点。哈奇森法官认为,"判决的至关重要的推动力是一种关于对这件事情中什么是对什么是错的直觉",②肯特大法官也非常自得地描述了他的神秘的直觉在司法过程中的关键作用,他说在面对案件的事实时,他总能"看到正义在哪里,而且一半的时候道德感决定了判断。我于是坐下来寻求权威……但我几乎总是能找到适合我关于案件的看法的原则"。③ 现实主义揭示了法律形式主义无视司法具体操作过程的缺陷,客观地说,现实主义的司法理论更真实地反映了司法裁决

---

① See Brian Leiter, "Rethinking Legal Realism: Toward a Naturalized Jurisprudence", 76 *Tex. L. Rev.*, 278-285(1997).
② Ibid., p.276.
③ Ibid., p.276.

过程。但是现实主义者的这一共识是不能绝对化的,在法官做出直觉判断的过程中,逻辑和一般范畴概念不是起直接作用的,但并不是完全无用的。

在某种意义上讲,法律现实主义对于美国法律教育改革的推动成就要高于其对法律理论的贡献,现实主义者对兰德尔判例教学法的批判和改革建议导致美国法律教育发生了深远的变化。判例教学法因其严重的形式主义特征,受到了来自法律职业界和法学院教授们两方面的各种批评。综合起来说,判例教学法的主要弊病包括这样几点:首先,判例教学法是高度法院中心的,教学材料只来自于法院作出的判决,这忽视了学生对立法过程的了解,也忽视了合同谈判、起草这些私人法律秩序的形成,[1]而后者在法律生活中无疑是非常重要的一部分。其次,兰德尔引入判例教学法是借鉴了当时自然科学教育中的实验室教学法,即反对传统讲义式教学法从一般到特殊的演绎式教学,而主张引导学生从特殊个案中归纳出一般原则。在这样的指导思想下,图书馆就是教师的实验室,教师从判例集中寻找典型判例,引导学生在课堂上对其进行科学的归纳。但是"兰德尔的教育方法忽略了一个重要的科学因素:实际操作的实验,兰德尔式的法律科学家缺乏临床经验(clinical experience)"。[2] 再其次,判例教学法选择高级法院的判例作为教学材料,这一方面忽视了来自初审法院的法律实践经验,一方面则因为高级法院多是进行"程序审",不涉及对事实的认定,也

---

[1] See Robert S. Summers, *Lon L. Fuller*, Edward Arnold (Published) Ltd, 1984, p. 143.

[2] Neil Duxbury, *Patterns of American Jurisprudence*, Oxford: Clarendon Press, 1997, p. 17.

使得学生对于"发现事实"技巧的了解成为一片空白。①

在兰德尔和霍姆斯的时代,西方的社会科学仍处于不成熟的草创期,但霍姆斯在这时就已经看到社会科学对法律教育的重要意义,仅从法律教育这个维度来看,霍姆斯是非常具有远见卓识的。在他身后,社会法学派和继起的现实主义者继续了他的倡议,对法学院课程的改革提出了很多有益的建议。"1910 年,罗斯科·庞德重申对法律教育者成为'法律传教士'的恐惧,他主张进行社会学、经济学和政治学等方面的训练,以'适应新一代法律家领导人民的需要'。"② 1916 年开始,耶鲁法学院首创了向社会科学开放的课程改革。此后,在庞德担任哈佛法学院院长期间,社会法学理论大为流行,也在很大程度上影响了哈佛法学院的课程改革。哥伦比亚法学院也相继作了类似改革。③

现实主义者中弗兰克对判例教学法的批评是最为尖锐和彻底的,他认为判例教学法错误的根源在于终结了普通法法律教育的学徒制传统。弗兰克指出兰德尔虽然做过律师,但并没有去过真正的法庭,他在律师事务所的工作只是给其他律师准备案例摘要和法律文书,他把大部分时间都泡在图书馆里,弗兰克讽刺地指出这是兰德尔会反对律师执教、建立一个"图书馆法学院"的真正原因。"律师与当事人的关系,在审判中说服法官所涉及的无数非理性的因素,对陪审团面对面的情感呼吁,通常被松散地定义为一个

---

① See Robert S. Summers, *Lon L. Fuller*, Edward Arnold (Published) Ltd, 1984, p. 144.
② 〔美〕斯蒂文森:《法学院:19 世纪 50 年代到 20 世纪 80 年代的美国法学教育》,阎亚林等译,中国政法大学 2003 年版,第 178 页。
③ 同上书,第 178—182 页。

案件的'气氛'的构成要素——所有这些在司法意见中反映不出来的东西——都是兰德尔根本不曾经历的(因而对他也就是毫无意义的)。普通律师生活中的大部分现实情况对兰德尔来说都是虚幻的。"①

弗兰克指出,兰德尔式的判例教学法以高级法院的书面判例集作为材料进行一种"模仿式教学",根本无视实际存在的法律关系,无视实际操作的法律过程。他说用这样的教育模式培养律师就好像一个学打高尔夫球的人从不去球场,而只是在家看"如何打高尔夫球"的教材,研究报纸上别的人很多年以前玩的高尔夫球赛。"很多我们的法学院是这样配备人员的,它们的最佳功能不是训练律师,而是训练可以成为'纸上法律教师'(book-law teacher)的毕业生,这些毕业生会教育出另外一些成为'纸上法律教师'的学生——如此循环往复以至于无穷。这些法学院不是律师学院(lawyer-schools)(就像它们本来应是的那样)而是法律教师学院"。② 他在法学院倡议恢复律师执教、重塑实践性法律教育的改革运动,并指出要将法律教育的目的严格限定在预测判决和帮助当事人胜诉。其他现实主义者也提出了改革法律教育的具体建议,卢埃林呼吁增加对法律技能的培训课程。随着美国法律界对这些建议的日益重视和不断提上日程,时至今日,现实主义者对法律教育改革的倡议已经取得了可观的成果,并彻底改变了美国法律教育的方向,即从培养"纸上法律教师"的法学院转向培养称职的执业律师的法学院。

---

① Jerome Frank, "Why Not A Clinical Lawyer-School?", 81 *U. Pa. L. Rev.*, 908 (1932-1933).

② Ibid., p. 915.

五、法律现实主义的主要理论及其派别

现实主义并不是一个严谨的学术派别,不同的现实主义者之间理论差异很大,能把他们统摄起来的只是对司法裁决过程理解的一个大致倾向。霍姆斯是现实主义的理论先驱,很多现实主义者在理论上都受到了他的影响,但他们继承的是霍姆斯理论中不同的侧面,并且形成了不同的派别。从一个比较笼统的角度来看,法律现实主义的理论特色表现在两个方面,一个是以法院为中心的法律概念,另一个则是对法律确定性的质疑。

(一)以法院为中心的法律概念

由于美国特有的司法制度,司法机关拥有极高权威,"在美国,几乎所有政治问题迟早都要变成司法问题"。[1] 违宪审查权的确立更使得美国最高法院在政治生活中赢得了举足轻重的地位,"美国人赋予法学家的权威和任其对政府施加的影响,是美国今天防止民主偏离正轨的最坚强壁垒"。[2] 这就无怪乎美国法理学不同于欧陆的抽象思辨模式,而更专注于对司法过程的研究,即"法院在做什么和应该做什么,法官在裁判特定案件时怎样推理和应该怎样推理。"[3]

霍姆斯的朋友、波士顿的著名律师约翰·奇普曼·格雷(John

---

[1] 〔法〕托克维尔:《论美国的民主》(上),董果良译,商务印书馆1988年版,第303页。
[2] 同上书,第303页。
[3] H. L. A. Hart, "American Jurisprudence through English Eyes: the Nightmare and the Noble Dream", in H. L. A. Hart, *Essays in Jurisprudence and Philosophy*, Oxford: Clarendon Press, 1983, p. 123.

Chipman Gray,1839—1915)在现实主义者中最早强调了法律概念中法院的重要性:

> 国家或任何人类有组织团体的法律,是由法院即该团体的司法组织为决定法律权利和义务而立下的规则组成的。①
>
> 据说法律是由两个部分组成的:立法机关制定的法(legislative law)和法官制定的法(judge-made law),但实际上所有的法律都是法官制定的法。被作为行为规则来约束社会的成文法的形态是由法院解释过的成文法,法院赋予成文法中死板的词语以生命。让我们引用……(18世纪英国教士)霍德利主教的话……"不仅如此,无论何人对解释任何成文的或口头的法律拥有绝对权威,此人实际上才是立法者,而不是那个第一次写下或说出那些法律的人"。②

对于美国的法律人来说,奥斯丁的主权者命令说是一个过于简单的法律概念,不足以解释美国社会中政治主权的分散和其中复杂的制衡机体。在约翰·马歇尔为美国联邦最高法院确立了违宪审查的重要职权以后,美国的法律人更习惯把以联邦最高法院为首的司法系统理解为美国立法权的真正主权者。格雷认为立法

---

① John Chipman Gray, *The Nature and Sources of the Law*, New York: Macmillan Company, 2nd edition, 1921, p. 84.
② Ibid., pp. 119-120.

机关制定的成文法和其他成文的判例只是法律的渊源,①是法院据以作出判决的依据,但法院实际上所做的判决才确立了真正主导社会生活的规则,才是真正的法律。

在格雷之后,霍姆斯进一步强调了法律概念中法院的重要性,并根本上摒弃了抽象思辨意义的法律概念:

> 法律的生命不是逻辑,而是经验,时代的迫切要求、盛行的政治道德理论、公共政策的直觉认识,无论是坦率承认的还是讳莫如深的,在确定约束人们行为的规则的作用上远胜于三段论式的演绎推论,甚至那些法官们共有的偏见也是如此。②

> 设若我们与吾辈之友,那个坏蛋,英雄所见略同,则吾人将会发现,此君并不在乎公理或演绎的杂什,毋宁,其确乎预知者不过麻省或英国法庭实际上可能会做什么。……卑意所谓法律者,即此法庭实际上将会做出什么之预言也,而绝非什么矫饰浮夸之辞。……职是之故,吾人研究之旨,乃在预测,即对公共权力经由法庭而作出何种反应之预测。……所谓的法律义务不过是关于某人作为或不作为某些事务,他将会被法庭判决以这种或那种方式承受后果的一种预言——法律权利

---

① See John Chipman Gray, *The Nature and Sources of the Law*, p. 129.
② O. W. Holmes, *The Common Law & Other Writings*, The Legal Classics Library, 1 (1982), 转引自於兴中:《法律的形式与法律推理》,载葛洪义主编:《法律方法与法律思维》第2辑,第95页。

亦然。①

霍姆斯强调在确定法律规则的过程中,经验、社会利益(时代的迫切要求)、流行的意识形态、法官对政策的直觉性认识还有他们共有的职业偏见都是比逻辑推理更重要的因素,也是比法律的字面意义更重要的因素,在这种认识基础上,他才提出了他的预测说:法律就是对法院裁决的预测,律师要通过对上述那些因素的分析,来预测法院将会怎样判决。哈特和他的后继者指出,预测论最大的缺陷在于无法解释法官的行为,对一个法官来说,法律不可能是去预测他自己怎样判决,法官对于法律必须持不同程度的内在视角。波斯纳为此辩解说,预测论对法官也适用,对法官来说,法律就是去预测高级法院的法官会怎样判决,从而尽量做出不会被高级法院推翻的判决。② 这种辩解是不能完全成立的,因为会存在一个最高的法院,对这个最高法院的法官来说,他的判决是终局的,法律就不可能是去预测谁会怎样判决,法律只可能是他(她)自己做出的判决,法院必须适用规则来判决。

预测论无法解释法官的行为可以说明,霍姆斯把法律看作一种完全外在的经验事实,一堆律师们用来作出法律服务对策的外在参数,而没有从内在的视角去理解法律。从一个内在的视角去看待法律,法律不仅是可资利用的工具,法律本身就需要法官们积极主动地解释,法官们还需要运用具有合法性和合理性的标准去

---

① 〔美〕霍姆斯:"法律之道",第322—323页。
② 参见〔美〕波斯纳:《法理学问题》,苏力译,中国政法大学出版社2002年版,第281—282页。

解释法律。从霍姆斯开始,现实主义者普遍从一个外在的观察者视角来解释法律,而排斥参与者和反思者的内在视角,这一倾向到了弗兰克和卢埃林那里被推进得更为极端。

弗兰克忠实地继承了霍姆斯的预测论,他认为给法律下一个完整的定义是不可能的,而必须根据具体情况具体对待。他认为,"对任何一个具体的一般人而论,关于任何一批具体的事实来说,就法院判决影响这个具体的人这一范围而论,法律就是一个法院关于这些事件的一个判决。直到一个法院已审理这些事实之后,在这一问题上并不存在任何法律。在这样一个判决之前,唯一可加以利用的法律便是律师对有关这个人和这些事实的法律的看法,但这些看法实际上并不是法律,而只是对法院将如何判决的预测。"① 因此,弗兰克所认为的法律定义就是:

> 就任何具体情况而论,法律或者是:(1)实际的法律,即关于这一情况的一个已作出的判决;或者是(2)大概的法律,即关于一个未来判决的预测。②

卢埃林将预测论发展得更为直接,将法律直接解释为法官的行为,并扩大了法律定义的范围,将法律定义为与法律有关的官员们的行为:

> 一般性的命题是空洞的。……规则本身……是没

---

① 沈宗灵:《现代西方法律哲学》,法律出版社 1983 年版,第 105 页。
② Jerome Frank, *Law and the Modern Mind*, 1930, pp. 50-51,转引自沈宗灵:《现代西方法律哲学》,第 105 页。

价值的。对争议做些什么,把这些事做得合乎情理,这就是法律的目标。而那些负责做这些事的人,不管他们是法官、治安官、书记员、狱卒还是律师,都是执法官员(officials of the law)。在我看来,这些官员就争议而作的事情,就是法律本身。①

卢埃林非常明确地将传统理论意义的法律概念排除在现实主义理论之外,他区分了"真实的规则"(the real rules)与"纸上的规则"(the paper rules),在他看来,以法官为主的执法官员利用纸上规则实际所作的裁决,才是主导社会生活的真实的规则,真实的规则是处于实然而非应然层面的。② 卢埃林在晚年摒弃了他对法律所作的这一定义,他渐渐意识到早期现实主义过于强调法律中个别裁决的作用,转而从整体的意义强调法律中规范性概括的作用,并注重研究法律同其他社会科学的关系。③

(二)规则怀疑论与事实怀疑论

博登海默非常准确地概括了法律现实主义的理论特性,"现实主义法理学运动最主要的特点或许是它的代表人物倾向于把法律的规范性因素或规定性成分降低到最低的限度。对现实主义的法学家来说,法律只是一组事实而不是一种规则体系,亦即是一种活

---

① Karl Llewelly, *The Bramble Bush*, 1930, p. 12, 转引自〔美〕菲尔德曼:《从前现代主义到后现代主义的美国法律思想———一次思想航行》,李国庆译,中国政法大学出版社2005年版,第205页。

② See Ian McLeod, *Legal Theory* (2nd Edition), New York: Palgrave Macmillan Press, 2003, p. 137.

③ 参见〔美〕博登海默:《法理学——法律哲学与法律方法》,邓正来译,中国政法大学出版社1998年版,第153页。

的制度,而不是一套规范。"① 就这一点来说,现实主义本来就是一种怀疑论倾向的法理学,对于法律规范性持有根深蒂固的怀疑主义态度,而强调法律本身的不确定性。

现实主义的司法理论是完全工具主义取向的,现实主义者认为法院不是一个科学权威机构,而是一个解纷机构,而解纷必须服务于特定时代的社会目的。因此决定司法裁决的主要依据不是法律理由,而是非法律理由。现实主义者的规则怀疑论具体就表现为对裁判过程中非法律理由的强调,在霍姆斯关于法律生命的那段著名陈述中,就已经清楚地表现出一种规则怀疑论,即认为在裁决形成的过程中纸上的规则并没有多大作用,起作用的是很多外在于法律的社会和心理因素。卢埃林继承了霍姆斯理论中规则怀疑论的一面,他在其代表作《荆棘丛》中明确地表达了对法律规则和抽象概念的不信任:

> 规则,概念,意识形态,意识形态的分类,(还有)模式,这些东西就其本身来说在描述和解释时都是让人迷惑的、易于误导人的和不充分的。如果它们没有包含关于事实和理智的健康的意义核心,一种实践上可操作的法理学就不可能根据它们而构建起来。②

卢埃林的法律理论表现出明显的反理论倾向,即排斥抽象概

---

① 〔美〕博登海默:《法理学——法哲学及其方法》,第153页。
② Karl Llewelly, *The Bramble Bush*, 1930, p. 37, 转引自 Ian McLeod, *Legal Theory* (2nd Edition), p. 143。

括的法律理论,认为抽象理论在司法实践中是根本无用的。卢埃林特别强调法律过程的现实运作,认为现实的法律实践和理论差距很远,他用非常生动的语言描述了这种差距,因为对方违约而获得损害赔偿的权利"可以更准确地描述为:如果对方没有履行承诺,你可以起诉,而且你如果请了一个不错的律师,你的证人或陪审团也没出什么问题,而且你放弃了四五天的时间和10%或30%的收入,等上两到二十个月,你可能会等到一个(赔偿)数目远远低于履行所能带来的价值的判决——而这个数目,如果对方有偿付能力并且没有隐匿财产,你可以通过进一步的正当程序得到,还因为延迟贬值了6%。"[1]

弗兰克在法律不确定性问题上采取了一个更为极端的立场,他对司法过程中认定事实的确定性提出了质疑,并将事实怀疑论同弗洛伊德的心理学结合起来,做出了独特的心理学阐释。弗兰克虽然排斥抽象思辨意义的哲学,但他却认为法律的不确定性是在形而上学意义上存在的,"事实真相是,关于法律精确性的种种可能情况的流行观念是建立在一种错误的概念上的。法律在很大程度上曾经是,现在是,而且将永远是含混的和有变化的,"[2]法律的不确定性并不是一个不幸的偶然事件,相反还具有巨大的社会价值,可以推动社会发展和创新。弗兰克把人类对法律确定性的要求解释为一个基本法律神话,这是人类从儿童期就具有的根深蒂固的父权情结,是人类不能脱离儿童期精神依赖的不成熟的表

---

[1] Karl Llewellyn," A Realistic Jurisprudence—The Next Step", 30 Colum. L. Rev., 437-438(1930).

[2] Jerome Frank, *Law and the Modern Mind*, 1930, p. 6,转引自沈宗灵:《现代西方法律哲学》,第88—89页。

现,只有少数人能够摆脱这种幻想,而走向法律现实主义的第一步就是要从这种幻想中走出来,"现代文明要求一种不受父亲管束的精神……法律如果要适应现代文明的需要,就必须使自己适应现代精神。它一定不再体现为反对变革的哲学。它一定要公开承认是实用主义的。为此目的,就必须承认和消灭儿童对父亲万能这种恐惧和崇拜心理……人不是为法律而创造的,而法律却是有人并为了人才创造的。"[①]

弗兰克认为在司法裁决过程中,导致不确定的根本原因是法官个性的千差万别,法官是根据直觉先下结论再去寻找法律理由将结论合理化的,但个性的差异会导致他们产生不同的直觉。"如果法官的个性是司法中的中枢因素,那么法律就可能要依碰巧审理某一案件的法官的个性而定。"[②]基于这种认识,弗兰克将司法裁决的神话和现实概括为两个公式:

神话公式是:

R(rule 法律规则)×F(fact 事实)= D(decision 判决)

现实公式是:

S(stimulus 围绕法官和案件的刺激)×P(personality 个性)= D(判决)

他又认为后一公式缺乏预言价值,因而又提出另一公式:

R(法律规则)×SF(Subjective Fact,主观事实)= D(判决)。

所谓"主观事实"是指法官、陪审团所发现的事实,并不是在初

---

① Jerome Frank, *Law and the Modern Mind*, 1930, p. 270,转引自沈宗灵:《现代西方法律哲学》,第101—102页。

② Jerome Frank, *Law and the Modern Mind*, 1930, p. 120,转引自沈宗灵:《现代西方法律哲学》,第110页。

审以前在特定时间、地点发生的实际的"客观事实"。①

弗兰克在他后期的著作《初审法院》(*Courts on Trial*, 1949)中明确指出,现实主义者分为以卢埃林为代表的规则怀疑论和以他自己为代表的事实怀疑论,他对于自己早期的理论进行反思,认为过去提出的法律定义是错误的,放弃心理学的观点,并强调要区分上诉法院和初审法院,认为认定事实的问题发生在初审法院。② 他的后期理论主要分析了美国初审法院司法制度中存在的问题,提出了大量的改革建议,并认为初审法院导致了大量的不公正。由于弗兰克对美国司法制度尤其是对美国法律人最引以为豪的陪审制和对抗制提出了尖锐的批评,他的观点一向被认为是现实主义中较为极端的理论。以哈特为首的英国实证主义者从弗兰克的理论中看到美国司法制度的弊端,也对其进行了尖锐的批评,认为其和霍姆斯的坏人论一样,是一种错误的外在视角的法律理论。

弗兰克关于法官个人癖性的主张成了使整个现实主义蒙羞的主要原因,英国法理学教科书首页关于现实主义的漫画大约都是以此为题材的。在司法过程中,一个合格、尽职的法官是不可能无节制地根据自己的个人偏好来裁判的,法官们经常会面临这样的情境,即"发现遵守规则是自己的义务,但适用这些规则产生的结果却有悖于自己的个人偏好。没错,一个任性的法官会在适用规则的伪装下径直使自己的偏好生效,至少直到一个更高级的上诉法院(如果存在这样的法院)推翻它为止。但这不是一个现代的发现,与其说这种情况是对法律客观性的可能性的威胁,还不如说这

---

① 参见沈宗灵:《现代西方法律哲学》,第111—112页。
② 同上书,第112—113页。

表明人们有时会不道德地行为进而威胁道德的客观性"。① 弗兰克的事实怀疑论固然揭示了美国司法制度中的很多问题,尤其是腐败和不尽职的问题,但他将这些问题作为整个司法制度的核心特征,甚至以此为依据来概括法律的不确定性,这是一种以偏概全的理论。

六、法律现实主义的派别及其发展

从弗兰克自己的理论中就可以看出,他自己都深刻意识到他同其他现实主义者的不同。在对现实主义派别所作的划分中,一般都将他的理论和其拥护者分为一派,"法官个性派"(The "Idiosyncracy Wing"of Realism),卡尔·卢埃林、昂德希尔·默尔、赫曼·奥利芬特等其他现实主义者为另一派,"社会派"(The "Sociological"Wing of Realism)。"法官个性派"强调司法裁决中法官的个性、直觉这些个人化的心理因素,"社会派"则倾向于认为不同的社会力量会对法官起作用,法官受到这些影响做出裁决的过程是模式化的、可预测的。② 司法裁决中起决定作用的是与法官有关的心理-社会事实,包括他们的职业化经验、背景等,这些因素不是个人化的,通过分析这些因素对裁决的影响,可以帮助律师有效地预测法院将会怎样裁决。

---

① Robert P. George,"One Hundred Years of Legal Philosophy",74 *Notre Dame L. Rev.*,1541(1999).
② See Brian Leiter,"American Legal Realism",in *The Blackwell Guide to the Philosophy of Law and Legal Theory*,edited by Martin P. Golding and William A. Edmundson,Blackwell Publishing Ltd,2005,p.54.

必须承认,现实主义者在把利益平衡、政策分析、目的性推理引入法律思想方面是极度成功的,但是如何才能把这些模糊不清的立场转变成可以导向规范性法律论证的一套术语和方法,他们却做得差多了。① 就好像老于世故的律师们对法理学家们艰深的大部头咕哝出了心底琐屑而又难成体系的不满一样,现实主义作为一场学术运动到20世纪60年代就难以为继了。"要么回到过去的形式主义,要么把所有的主张化简为粗糙的政治利益集团的要求,我们怎样才可以放弃这二者来进行规范的法律论证呢?"②现实主义者对于裁决过程中的利益平衡和政策分析达成了一致态度,大部分现实主义者都接受霍姆斯的观点,主张对社会利益进行衡量,问题是衡量的标准是什么。尽管霍姆斯指出了法律形式主义的不足,认为政策和社会实际需要影响法律的发展,但他从来都不认为"不同价值间的选择可能被科学地证实,对霍姆斯来说,这种选择的仲裁者最终只能是赤裸裸的暴力"。③在《法律的道路》中,他表达了他对未来的期望,相信在未来社会利益可以借助经济学来精确地衡量,预言法条主义者的时代会过去,未来是属于经济学家和统计学家的时代。④ 这成了现实主义者构造司法决策中的政策科学的基本依据,大部分现实主义者都主张法官采用某种形式的功利主义或成本-收益分析,这一立场到了20世纪70年代被继续其使命的法律经济学牢牢把握住了。

---

① Joseph William Singer, "Legal Realism Now, Bookreview on Laura Kalman, Legal Realism at Yale:1927-1960", 76 *Calif. L. Rev.*, 504(1988).

② Ibid., p.467.

③ Lord Lloyd & M. D. A Freeman, *LLOYD's Introduction to Jurisprudence* (Seventh Edition), 2001, pp.801-802.

④ 〔美〕霍姆斯:"法律之道",第327页。

结论

20世纪下半叶以来,美国法理学开始呈现出碎片化和去中心化的趋势,形形色色的法律与××学理论,以及带有各种社会政治背景的批判与后批判法律研究运动,从各个侧面批判传统法律理论尤其是传统法律方法的不足,提出了各种路数的从外部研究法律的方法。所有这些从外部研究法律的新思潮,其理论渊源都要追溯到以法律现实主义为代表的"反叛形式主义"运动。法律现实主义作为一场学术运动的生命是十分短暂的,但它确实提出了许多对司法制度的常识性的洞见。20世纪70年代以后的从外部研究法律的各种运动,都从不同侧面重提现实主义者对法律方法的批评,实际上是法理学中的新现实主义运动。新现实主义(尤以法律经济学为代表)试图避免现实主义的方法论缺陷,提出可以替代形式主义的规范性法律论证理论,并且日益走向一种彻底实用主义的路径,在这个意义上讲,法律现实主义是美国法律实用主义的先驱。

(原载胡水君主编:《民主法治评论》第二卷,
中国社会科学出版社2013年版)

霍姆斯的"坏人论"及其神话
——评《法律的道路》

霍姆斯法官(Oliver Wendell Holmes, Jr., 1841—1935)和他1897年的演讲《法律的道路》,二者都是美国法律史上最令人惊奇的神话,而且这些神话还在延续。关于霍姆斯的话题(他的法律理论、他作为一个法官的成就甚至他的私生活)已经让美国的法学家们忙了大半个世纪,[①]而自1997年《法律的道路》发表100周年纪念以来,霍姆斯热又出现再度高涨的势头,一位学者调侃道:"霍姆斯股还在继续增值。"[②]自1930年代法律现实主义者们把霍姆斯作为旗帜一样推出以来,他被后来的人们誉为法理学中的英雄、美国的尼采、伟大的异议者、反叛形式主义运动的先驱、实用主义法学的奠基人。而《法律的道路》这篇在发表时还寂寂无名的演说词更获得了无与伦比的殊荣:"由美国人所写的关于法律的唯一最重要的

[①] 在过去的二十年中,美国国内已经有关于霍姆斯的四部传记、四部论文集、三种不同版本的著作全集、两部专题评论集出版,还有不同的专题论文,更不要提数不胜数的期刊文章。See Mathias Reimann, "Horrible Holmes, Bookreview on Albert W. Alschuler, Law Without Values: The Life, Work, and Legacy of Justice Holmes", 100 *Michigan Law Review* (2002), p.1676.

[②] G. Edward White, "Investing in Holmes at the Millennium", 110 *Harvard Law Review* (1997), p.1054. 自1980年代以来,美国法学界已有多位专事研究霍姆斯而功成名就的学者。Ibid., p.1049.

论文"(斯坦福·列文森,Stanford Levinson),"通过《法律的道路》,霍姆斯把美国法律思想推向了二十世纪"(莫顿·霍维茨,Morton Horwitz),"这篇讲话在塑造美国律师的思想方面是如此地有影响,以至于它几乎可以被看作是美国宪法的一部分"(菲利普·约翰逊,Phillip Johnson),"可能是已有的关于法律的最好的论文"(理查德·波斯纳,Richard Posner)。①

尽管霍姆斯很少被认为是一个严谨的、深思熟虑的、体系化的理论家,但他在美国法理学中获得这样高的赞誉绝不是偶然的。他把法律定义为"对法院将要做些什么的预测",这种理论把诉讼和执业律师放在了法律过程的中心,美国法律制度的许多特征使得这种新观点特别容易被美国律师们接受。② 在某种意义上,霍姆斯的预测理论在英美法理学中实现了立法过程中心论的法理学向司法过程中心论的法理学的范式转换,"霍姆斯是第一个把法理学理论建立在一个源自法律实践的视角之上的学者"。③ 在兰德尔的

---

① See Albert W. Alschuler,"The Descending Trail:Holmes' Path of The Law One Hundred Years Later",49 *Florida Law Review*(1997),p. 353.

② See Lord Lloyd & M. D. A Freeman, *LLOYD's Introduction to Jurisprudence* (Seventh Edition), London:Sweet & Maxwell LTD,2001,p. 802.

③ Thomas C. Grey,"Holmes and Legal Pragmatism",41 *Stanford Law Review* (1989),p. 836. 传统的英国分析法哲学很少涉及对司法过程的研究,边沁、奥斯丁和哈特都把普通法的司法理论归入特殊法理学(particular jurisprudence)而不是一般法理学(general jurisprudence)的范畴,因为诉讼、法官和法院是经由具有历史偶然性和文化特殊性的方式而制度化的,因而不属于一般法理学的研究对象。See William Twining,"The Bad Man and English Positivism,1897-1997",63 *Brooklyn Law Review* (1997),pp. 196-197. 但从法理学的当代演变来看,司法中心模式的法理学显然带动了对法律解释、法律推理、法律论证等法律方法问题的研究(其影响波及两大法系),而法律方法显然是具有普遍意义的。在这个意义上讲,以司法为中心的法理学超越了特殊法理学的界限。尽管霍姆斯的理论远非深刻也不那么体系化,但他在这个理论转型中的作用是功不可没的。

形式主义法律几何教科书还被作为正统教义的时代,他的著名格言"法律的生命不是逻辑而是经验"、他在理论阐述和法官生涯中都坚持法律应当回应社会的实际需要的立场,已经显示了他必将成为把握未来时代美国法精神的预言家。更重要的是,他作为一个格言作家的非凡文学才华,①使得他的许多本来充满矛盾、远非深刻的观点却能被他的缺乏文学才能却擅长逻辑分析的后辈信徒们不断瞩目、不断发挥,渐渐弥合了其中的矛盾,甚至阐发出形形色色其中本来并不具有的微言大义。在这个意义上讲,霍姆斯是美国法律史上当之无愧的最伟大的"法律文学家",他作为一个格言作家的文学才华丝毫不逊于托克维尔和卢梭。一个文学家最大的优势就是他创作的文本在他自己死后却永远不会死亡,缺乏创造力但却极富想象力的评论家们会围绕他的文本作出无数他自己始料未及的文章,这也许才是霍姆斯的魅力长盛不衰的真正原因。

"二战"结束以来,欧洲大陆掀起了对法律实证主义的道德反思热潮,在美国法学界也有同样的苗头出现,但在这里反思和批判的矛头却主要指向了霍姆斯和他的法律现实主义追随者们。② 即便霍姆斯的崇拜者们也都没有否认,霍姆斯法官的道德哲学和政

---

① 霍姆斯的评论者们往往强调他的理论的不同的侧面,但所有评论者一致同意的不多的观点之一是霍姆斯作为一个散文作家的伟大。"霍姆斯是一个随意取材的格言作家,他的使用华丽词句的纯文学才能掩盖了他的乱作一团的相互冲突的观点"。Thomas C. Grey,"Holmes and Legal Pragmatism", p. 787. 霍姆斯的文学才能不仅得到了眼界狭隘的法律界的称誉,甚至一些文学批评家都认为他的文体是"完美的"。Thomas C. Grey,"Holmes and Legal Pragmatism", p. 787, note 4.

② See Michal Alberctein, *Pragmatism and Law*, from *Philosophy to Dispute Resolution*, Ashgeate Dartmouth Publishing Company, 2002, pp. 40-42.

治哲学都是十分粗糙的。"他对伪科学的优生学的幼稚的热衷,①他的宿命论,他对人类苦难的冷漠,他的自负和虚荣心,他对强权与服从的近乎崇拜",②都很容易让人反感,他的很多思想都深深打上了他所处的那个时代的烙印。他在联邦最高院任职期间,除了在维护言论自由方面有积极的作为之外,对于少数民族权利、妇女权利这类进步立法都非常坦率地表明他的保守态度,③他的司法限制主义(judicial restraint)或司法顺从主义(judicial deference)哲学

---

① 霍姆斯对当时欧洲大陆兴起的"天生犯罪人"理论十分推崇,在他的著作和司法意见中,他都毫不隐讳这一点。在《法律的道路》中他说道:"设若典型的罪犯乃是一个生物退化者,深蕴于体内的生物需求迫其必得实施诈骗或谋杀,一如其之驱使响尾蛇咬人,则谈论经由传统的监禁方法而对其施加威慑,岂非空穴来风、缘木求鱼。他必须被除掉,他也无法获得改善或停止作出其结构性反应"。霍姆斯:"法律之道",许章润译,载《环球法律评论》2001年(秋),第328页。在1927年的巴克诉贝尔(Buck v. Bell)一案中,他支持了弗吉尼亚州一项对低能妇女进行强制性绝育的立法,在司法意见中他写道:"如果不能等到将来处决那些实施犯罪的退化的后代,或是为了他们的低能任由他们饿死,那么社会可以禁止那些明显不合格的人延续他们的族类,这样做对全世界都更好一些。实行强制性接种疫苗这一原则的含义是宽泛的,足以包括切断输卵管……三代的低能就足够了"。See Wendy Brown Scott, "Oliver Wendell Holmes on Equality and Adarand", *Howard Law Journal* (Fall 2003), p. 66, note 32. Quoting *Buck v. Bell*, 274 U. S. 200, 207 (1927).

② Thomas C. Grey, "Holmes and Legal Pragmatism", p. 792.

③ See Louise Weinberg, "Holmes' Failure", 96 *Michigan Law Review* (1997). 霍姆斯对待黑人问题的态度是极端保守的,在谈及对争取黑人平等权利的热情的轻蔑时,他甚至不无怨毒。1886年他在一次对哈佛大学法学院校友会的讲话中说道:"我认为我们都会同意对平等的热情远远超出了政治甚至社会的界限……当对平等的热情不满足于建立基于一般人道同情的社会关系,不满足于建立所有人都可分利的利益共同体,而是攻击确立秩序和人类心智等级的自然界线——那他们就不仅错了,而且是可耻地错了"。Wendy Brown Scott, "Oliver Wendell Holmes on Equality and Adarand", p. 70, note 55.

植根于他对强权的宿命论式的崇拜和他对行政机构的顺从。① 而他在南北战争期间恐怖的从军经历,留给他的最强烈创伤就是使他丧失了对一切价值的信仰,他成为一个彻底的怀疑主义者和笃信强权的宿命论者,他唯一不怀疑的就是一个士兵对强权的盲目服从,在"二战"以前他确曾积极鼓吹军国主义。② 和欧洲大陆法律实证主义者不同的是,"二战"以后他在美国法学界因极权主义嫌疑被谴责不完全是无辜的。③

因为一个思想家的政治、人生信条而否定他的理论,这肯定不是一种理性的批判。但如果他的政治、人生信条确实影响了他的理论甚至导致他的某些理论出现硬伤,那么去分析二者之间的相

---

① 霍姆斯在联邦最高院任职期间坚决反对运用正当程序条款宣布州政府的进步劳工立法违宪,这使他获得了自由派法官的美誉。但霍姆斯的批评者阿尔伯特·W. 阿尔舒勒(Albert W. Alschuler)认为把霍姆斯神化为自由派法官纯粹是一种误解,"他在最高院的工作证明他倾向于使权力斗争的结果有效化。他对立法决定的顺从并不是一种社会进步态度的表示,而是为了让当选的大多数为所欲为。结果,他对进步的立法和反动的立法一概支持"。See Mathias Reimann, "Horrible Holmes, Bookreview on Albert W. Alschuler, Law Without Values: The Life, Work, and Legacy of Justice Holmes", p. 1678.

② 霍姆斯多次在面对法学院学生的庆典讲话中鼓吹军事征服的英雄主义。而其中最为臭名昭著的是1895年5月30日他以一个三次受伤的内战老兵的身份为哈佛大学毕业班做的题为《士兵的信念》(The Soldier's Faith)的讲话,其中用极富浪漫色彩的修辞热情洋溢地鼓吹军国主义理想。See Michael Coper, "The Path of the Law: A Tribute to Holmes", *Alabama Law Review* (Spring, 2003), pp. 1078-1079.

③ See David J. Seipp, "Holmes's Path", pp. 554-558. 即便霍姆斯最坚定的崇拜者波斯纳法官都没有否认霍姆斯的某些观点具有极权主义意味,在谈及霍姆斯在《法律的道路》和巴克诉贝尔案中的优生学观点时,波斯纳说道:"把某一群人从人类共同体中清除出可能会变成一种习惯,会从罪犯蔓延到无用之人(ne'er-do-wells),蔓延到病人、老人、精神病人和低能的人",但波斯纳辩解说霍姆斯没有经历极权主义时代,因而不可能认识到自己这种理论的错误。See Richard A. Posner, "The Path Away From the Law", 110 *Harvard Law Review* (1997), p. 1042.

互作用就是必须的了。

霍姆斯法官粗糙的道德怀疑主义在他的"坏人"理论中体现得再明显不过了。

一、坏人论说了些什么

1897年1月8日,霍姆斯应邀参加波士顿大学法学院庆祝法学院所在的礼堂落成典礼并发表演讲,这就是著名的《法律的道路》。坏人论是霍姆斯在《法律的道路》中提出的最引人注目的理论,开篇不久,霍姆斯就推出了他的"坏人"朋友,确切地说,他在《法律的道路》中提出了一种关于法律的"坏人-预测"理论。

"坏人-预测"理论包括这样几个要点:

1. 要想了解法律的性质,最好是从一个坏人的角度出发。"如果你只想知道法律而非其他什么,你必得将人当作一个只在乎法律知识允许其得以预测之物质后果的坏人,而非一个好人,其秉依冥冥中良心制裁的训谕,懂得自己行为的理由,不论其为法律或非法律的理由"。① 坏人是一个不同于好人的、不受良知约束的人,对于法律他只关心法律会给他带来什么样的物质后果,"坏人具有如同好人一般多的理性,希冀避免与公共权力冲突"。②

2. 从一个坏人的角度出发,法律就是法院实际上会对他做的事情,因此从预测的角度可以合理地显示法律的特征。"设若我们与吾辈之友,那个坏蛋,英雄所见略同,则吾人将会发现,此君并不

---

① 〔美〕霍姆斯:"法律之道",第323页。
② 同上,第322—323页。

在乎公理或演绎的杂什,毋宁,其确乎预知者不过麻省或英国法庭实际上可能会做什么。……卑意所谓法律者,即此法庭实际上将会做出什么之预言也,而绝非什么矫饰浮夸之辞","职是之故,吾人研究之旨,乃在预测,即对公共权力经由法庭而作出何种反应之预测",①相应地,权利和义务,就像法律本身一样,应该被理解为对公共权力使用的方式的预测,"所谓的法律义务不过是关于某人作为或不作为某些事务,他将会被法庭判决以这种或那种方式承受后果的一种预言——法律权利亦然"。②

3. 法律在某种意义上是区别于道德的,应当将二者分离开来。尽管法律中充满了转借于道德的语词,但这些语词在法律中往往具有与道德不同的含义,"我常常怀疑,如若表述道德意味的每一语词可得从法律中清除尽净,而采行曲尽法律理念、未经任何法外之物渲染之其他语词,是否不能算作胜算",③"对于道德意义上人的权利与宪法或法律意义上的权力乃一般无二的肯认,只会导致思想的混乱",④将法律与道德混淆导致的谬误之一就是把权利义务当作绝对的、先验的范畴,"法律理念与道德理念混淆不清的诸多负面影响之一,就是理论总是倾向于置车于马前,将权利或义务当作某种与其违反后果两相分离或独立之物,而违反总会招致惩罚的"。⑤

简言之,要想了解法律是什么,最好是从一个不受良知约束的

---

① 〔美〕霍姆斯:"法律之道",第322—323页。
② 同上,第322页。
③ 同上,第325页。
④ 同上,第323页。
⑤ 同上,第322页。

非道德的坏人的立场出发,去预测法院会怎样处置他的行为,从而避免对他不利的后果,这种预测就是法律本身。同样,从一个坏人的立场来看,法律跟道德是两回事,不存在绝对的权利义务,权利义务不过是违反关于权利义务的法律规定就会招致的物质后果。

二、坏人论的法理学意义

或许是为了帮助澄清法与道德分离论在欧洲遭遇的不白之冤,① H. L. A. 哈特在《实证主义和法与道德的分离》开篇就称赞了霍姆斯,"我首先要说的是,为什么我认为霍姆斯——不管他在美国的声誉经过怎样的兴衰荣辱——在英国人眼中将永远是一个法理学的英雄形象",②对一个较早提出分离论(separation thesis)的前辈总该致以应有的敬意。但没过一会他就接着说,"就像我们英国的奥斯丁一样——霍姆斯和他有很多一致的观念和思想——霍姆斯有时是明显错了,但是同样像奥斯丁一样,当他错的时候他总是错得很清楚",③这总让人觉得前面的称赞不是那么的由衷,似乎还带着点英国绅士式的幽默,原来霍姆斯就是这样一个"错得很清楚"的英雄。

(一)法与道德的分离

1. 概念的分离还是实质的分离?

"错得很清楚"的首先是霍姆斯对分离论的近乎犬儒主义的主

---

① 参见陈林林:"'正义科学'之道德祭品——极权统治阴影下的法实证主义",《中外法学》2003年第4期。
② H. L. A. Hart, "Positivism and the Separation of Law and Morals", *Harvard Law Review* (1958), p. 593.
③ Ibid.

张。对坏人论最常见的阐释就是霍姆斯借助"坏人"这个十分生动形象的隐喻来说明法律与道德之间的分离,因为坏人是一个非道德的、不受良知制约的人。尽管霍姆斯非常不情愿承认奥斯丁对自己的理论影响,但他的分离论显然是来自于当时在欧洲风头正盛的英国实证主义。"英国实证主义和霍姆斯共有的观念是:把'是'和'应该'区分开来以促进思想的清晰性"。① 而霍姆斯在《法律的道路》中正是这样阐述要把道德词语从法律中驱除出去的理由的,"当我强调法律与道德区别时,我是以一个单向的目标,即对法律的领悟和理解为准而言的"。②

但是坚持法律与道德的分离,却可能有两种截然不同的出发点。或者是认为道德很重要,只有法与道德分离开来,道德才能保持其作为伦理批判标准的自足性与独立性,才能捍卫作为政治权力产物的法律的伦理底线。或者是认为道德根本就无足轻重,甚至世界上根本就没有道德这回事情,道德不过是根本不具可比性的不同个体的偏好、品味,甚至只是不同利益要求的遮羞布。

英国实证主义者并不认为法律与道德在实质上是分离的,而只是坚持二者之间概念的分离。法固然会有与道德共通的元素,但这些元素一旦上升为法,就成为与道德有着质的不同的规范。固然有很多的法律规范是善的,但一个规范不能仅仅因为它本身是善的就成为法律规范,它只有符合法之所以成其为法的基本条件才能成为法律规范,照哈特的讲法,这些条件就在承认规则(rule of recognition)里规定。确切地说,法律实证主义就是这样一种理

---

① William Twining, "The Bad Man and English Positivism, 1897-1997", p. 196.
② 〔美〕霍姆斯:"法律之道",第323页。

论:"在任何法律体系中,一个给定的规范是否在法律上是有效的,并且它是否成为这个法律体系的一部分,取决于它的渊源(source),而不是它的价值(merits)"。①

实证主义者并不必然是道德怀疑论者或道德不可知论者,法律实证主义并不否认法律与道德之间有联系,而坚持它们之间没有"必然联系"实际上是坚持法律与道德之间的概念性分离。实际上,实证主义者并不是不关心法律中的道德,他们之所以坚持法律与道德的分离,固然是为了更清晰地解释法律作为一种特殊社会规范的内在性质,更重要的是,只有法律与道德分离开来,才可能对法律作客观和中立的价值评判。如果法律与道德混为一体,规范的道德价值成为规范有效性的必要条件,我们就无法指责一部法律是不道德的,因为它恰恰是因为本身符合道德价值才成为法律的。这个推论过程可以简化为:恶法非法→所有的法律都是善法→所有的法律都不需要经受批判和检验。

"坚持对法律和道德进行某种概念性分离的必要性,是为了保留对法律进行道德批判的可能性。"②奥斯丁、边沁和哈特都在不同程度上指出,如果法律达到了一定程度的邪恶,那么人们就有拒绝服从和抵制它的道德义务,认为不道德的法律就不是法律只会导致思想的混乱,"如果跟随实证主义者,我们就会清楚地说法律可以是法律,但它太邪恶以至于无法遵从"。③ 实际上,在法律与道

---

① John Garner, "Legal Positivism: 5 and Half Myths", 46 *American Journal of Jurisprudence*(2001), p. 223.

② Robert P. George, "One Hundred Years of Legal Philosophy", 74 *Notre Dame Law Review* (1999), p. 1544. See also H. L. A. Hart, "Positivism and the Separation of Law and Morals", p. 598.

③ See Ibid., p. 620.

德的实质联系上,英国实证主义和新自然法学派并没有实质上的差异,而只有方法论上的差异,实证主义的领袖哈特提出了极富自然法色彩的"最低限度自然法"理论,自然法学派的主将富勒也提出了很有实证主义嫌疑的"程序自然法"理论,这说明他们之间的实质差异并不是势不两立的。

霍姆斯的分离论有没有这样一个道德基础则是十分可疑的。尽管霍姆斯在《法律的道路》中也曾强调听众不要把他的观点误会成犬儒主义,"法律是吾人道德生活之见证与外部形态,其历史实即人类的道德演进史。其践履,尽管这已成为一个流行的笑话,总在于造就良善公民与好人",①但这并不能表明他是在认真对待这个"流行的笑话",因为承认道德影响法律是一回事(谁又可能否认这一点),是不是嘲讽道德的存在则是另外一回事。霍姆斯所有的传记作者都不否认霍姆斯是一个彻头彻尾的甚至近乎恶毒的道德怀疑主义者,因为霍姆斯在世留下的讲话和信件都无法否认这一点。在他看来,道德不过是"人们为了把自己当回事而发明出的把戏","那些还相信些什么东西的人们是一些多么该死的傻瓜……所有的'主义'在我看来都是愚蠢可笑的"。② 大部分传记作者都把霍姆斯的道德怀疑主义解释为是他在南北战争中的恐怖经历的心灵创伤,③战场上你死我活的极端人生体验像噩梦一样弥漫在他

---

① 〔美〕霍姆斯:"法律之道",第323页。
② Albert W. Alschuler, "The Descending Trail: Holmes' Path of The Law One Hundred Years Later", p. 24. Quoting Letter from O. W. Holmes to Alice Stopford Green, Feb. 7, 1909, and Letter from O. W. Holmes to Harold Laski, Apr. 13, 1929.
③ 霍姆斯于1861—1864年在北方军队中服役,先后三次中弹负伤(胸部、脚后跟、脖子),他自己描述在战争中的体验就像是"触到了火"。See Louise Weinberg, "Holmes' Failure", p. 699, note 30.

的整个后半生,他无法再相信和平时代呈现出的人际的彬彬有礼与温情,只要一想到极端情形下人们会暴露无遗的生物本能,他就不能不对那些所谓文明社会的遮羞布嗤之以鼻,"所有的私人关系,尽管可能被同情和所有的社会感情所缓和,归根到底是出于一种合情合理的自利。如果在深海上有一个人待在一片只够浮起一个人的木板上,而一个更强壮的人过来抓住了木板,他就会尽他所能地推开那个家伙"。① 因为对人性的这种极度阴暗的认识,他进而认为所有的社会生活都是一场残酷无情的生存斗争,他习惯用刺刀、大棒、疆场这类粗暴的隐喻来描述法律,而法律的安排不外乎是对优胜劣汰的生存竞争的结果陈述,"霍姆斯是一个马尔萨斯主义者(Malthusian)和达尔文主义者(Darwinian),坚定地相信除了在一场零和经济游戏中把负担转嫁给失败者之外,法律改革并不能达成别的什么目的"。②

姑且先撇开这种也许并不太客观的"春秋诛心"式的论证,只

---

① Stephen R. Perry,"Holmes versus Hart, the Bad Man in Legal Theory", in *The Path of the Law and Its Influence*, *The Legacy of Oliver Wendell Holmes*, Jr., edited by Stern J. Burton, Cambridge University Press, 2000(hereinafter *Legacy*) ,p. 172. Quoting O. W. Holmes, *The Common Law*, Boston:Little, Brown,1881, p. 44. 也有论者指出,霍姆斯的怀疑主义并非战争创伤的产物,而是受实用主义哲学的影响所致,"科学的实用主义使霍姆斯走向了一种对抽象和超验的事物的深深的怀疑主义。他的剑桥朋友圈中强烈的哲学怀疑主义使他把反理想主义的观点体系化了,甚至在内战以前他就抱定了这样的观点。霍姆斯形成了这样一种观念,即无论是在道德中还是在历史中,人与人之间的关系都没有为理想主义留下空间。……霍姆斯对他的怀疑主义是毫不吝惜的,他否定所有领域中的普遍性主张,从艺术到法律"。"一些学者认为霍姆斯的道德怀疑主义是他自己在内战期间的创伤体验的产物,但他的怀疑主义是如此的根深蒂固、如此的彻底,以至于这种信念绝非他的道德哲学的产物,而只是被后者所吸收"。Anthony J. Sebok, *Legal Positivism in American Jurisprudence*, Cambridge University Press,1998, p. 62, note. 52.

② David Luban,"The Bad Man and the Good Lawyer", in *Legacy*, p. 35.

来看对一个坏人来说法与道德的分离到底应该意味些什么。霍姆斯开篇就讲得很清楚,我们的坏人朋友是不同于好人的,后者受良心制裁的约束。那么很显然,霍姆斯所说的是"坏人"就是人们通常理解的那一种,即一个道德意义的坏人,一个不受良知约束的非道德的(amoral)人,而不仅仅是一个法律意义的坏人。道德对没有良知的人来说是不存在的,那么对这个坏人朋友来说,世界上自然没有道德这回事,法律规定中的道德意味对于坏人来说也是不存在的。权利并不是他人神圣不可侵犯的利益,权利只是法律为其受损(侵权)设定了具体代价(赔偿、罚金、监禁直至剥夺生命)的人的利益,一个足够狠的坏人只要付得起这些代价就可以当那些利益不存在。对这个坏人朋友来说,法律与道德的分离就是因为世界上根本没有道德这回事,分离的目的并不仅仅是要把道德的语词从法律中驱赶出去①,而是要把道德价值从法律中驱赶出去。和英国实证主义不同的是,霍姆斯主张法与道德实质的分离。基于分离论的不同立场,实际上存在两种不同的法律实证主义:实质的法律实证主义(substantive legal positivism)和方法论的法律实证主义(methodological legal positivism),"前者意在否认道德价值和法律之间的必然联系,而后者意在否认道德价值和法律理论之间的必然联系"。② 霍姆斯的坏人论显然属于前者。

---

① "我常常怀疑,如若表述道德意味的每一语词可得从法律中清除尽净,而采行曲尽法律理念、未经任何法外之物渲染之其他语词,是否不能算作胜算"。〔美〕霍姆斯:"法律之道",第 325 页。

② Stephen R. Perry, "Holmes versus Hart, the Bad Man in Legal Theory", in *Legacy*, p. 171.

2. 法与道德实质分离的范例——契约的选择理论（the alternative theory of contracts）

为了证明法与道德实质的分离,霍姆斯在1881年出版的《普通法》中就已提出了侵权行为的客观责任理论(objective theory of liability),认为侵权行为的认定与侵权人的真实恶意无关,只要侵权人已经实施了一个普通人能够预见的将会导致损害的行为就足以认定。这种理论的实质是要颠覆传统侵权理论中对过错认定的伦理的个人主义的标准,而代之以一种非伦理的社会危害标准,意在否认侵权法中"过错"一词的道德含义。尽管霍姆斯的一些追随者认为,证明真实的恶意往往存在困难,但霍姆斯并不是基于法律证明困难这一原因提出这一理论的,而是基于一种粗暴的集体主义社会哲学,① 他坚信社会经常把人当作手段,"如果我们需要征召士兵,我们就让他们排队行军到前线,以刺刀殿后,让他们为了一个他们自己都不可能相信的原因献身"。② 在《法律的道路》中,霍

---

① See H. L. A. Hart, "Diamonds and String: Holmes on the Common Law", in H. L. A. Hart, *Essays in Jurisprudence and Philosophy*, Oxford University Press, 1983, pp. 278-281. 1961年,霍姆斯关于客观责任的观点被英国上议院在检察长诉史密斯(*Director of Public Prosecution v. Smith*)一案中引用以支持对"明理人"(reasonable man)标准的客观解释,招致了批评的热潮,哈特在其中起了带头作用,此案的判决被1967年《刑事正义法》(Criminal Justice Act of 1967)推翻。See William Twining, "The Bad Man and English Positivism, 1897-1997", p. 191. 关于客观责任理论的一个有趣的解释是,这也有可能是霍姆斯的从军经历的产物,"战争期间的经历使霍姆斯感到,施行惩罚是根据行为的危险程度,因为危险不是来自于行动者的主观意愿而是来自于行动本身"。Michael A. Carrier, "Lives in the Law: Bookreview on Edward White, Justice Oliver Wendell Holmes: Law and the Inner Self", 93 *Mich. L. Rev.* (1995), p. 1900.

② Cathrine Peirce Wells, "Oliver Wendell Holmes, Jr., and William James, the Bad Man and the Moral Life", in *Legacy*, p. 226. Quoting Oliver Wendell Holmes, "Ideals and Doubts", in Holmes, *Collected Legal Papers*, New York: Harcourt, Brace & Howe, 1920, p. 304.

姆斯又提出了契约的选择理论,把他的实质分离论推进得更为彻底,指向基本的道德义务——承诺,他声称要用"犬儒主义的酸液"(cynical acid)让义务这个法律中最基本的道德词语现出本相。①

契约的选择理论包括这样两个要素:首先,契约的成立不需要合意。"只有当人们已然懂得一切契约均为要式契约,而契约的成立并不取决于双方之一致合意,毋宁乃两套外部符号之合意时——不是双方已然意味着同样的事,而是他们已经说过了同样的事,人们才能理解真正的契约原理"。② 也就是说,契约的签订并不是为了要履行,双方只是说了我要履行,至于履行不履行是要视情况而定的,契约并不是双方当事人之间真实的合意,而只是一个"履行不履行我要看着办"的意志的苟合。其次,契约义务并不意味着履行承诺,而只意味着违约要赔偿损失,仅此而已,赔偿只是为违约行为支付的罚款。"在普通法中,履行契约的义务意味着如果你失于契约,则必须承担损害赔偿责任之预测,除此无他。"③ 概括地说,契约不是一个绝对命令式的陈述:必须履行合同,否则赔偿损失;而是一个选言式的陈述:要么履行合同,要么赔偿损失。"如果你订立了一个契约,那么,除非兑现承诺——所有的差别尽在于兑现承诺与否——否则,得负有一定赔偿金之责。"④

说完上面这番话以后,霍姆斯马上就意识到对他的契约理论

---

① 霍姆斯在《法律的道路》中分析了法律中的五个道德词语并驱除它们的道德意味:权利(rights)、义务(duties)、恶意(malice)、故意(intent)和过失(negligence),义务是他主要针对的目标。See Albert W. Alschuler, "The Descending Trail:Holmes' Path of The Law One Hundred Years Later", p.410.
② 〔美〕霍姆斯:"法律之道",第325页。
③ 同上,第324页。
④ 同上。

最不利的就是特别履行(specific performance)和禁令(injunction)这类强制履行的违约救济,但他只是敷衍了事地说这些只是衡平法中的少数例外,而例外不影响形成一个一般性的理论。① 霍姆斯的新奇的契约理论招致了他的英国朋友、普通法史家波洛克的激烈反驳,波洛克在与霍姆斯的通信中不厌其烦地一再强调这个问题。他指出,德国民法典把特别履行而不是损害赔偿作为通常的救济形式,最古老的关于契约责任的英国令状也是这样的,"毫无疑问,在别的星球上法律可能也是这样的"。② 波洛克认为道德立场同普通人对普通的契约的理解最接近,"当一个人同一个裁缝订立契约让其完成并交付一件外套,他不是把自己想象成是同裁缝打了一个赌。同样,买主并不认为自己是买了一项保险政策,买主要的是外套"。③ 但是在霍姆斯看来,契约就是这样的一个很特别的赌约:"我赌你会照合同里说的去做,如果我赌输了,你就赔我钱。"

菲尼斯也指出,霍姆斯的契约理论在普通法中都是不能成立的,"订立契约就是要履行的,这是一个民法制度的公理(maxim),而且普通法制度也是在同样的原则之下运作的",例如,在普通法中,一个遗嘱执行人(executor)或私人财产管理人(personal administrator)是必须履行他同委托他管理地产的死者订立的契约的,即便是在对受托地产和受益人(beneficiaries)更为有利的情形

---

① 〔美〕霍姆斯:"法律之道",第324页。
② See David J. Seipp, "Holmes's Path", p.529. Quoting letter from Frederick Pollock to O. W. Holmes, Sept. 17, 1897, and June 13, 1927.
③ Albert W. Alschuler, "The Descending Trail: Holmes' Path of The Law One Hundred Years Later", p.417, note 214, quoting F. Pollock, *Principle of Contract Law* 3d ed., 1881, p. xix.

下,他也不能拒绝履行而只是赔偿违约造成的损失。① 霍姆斯的契约怪论不惟不能解释普通法,而且也不能解释地球上所有国家的民法。不惟不能解释特别履行和禁令,而且也不能解释对违约的巨额惩罚性赔偿,一个巨额的惩罚性赔偿绝不仅仅是为违约设定一个较高的代价,它本身就是用强烈的形式来表明对违约的道德谴责,表明履行承诺的不可否认性。霍姆斯所说的契约就是一个坏人眼中的契约,因为在一个坏人看来,"没有人应为任何事对任何人负责"②,世界上不存在承诺、义务和责任,只存在违反这些所谓的"承诺、义务和责任"会招致的对自己的不利后果。对坏人来说,惩罚也绝不意味着对自己道德上的否定,惩罚只意味着自己要遭受一些物质损失,"在他看来,因做某事而被处罚金与课以一定税金之间,究竟有何区别呢?"③诚然,每一个签订契约的人都会想到一种最坏的结果,如果对方是一个坏人,他会中途违约,自己的信赖利益就会落空,法院大多数情况下只会判他赔偿,自己往往也只要求赔偿,因为迟延的履行往往已没有意义。即便依照法律而且自己也要求判他履行,他不履行你也多半拿他没办法,还不如让他赔钱,而让对方违约然后赔钱往往也就意味着自己要赔本。但是每天仍有无数的人在跟他人(大部分是陌生人)签订形形色色的契约(要式的和非要式的,书面的和口头的,明示的和默示的),却并不认为自己这样做是在出生入死,那是因为他们根据自己对周

---

① See John Finnis, *Natural Law and Natural Rights*, Oxford: Clarendon Press, 1980, p. 323.
② Louise Weinberg, "Holmes' Failure", p. 701, quoting Grant Gilmore, *The Death of Contract* (1974), p. 14.
③ 〔美〕霍姆斯:"法律之道",第 323 页。

围人们的判断,清楚地知道发生这种最坏结果的概率并不是太高。这个最坏的结果只能说明法律作为一种社会规范工具的作用有限性,但决不能说明法律本身根本就没有保护每个缔约人的信赖利益这个道德目的。这个最坏的结果非但不能说明从一个坏人的角度能最好地理解法律,而恰好是说明法律对我们的坏人朋友怎样失去了意义。

(二) 内在观点与外在观点

霍姆斯第二点错得很清楚的就是坏人提供了一个纯粹从外在观点看待法律的极端的范例。

"在任何特定时间,依据规则(法律规则和非法律规则)为生的任何社会的生活都可能存在于两种人之间的张力之中:一方面是接受规则和自愿合作以维护规则,并因而从规则的观点来看待他们本人和他人行为的人;另一方面是拒绝这种规则,仅从把规则作为可能惩罚之征兆的外在观点出发才注意这些规则的人。"[1]哈特在《法律的概念》提出的"内在观点"与"外在观点"实现了当代法理学中的阐释学转向,在某种意义上,"内在观点"这个概念可能是哈特对法理学理论最伟大的贡献,[2]没有这个概念,就无法区分遵守法律与对持枪劫匪的被迫服从,也就无法理解作为人类有意设计的社会制度的法律。霍姆斯的坏人显然是一个最为极端的外在观点的范例,在坏人看来,法律只是一套自己行为的代价体系(而且只是物质的代价),只是一个对自己行为的征税细目表。更重要的,这对概念还阐明了法治秩序的一个必要条件,如果普通人可以

---

[1] 〔英〕哈特:《法律的概念》,张文显等译,第92页。
[2] See Scott J. Shapiro, "The Bad Man and the Internal Point of View", in *Legacy*, p. 197.

对法律持不同程度的外在观点,法律人(尤其是法官)却是必然要持不同程度的内在观点的。如果实施法律的法律人自身都不认同规则的合法性和规范含义,只把其看作一套不得不服从的、如果可能的话就加以规避的强权的产物,世界上就没有法治这回事了。

尽管坏人论作为一种极端的外在法律理论肯定是极度错误的,①但是透过坏人这个概念,却可以对内在观点-外在观点这对概念作更精细的辨析。自《法律的概念》问世以来,关于坏人是不是持外在观点、持怎样的外在观点的争论就没有停止过,因为与"内在观点-外在观点"二分法几乎同时产生的还有这样两对概念:内部人(insider)与外部人(outsider)、参与者(participant)与观察者(observer),而这三对概念往往是极易混淆的,因为坏人经常模糊了这些对立之间的界限。坏人肯定是一个内部人,但他又用一个完全不相干的外部人的眼光看待他所在的团体,他在这里,他又不在这里。坏人是参与社会实践的,但他在参与的同时又表现出一种相对超然的、观察者的姿态,"'坏人'是一个行动者,但他代表了对体制的超然(detachment),他和它脱离了关系,对他来说不存在对体制的忠诚、忠实和体制的合法性、有效性、正确解释或尽可能完善的问题,他在体制中,但不属于它。体制是一个由他人创造、强加、实施(或不实施)的生活事实——一个人可以从中穿行、自由活动或从中受益,就像一个人可以在丛林或其他外在场景中所做的一样。"②

坏人对这三种区分的挑战,当然并不能证明坏人论作为一种

---

① 参见〔美〕德沃金:《法律帝国》,李常青译,中国大百科全书出版社1996年版,第13页。

② William Twining, "The Bad Man and English Positivism, 1897-1997", p. 222.

法律理论的合理性,但却可以透视出内在观点法律理论也存在模糊不明的地方,否则就不会有这么多关于坏人的误解发生了①。当然,内在观点-外在观点的区分与后面二者肯定是有质的不同的,区别的关键在于,内在观点不等同于内部人,它"指的是接受法律的合法性的内部人的观点",②内在观点-外在观点也不等同于参与者-观察者,一个参与者可能是被迫卷进一场活动的(比如被迫投降以后参加战斗的俘虏),可能根本就不认同他所参与的实践,而采取冷眼旁观或是佯作热心的姿态;而一个特殊的观察者,比如,一个像马陵洛夫斯基那样在特洛布里恩岛长期居住作田野调查的人类学家,他必须对岛上居民的习俗达成一点程度的认同才能对那些习俗形成"同情的理解"。透过坏人而产生的对内在观点-外在观点的误解在某种程度上说明,就像好人-坏人的二分法过于简单一样,内在观点-外在观点的二分法也过于简单了,也许法理学需要一个更精细的词汇表。③

坏人对内在观点提出的另一个挑战是,人们遵守法律是不是基于一种单纯的原因。内在观点也存在它的意义核心和边缘地带,遵守法律是出于未经反思的习惯性态度,是出于去做别人已经做的事情的单纯从众愿望,还是出于忠于法律的道德驱使的服从,

---

① See William Twining, "The Bad Man and English Positivism, 1897-1997", p. 222.

② Scott J. Shapiro, "The Bad Men and of the Internal Point of View", p. 200. 而佩里正是因为犯了把内在观点同内部人等同起来的错误,才以此反驳哈特对霍姆斯的批评,认为坏人代表了一种特殊的"内在观点"。See Stephen R. Perry, "Holmes versus Hart, the Bad Man in Legal Theory", in *Legacy*, pp. 163-168.

③ See William Twining, "The Bad Man and English Positivism, 1897-1997", p. 222.

这一点哈特没有明确地区分开来。① 而且在人们遵守法律的驱动机制中,对惩罚的畏惧并不是完全可以忽略不计的。为什么霍姆斯这样热情洋溢地推出他的坏人朋友,也许这个笃信强权的退伍老兵一想到文明社会里衣冠楚楚的人们一旦被抛到战场上那种你死我活的极端境地会做些什么,他就在心底里坚信每个人(至少是大部分人)骨子里都是一个坏人,坏人是所有人的最小公分母。② 对法律持内在观点的人们出于什么样的理由遵守法律,这个理由中并不能完全排除对惩罚的畏惧。③ 不妨设想一下有一天突然不再有法律,人们会干些什么,可能没有太多的人会去烧杀淫掠,但是别的事情就不那么确定了。当然,这样设想并不等于同意老霍姆斯的犬儒主义,因为无数荒岛、集中营、饥荒的真实历史都证明并不是所有的人在极端情形下都毫不犹豫地自愿选择纯粹动物性的生存,更不是所有曾经在极端情形下被迫丧失人性存在的人在脱离那个情形以后就永远变成彻头彻尾的伪君子而不再认同任何道德价值。④ 做这样的设想只是为了说明:文明的价值就在于尽可能缩小让人活在这种极端情形、彻底沦为一种生物性存在的可能性,而法律恰正是文明用于实现这个目的的最重要的工具。

---

① See Robert P. George, *One Hundred Years of Legal Philosophy*, p. 1548.
② See Stephen R. Perry, "Holmes versus Hart, the Bad Man in Legal Theory", in *Legacy*, p. 172.
③ 刑法理论中"自然犯"(mala in se)和"法定犯"(mala prohibita)的区别有助于说明这个问题,对于"车行左、人行右"这样的法律,"即便一个圣徒也不可能仅仅从良心的约束力中为自己的行为找到理由"。Albert W. Alschuler, *The Descending Trail:Holmes' Path of The Law One Hundred Years Later*, p. 377.
④ 参见〔奥〕弗兰克:《活出意义来》,赵可式等译,生活·读书·新知三联书店1998年版。

(三)坏人论的马脚——坏人论与预测论的矛盾
1. 坏人与好法官——矛盾之一

只关心自己行为物质后果的坏人肯定不会关心公理、演绎这些杂什,他只关心法官会怎么处置他的案件。但是坏人并不能代替法官去为自己下判决,那么审理坏人案件的法官又怎么可以不关心这些杂什呢?尽管霍姆斯在法律理论中最大的贡献就是指出了规则模式和形式逻辑法律推理的不足,但他从来都没有认为规则与逻辑可以完全弃之不顾,他只是指出要在规则与逻辑之外用经验加以补充。①《法律的道路》开篇不久,坏人朋友还没有推出以前,他就强调对法院判决的预测要自判例集、法学论著和议会立法中得出,"几乎法律思想的每一新的努力的全部意义,均在于力使此种法的预言更为精确,并将其归纳、综合成为一个圆融自治的体系","正是为了使法律预言更为易记易懂,才将往日判决的训谕变成一般的命题,写进教科书,或者,以统一的形式通过议会立法"。② 坏人是不关心这些法律书的,可是法官却不能不关心,这一

---

① 在这一点上,霍姆斯远不像他的法律现实主义追随者们走的那样远,甚至离谱到以为法官的腹痛都会影响判决。See H. L. A. Hart, "American Jurisprudence through English Eyes: the Nightmare and the Noble Dream", in *Essays in Jurisprudence and Philosophy*, pp. 126-132. 哈特认为,把霍姆斯作为反形式主义的先驱是一个误读,这种误读是因为把形式主义法律方法同霍姆斯时代联邦最高院流行的经济自由放任主义联系在一起而造成的,而实际上二者之间并没有必然的联系。See Ibid., p. 130. 还有学者认为,霍姆斯在法律方法上不仅不是反形式主义的,而且他的思想中仍有许多属于兰德尔传统的形式主义的因素,他的客观责任理论就具有严重的形式主义色彩。不同的现实主义者出于在智识上寻找一个先行者的需要,在霍姆斯的思想中断章取义地寻找投合他们自己需要的东西,而弃置和自己观点相冲突的东西。See Neil Duxbury, *Patterns of American Jurisprudence*, Oxford: Clarendon Press, 1997, pp. 41-46.

② 〔美〕霍姆斯:"法律之道",第322页。

点霍姆斯讲得很清楚。

问题出在,如果坏人要预测法院会做什么,他就必须透过一个法官的视角去看法院会做什么,而这个法官尽管不是一个圣人,却是一个同他没有任何利害关系、有普通人的良知、受到很强的职业伦理约束还受过良好的职业训练、习惯用特定的职业思维去思考问题的第三人。这就是朗·富勒在《追寻自身的法律》(*The Law in Quest of Itself*)中给霍姆斯提出的难题:坏人将不得不透过一个好法官的视角去看法律。① 而这个与坏人没有任何利害关系的好法官,势必要来判断坏人行为的道德意味,因为法律就规定了这些道德意味。若干年后,霍姆斯的法律现实主义追随者们把霍姆斯的经验论推到极致,提出法官主要不是受法律书而是各种外部因素的影响,包括陪审团、社会偏见、个人偏好甚至腹痛。这也许可以在一定程度上弥合这个矛盾,坏人可以预测这些因素而不是法律书怎样影响法官,预测哪些因素能帮助自己得到最有力的判决。

只要存在真正意义的规则,这些规则稳定的意义核心就不是任何人的偏好或其他外部因素可以扭曲的(这也正是我们中国的法官经常劝诱当事人调解结案的原因)。同样,只要存在真正意义的规则之治,法官就负有一些基本的、不可推卸的职业道德义务,这至少应该包括:不能拒绝裁判提交给他们并在他们司法管辖权之内的案件;在裁判案件时只能对案件适用有效的法律规范;更重要的,必须通过法律推理来得出裁判而不是径自使自己的独特偏好生效。② 坏人也许会发现法官有对自己有利的偏好,但坏人对法

---

① See David J. Seipp, "Holmes's Path", p. 554.
② See John Garner, "Legal Positivism:5 and Half Myths", pp. 211-215.

律持完全外在的观点,一个称职的法官却对法律持内在的观点,法律规则语词中意义没有争议的部分、法官的职业伦理义务都会在不同程度上约束他自己的偏好,①因而不见得肯定做出对坏人有利的判决。一个坏人的视角和一个称职的法官的视角是根本无法融合的,除非坏人能用些法外的手段来让这个法官变得不称职。

2. 坏人关心法院做什么吗?——矛盾之二

坏人只关心自己行为的物质后果,而对于法律他只关心其中会导致他遭受不利物质后果的部分,坏人关心的是怎样避免与公共权力相遭遇;而公共权力是经由法院的判决与他相遭遇的,所以从一个坏人的角度去看法律,法律就是要去预测法院会对自己做些什么。这就是坏人-预测论的完整逻辑。这个推论中另一个显而易见的矛盾就是,如果坏人希望避免同公共权力相遭遇,那么他预测到经由法院公共权力会怎样同他相遭遇(一个由称职的法官组成的法院更会加大这种遭遇的可能性),这对他又有什么意义呢?难道只是为了确证一下自己的悲惨下场吗?更合理的推理应该是:坏人并不会预测法院要对他做什么,而只会预测怎样才能不让法院对他做些什么,或者预测怎样让法院对他做的那些什么失去意义,只有这样,他才可以避免同公共权力相遭遇的不利后果。

实际上从一个坏人的角度出发,可以被最好理解的并不是法

---

① 现实主义者们研究这些外部因素对规则裁判的影响,强调"本本上的法"与"现实中的法"之间的差距,这确实促进了当代微观法社会学理论的发展,但他们又过于夸大了这些因素,而忽视了法律规则意义核心对法解释共同体的内在约束、法律职业伦理对法律人的内在约束。这也正是哈特把现实主义称为法理学中的"噩梦"的原因。See H. L. A. Hart, "American Jurisprudence through English Eyes: the Nightmare and the Noble Dream", pp.121-132.

律本身,而是法律的漏洞(也包括法律体制的漏洞),因为对坏人来说,可以被规避的法律就不是法律,坏人会想尽一切办法去穿过这些漏洞(法律本身的还是法律体制的)来避免同公共权力相遭遇,这些办法包括贿赂、伪证、恐吓,包括所有我们能在黑帮片里看到的伎俩。"同这个恶棍告诉霍姆斯的相反,他根本就不关心马萨诸塞或英格兰的法院实际上要做些什么,他关心的是警长将会做些什么……如果在法院说了些什么以后,警长会收受贿赂并且准许坏人逃到里约热内卢,坏人就会嘲笑那些公理、那些演绎,嘲笑马萨诸塞州法院、英格兰法院,嘲笑所有这些。"①

退一步来说,即便霍姆斯说的没错,坏人会预测法院做什么,但并不是只有坏人会这样做,每一个寻找律师帮助的普通的当事人都会问他的律师"你看法院会怎么判"。区别于坏人的是,多少有点良知的普通人(不见得都是至善论意义的好人)不会像坏人那样不择手段地去避免同公共权力相遭遇,更不会像坏人那样绞尽脑汁地发现法律的漏洞(也缺乏像坏人那样精于发现法律漏洞的智力)。那为什么只有从一个坏人的角度才能最好地理解法律呢?"除非从一个对法律一点也不在乎的人的角度出发你就不可能了解法律,这又怎么可能呢?"②那么,透过一个坏人的眼睛就根本不能得出霍姆斯的法律定义:"卑意所谓法律者,即此法庭实际上将会做出什么之预言也,而绝非什么矫饰浮夸之辞。"③

---

① Albert W. Alschuler, *The Descending Trail: Holmes' Path of The Law One Hundred Years Later*, p. 372.
② David Luban, "The Bad Man and the Good Lawyer", in *Legacy*, p. 44.
③ 〔美〕霍姆斯:"法律之道",第322页。

三、一个过了头而危险的隐喻——坏人论的谬误

如果提问"法律是什么",那么最关键的就是什么人在提问,更确切的,什么人在什么情境下提问。设想是一个普通的,像哈特说的那种"无知之人、迷惘之人"在提问:①如果他是在对自己提问,法律就是一个他可以从中受益因而基本认同但也不太完美的社会秩序;如果他是在法学院上学的时候在课堂上提问,法律就是写在成文法汇编、判例集、法学论著上的那些规则和原理;如果他是涉及了诉讼在律师办公室里对他的律师提问,法律才是霍姆斯所说的那个定义,即法院实际上将会做的事。如果霍姆斯活到今天,他会发现,他的这个定义也不够完整,因为律师有时会告诉他的当事人,法律是医疗鉴定委员会、专利局复审署、人事部仲裁处或者别的什么机构做的事,而不仅仅是法院做的事。② 但如果是我们的坏人朋友来提问,答案却肯定不是这样。

如果霍姆斯想要提出他的法律定义,那么"从一个对世界的科学的、规范性中立描述的观点构造出这样的理论是可能的,而无需借助于任何像坏人这样的东西,在道德上让人恐惧的'坏人'的概念显得很不适当"。③ 也就是说,霍姆斯的定义是一个律师向普通的当事人描述的法律定义,不需要借助坏人的形象。但是坏人的形象是这样地具有轰动效应,以致他一旦推出,人们甚

---

① 参见〔英〕哈特:《法律的概念》,第41—42页。
② See Albert W. Alschuler, *The Descending Trail: Holmes' Path of The Law One Hundred Years Later*, p. 369.
③ Stephen R. Perry, "Holmes versus Hart, the Bad Man in Legal Theory", in *Legacy*, p. 162

至来不及深究霍姆斯的法律定义,而只记住了这个生动的隐喻。对于法律人来说,这个生动的形象更具有特别的意义。因为实际上,坏人存在于每一个法律人的集体无意识里。几乎所有的律师都很清楚,很多时候法律对于坏人都是无能为力的。当然,坏人也有程度的区别,首先,够不够狠,更重要的,够不够聪明。随便走进任何一个律师的办公室(不管他们有没有读过霍姆斯的坏人论),你都会听见律师们在叮嘱自己的当事人谨防对方是一个够聪明的坏人,小心他转移财产、说了不认。同时心里也在嘀咕自己的当事人说的话有多少水分,会不会自己就是个坏人。尽管遇见这种坏人的概率并不很高,遇见聪明绝顶的坏人的概率就更不用说了,但律师们仍然要这样叮嘱每一个当事人,因为律师们最清楚法律的漏洞,而万一对方抓住了这些漏洞,自己就无能为力了。所以坏人特别能引起律师们的共鸣,但是把坏人抬高到成为理解法律(而不是理解法律的漏洞)的窍要的程度,一个最危险的暗示就是,律师也有可能变成一个坏人,因为律师们精研法律的漏洞(还有法律体制的漏洞),最有可能作一个成功的坏人,"一个律师就是精于规避法律的人"。① 在法律职业共同体中,律师因为最常跟坏人直接接触,最常发现法律有时候很无能,也就最容易偏离自己对法律所持的内在观点,最易对法律的规范含义产生怀疑,就可能对坏人所持的极端外在观点产生共鸣。一旦律师从合理的怀疑滑向犬儒主义,自己也变成一个坏人,再遇上一个坏人当事人,他就会教唆他的坏人当事人转移财产、说了不认,

---

① David Luban, "The Bad Man and the Good Lawyer", in *Legacy*, p. 45.

甚至别的更为恶劣的勾当,而且在法律上也不会有任何后果。①无怪乎坏人论特别受到律师们的欢迎,因为每个律师的无意识里都藏着一个坏人,从坏人的角度能最好地理解法律实际上就等于说从律师的角度能最好地理解法律,而律师们当然乐意这样宣称。

霍姆斯的"'坏人'是一个如此古怪而又成问题的形象,以至于这个小家伙需要有一个来源"。② 霍姆斯提出这个过了头的隐喻,可能受了某些前辈学者的启迪,③可能受了通俗文学作品的影响,可能出于好作惊人之语的虚荣心,但是坏人却绝不仅仅是一个噱头,霍姆斯的实质分离论是只有用这个坏人朋友才能说明的,坏人是一个必需的理论工具而不仅仅是增加演说效果的佐料,因为,就像前面所说的,他坚信所有的人骨子里都是一个坏人。这种一元化人性的独断论总是会投合很多自命不凡的人的观点,所以我们的坏人朋友还会繁衍出自己的子孙。

---

① 戴维·J. 赛普(David J. Seipp)在他的妙趣横生的文章《霍姆斯的道路》(Holmes's Path)中考证出了一个非常有意思的细节。1896年,一位年轻的西弗吉尼亚律师波斯特(Melvill Davisson Post)出版了名为《伦道夫·梅森的奇怪计划》(*The Strange Schemes of Randolph Mason*)的侦探小说,包括七个故事,讲述一位神秘的纽约州律师伦道夫·梅森向他的当事人建议,怎样实施谋杀和其他罪行却不会导致法律后果。这部书十分畅销,1897年5月和6月,有两个杀人犯试图用书中描写的方法作案,但都被定罪了。这本书可能激发了霍姆斯的灵感去设计一个"坏人",从而使他的法与道德分离论点变得更有效果。See David J. Seipp, "Holmes's Path", pp. 542-545.

② Ibid., p. 542.

③ 耶林在他的《作为实现目的的手段的法律》(*Law as A Means to An End*)中就已经提出了坏人的隐喻,see Albert W. Alschuler, *The Descending Trail: Holmes' Path of The Law One Hundred Years Later*, p. 372, note 72。

四、坏人的后代——坏人论的神话

(一)坏人的嫡系子孙——经济人

霍姆斯的神话一直都具有两面。这个神话是1930年代由现实主义者推出的,但1940年代以来霍姆斯的形象就开始被天主教自然法学家、法律过程学派(Legal Process School)不断修正,至1970年代霍姆斯在美国法理学中的名声已经跌至低谷。1980年代以后这个神话又复活了。"到了1970年代,看来对霍姆斯名誉的修正已经从他身上剥去了可以为当代利用的东西……很讽刺的是,把霍姆斯同进步自由主义者区分开来的被修正过的霍姆斯,其中的一些方面却使霍姆斯变得对保守的法律和经济学运动特别有吸引力,今天可能已经很少有比理查德·A. 波斯纳法官更忠实的霍姆斯主义者了。"①

波斯纳法官和霍姆斯法官都有同样坚定的对人性非道德的犬儒主义信念,除此之外,还有很多其他的气质上的亲和力,"他们都有刚性的(tough-minded)反情感主义,都有阴郁的马尔库塞式的观念,认为世上没有免费的午餐,认为善意的财富再分配的努力都是徒劳,法律和实际上所有社会生活的最终基础都只是自利、领土防卫、复仇本能和生存斗争"。② 波斯纳法官的法律经济学是对霍姆

---

① Michal Alberctein, "Pragmatism and Law, from Philosophy to Dispute Resolution", p. 41, quoting Robert W. Gorden, "Introduction: Holmes' Shadow", in *The Legacy of Oliver Wendell Holmes, Jr.*, edited by Robert W. Gorden, Edinburgh: Edinburgh University Press, 1992, p. 6.

② Neil Duxbury, "Patterns of American Jurisprudence", p. 396. Quoting Robert W. Gorden, ibid.

斯坏人论最杰出的现代阐释。坏人眼里不存在道德,法律对他来说只是一个代价体系,可以帮他计算怎样避免对自己不利的后果。根据霍姆斯法官笃信的达尔文理论,坏人会进化得越来越聪明,不仅计算不利的后果,还会计算不利后果发生的可能性——风险,不仅会计算怎样避免最坏的后果,还会计算怎样产生收益最大的结果。所以经过进化的现代版的坏人就是经济人,一个眼里没有任何道德不管什么事情都只算账的人,"他把所有的法律规则看作行动的代价,会被(制裁)实施的可能性所抵消的制裁的风险,成本-收益分析的数据"。①

波斯纳法官的效率违约(efficient breach)理论直接来自于霍姆斯的契约选择理论,既然契约义务并不包括履行承诺,契约只是要求当事人在履行契约和不履行契约赔偿对方损失之间做出选择,那么顺理成章的,如果选择不履行能比选择履行带来更多的收益,基于财富最大化的原则,就没有道理不选择违约。所以"在有些情况下,一方当事人可能会仅仅由于他违约的收益将超出他履约的预期收益而去冒违约的风险。如果他的违约收益也将超出他方履约的预期收益,并且对预期收益损失的损害赔偿是有限的,那就有违约的激励了。但存在这种激励是应该的"。② 不同于选择理论的是,效率违约理论有一个实质合理性的规范理论作基础——财富最大化。既然有效的违约并没有使无过错方的境遇变得更糟(最坏就是对方违约自己获得赔偿),但违约方却获得了比履约更大的

---

① Robert W. Gorden, "Law as a Vocation: Holmes and the Lawyer's Path", in Legacy, p. 13.
② 〔美〕波斯纳:《法律的经济分析》(上),蒋兆康译,中国大百科全书出版社1997年版,第152页。

利益(违约带来的收益扣除赔偿数额后还有净收益),导致的结果就是增加了社会的总体福利,那么这种违约行为就应当合法化。

波斯纳小心翼翼地设计了一个实例来说明他的理论:我签订了一项以每件 10 美分的价格向 A 交付 10 万个定制零件的契约,零件为其锅炉厂所用。在我交付 1 万件后,B 向我解释他很着急地需要 2.5 万个定制零件并愿意每件向我支付 15 美分,因为不然他将关闭其自动钢琴厂而付出很高的成本。我将零件卖给了他,结果没有按时间向 A 交货,从而导致他损失 1000 美元利润。由于我已从与 B 的交易中得到了 1250 美元的额外收益,所以即使在赔偿 A 的损失后,我的经济情况仍然得到了改善。① 这个实例中有一个细节显得多余,那就是 B 如果不得到这些零件就会被迫关门,没有这个细节波斯纳的理论同样成立,因为只要我获利了、A 也没有落到更坏的境地(缔约时他就应该预想到最坏的打算就是我违约赔偿他法定数目的钱,这是他应该承担的风险),也没有给其他的人造成法定应赔偿的损失,违约就没有问题,并不需要第三方 B 也受益。这个多余的细节显得有些心虚,B 在这个个案中不仅从物质上受益(使自己的企业免于关闭),还可能从精神上受益(关闭有可能导致破产,而破产可能导致离婚甚至自杀)。如果这个细节对于效率违约是必要的,波斯纳说了"在有些情况下",这个"有些情况"很重要,必须把它说清楚,如果这个"有些情况"就是指的 B 这种情况,那这个个案就不应该叫效率违约,虽然它造成了效率的结果,但是它实际上跟效率没什么关系,因为根据这个个案中隐含的逻辑,就算我的违约不能获益,我也可能把零件卖给 B,总不能让人家

---

① 〔美〕波斯纳:《法律的经济分析》(上),第 152 页。

关张大吉。所以波斯纳举的实际上不是一个效率违约的个案,而是一个善意的故意违约的个案,算那笔账真的很多余。其实应该算的倒是如果我不违约,我和 A 之间产生的社会福利是不是肯定小于违约产生的社会福利,会算经济账的聪明人实在不应该只从一头算账。说不定 A 是专门给养老院供应锅炉的,因为我的违约导致养老院一冬天没暖气,那当然死不了人也出不了什么法律会作为损害来计算的大事,但是却可能有人得风湿,还可能有人因此愤恨社会没有温情(尤其是想到没有暖气的原因),因此酗酒、吸毒,过些日子再精神失常,而戒毒中心、戒酒治疗中心、精神病院都是要花政府的钱的。

实践中可以有法官灵活把握的无害正义的故意违约,如果这肯定不会导致什么人直接或间接破产、离婚、自杀、酗酒、吸毒甚至精神失常,如果无过错方获得过得去的额外赔偿,如果违约方确实获得很大的物质的或者精神的收益。但是把效率违约当作一种理论郑重其事地提出来就再荒谬不过了,因为它宣称应该刺激(刺激就等于鼓励)为了效率而违约,实际上就否定契约的应该履行和鼓励从违约中获利。任何一种效率违约理论都要像波斯纳这样加上"有些情况"的限定,而且都很心虚地不把这些"有些情况"可能诉诸的其他价值目标说清楚,因为说清楚了,效率就显得很可疑。即便这些"有些情况"规定得很合理,也无法阻拦大批的聪明人(坐在书房里构造理想数学模型的经济学家们往往不如这些人聪明)为了赚更多钱而编造合理的"有些情况",找个人让他说自己要关门太容易了。所以郑重其事地提出为了效率而违约的理论会把市场变成纯粹的赌场,哪个老千能在其中永远立于不败之地,他就全世界最聪明。谁也不能否认,在很多法律问题上效率都是必要的考虑，但是一个无视任何道德、祭起财富最大化的番天印乱飞一气的唯效率的法学理论就再荒谬不过了。一个具体情境下的财富最大化（比如一个或多个特定主体的成本收益分析）是一个非常有用的概念，而一个抽象的社会整体财富最大化概念，就像它那个品位还稍高一点的理论原型"最大多数人的最大幸福"一样，基本是一个无用的概念（这也正是罗尔斯要写《正义论》的原因）；这是世界上最糊涂的一笔账，它从来都不能只在两三个人之间计算，它也从来都不能只借助什么人一时收了多少钱来计算，再专业的经济学家也不要想算清这笔账（当然，如果他们排除自己搞不明白或不想搞明白的因素，他们可以以为自己算清了），更不要说业余的了。所以效率违约理论应该抛弃"财富最大化"这块无用的遮羞布，而设计一个只以"人不为己、天诛地灭"人性论为分析前提的理论模型，那样至少更符合效率的逻辑，而且来得更坦率，一个只关心自己是不是获利最多的聪明人，凭什么非得跟社会整体福利这笔糊涂账拉上关系不可呢？

霍姆斯只试图在民法（侵权与契约）领域分离法与道德的联系，但波斯纳法官的学术抱负却更为远大，还有比他的偶像霍姆斯法官更强的爱作惊人之语的虚荣心，他要把霍姆斯的实质分离论发展得更为体系和全面化，推进到文明社会的正义底线——刑事正义领域，他的犬儒主义的酸液也泼向更基本的权利和义务。"强奸是一种回避（婚内或其他）性关系市场的行为，正如盗窃回避了普通的货物和服务市场一样，所以它应被禁止。但有些强奸者却从妇女不同意与之发生性关系这一点上取得额外的快乐。对这些强奸者而言，因为市场交易成本太高而没有市场替代，所以他们有可能主张：如果对强奸者的舒适（依其愿意为取得强奸权利而支付的——虽然不是向受害人支付——来衡量)超过了对受害人的痛苦,那么强奸就不属于一种纯粹强制性转让,所以不应受处罚。"①读到类似这样的刑法经济学胡话,感觉简直就像读《魔鬼词典》,而其中"人"的非人含义更让人齿冷。"如果不是因为有些罪犯无力偿付(民事赔偿)这个事实,刑法就可以被完全放弃了。侵权法决定了损害行为的可选择的代价(optimal price),而且如果所有的罪犯都可以支付他们行为的全部社会成本,对反社会行为的防治就可以交给侵权法了。"②姑且不管波斯纳脑子里转的又是怎样一笔糊涂账,但是顺着这种逻辑,如果哪一天我们的法律经济学允许我们收集足够的确切信息,证明制定刑法、侦破审理刑事案件、设置刑罚执行系统和再社会化系统带来的社会净收益,远不及任由犯罪(也许这里用词不确,那时已经不需要犯罪的概念了)恣肆再自力救济带来的社会净收益,我们就应该转而启用蒙昧时代的日耳曼法了。这一点完全可以说明,后现代和前现代确实有着某种十分暧昧的亲缘关系。波斯纳法官以业余经济学家特有的执着求知热情,已经在他手中成功地把法律这门"人事和正义的艺术"变成了一种刺激财富最大化(谁的财富最大化?)的算账机器,侵权和犯罪被他定义为"无效率的回避××市场的行为",这些行为跟谁的权利都没关系,只是一种"市场交易成本不高也有市场替代"可以诉诸市场而回避市场的"纯粹强制性转让"行为。这些行为在道德上也没什么可谴责,只是无益于"社会"的"财富最大化"。既然人人

---

① 〔美〕波斯纳:《法律的经济分析》(上),第286页。
② Albert W. Alschuler, *The Descending Trail: Holmes' Path of The Law One Hundred Years Later*, pp. 414-415. Quoting Richard A. Posner, "An Economic Theory of the Criminal Law", 85 *Colum. L. Rev.*, p. 1193, pp. 1203-1204.

都是非道德的经济人,法律也就要被设计为非道德的代价体系。波斯纳法官对侵权和犯罪的界限做了独特的界定,二者并没有实质的区别,区别在于"刑罚主要是为穷人设计的,而富人被保留在侵权法的界限内",[1]为了贯彻他的偶像霍姆斯关于惩罚和税收并无区别的宝训,[2]他已经建议用税收来代替监禁,能够支付社会成本、赔得起钱的罪犯就不用坐牢(因为监禁社会成本太高),只有穷得赔不起钱的罪犯才应该坐牢。实际上他除了提出效率违约理论之外,还根据同样的逻辑,在刑法领域提出了效率强奸(有效率地回避性关系市场行为)的概念。老霍姆斯一生也没有实现他的把权利、义务、责任、过失、故意这些道德词语从法律中全部驱赶出去的愿望,因为以他的超人智力,他也想不出来把这些东西都赶出去了法律还能剩下什么。但他肯定想不到他的这个愿望会被他百年以后的铁杆拥趸波斯纳法官实现得差不多了,波斯纳为了证明霍姆斯的"未来的法律属于经济学家"的预言正确,已经把这些道德词语都换成了一些别的意义,但他实际上也把他的偶像霍姆斯法官热爱的法学变成了经济学,而且是一种任何一个诺贝尔经济学奖得主都没胆子提出来的经济学,所以《法律的道路》其实应该改

---

[1] 〔美〕波斯纳:《法律的经济分析》(上),第292页。
[2] "因做某事而被处罚金与课以一定税金之间,究竟有何区别呢?"〔美〕霍姆斯:《法律之道》,第323页。早在1970年代法律和经济学运动刚刚兴起时,哈特就非常敏锐地发现了其中的荒谬之处,"如果法律只是关于刺激的规定,那这些是不是应该由向政府支付罚款来完成,而不是通过在私人诉讼中向受害者支付赔偿来完成"。但他马上就用讽刺的口吻帮法律经济学家们找到了答案:"喔,我明白了,后一种方式可以'刺激'受害者把诉讼提交给法院,这比由一个中央的刑事机构收罚款要更有'效率'。" H. L. A. Hart, "American Jurisprudence through English Eyes: The Nightmare and the Noble Dream", p. 144.

名叫《法律死亡的道路》。①

正如老霍姆斯的预言一样,我们的时代正在一天一天变成统计学家和经济学家的时代,②所以后现代的经济学大师们才雄心勃勃地不断推出各式各样的××学经济学,老天保佑他们哪天别推出什么文学经济学、美学经济学和哲学经济学。"经济学帝国主义"为万世开太平的万丈雄心(奇怪的是怎么现在越来越不太平)已经成功地把"经济人"这个概念从"会算账的人"膨胀成了"不管什么事情都算账的人",脑子里只有一根"帕累托最优神经"在不停转动的所谓经济学大师们,在忘记了真正的经济学大师哈耶克告诫他们的"致命的自负"的同时,也忘记了一个最基本的人性论常识——不管什么事情都算账的人就很非人。他们越算越过瘾的劲头,势如破竹地指向一切可以计算的和不可以计算的,而很多不可以计算的东西就这样不知不觉地失去了自己的存在,可以计算的东西也只剩下了冠名为成本、收益、风险、边际、均衡的统一存在。这种整齐一律、好像狮子王麾下排队踏步、绝不会失控的土狼部队一样的存在,特别能满足会算账的人们的审美快感。那些被法律

---

① 1997年纪念《法律的道路》发表一百周年时,波斯纳发表在《哈佛法律评论》上的文章就题名为《离开法律的道路》(The Path away from the Law)。1994年他放出狂话要"超越法律",招致了以德沃金为首的法理学家集体讨伐,德沃金指责他有"反理论"(反法律理论、反道德理论,不反经济学理论)倾向。See Martha C. Nussbaum, "Why Practice Needs Ethical Theory", in *Legacy*, p. 53, p. 81, note 16. See also, David Luban, "The Posner Variations (Twenty-Seven Variations on a Theme by Holmes), Bookreview on Richard A. Posner, Overcoming Law", in *Stanford Law Review* (April 1996).

② "就对于法律的理性研究而言,心智狭隘、刻板的法条主义者可能是对于刻下现行法律知之甚多者,但未来的法律从业者则需为统计学家和经济学大师。"〔美〕霍姆斯:"法律之道",第327页。

经济学家的"犬儒主义酸液"溶解了的权利、义务、责任,不是因为它们的无效率,而是因为它们的无法计算。如果说在坏人眼中,拒绝战斗怨天尤人的懦夫就是拒绝进化,那么在坏人的失去爪牙却更工于计算的子孙经济人眼中,拒绝被计算、用非规则的方式存在才是拒绝进化。所以经济人尽管比它的坏人祖宗平庸,却更容易获得成功,坏人必须要有足够锋利的爪牙、足够狠的心肠才能胜出,经济人只要把账算清楚就稳操胜券。老套的坏人最适合在丛林中生存,顺应潮流的经济人靠托拉斯就可以统治世界。丛林极权主义的时代已经过去了,数字极权主义的阴影却一天一天迫近这个世界,那个比霍姆斯更伟大的预言家韦伯深深忧虑的铁笼已经离它不远了,"专家没有灵魂,纵欲者没有心肝,这个废物幻想着它自己已达到了前所未有的文明程度"。[①] 幸而世界上还有无数不愿计算和被计算的存在,就像1234可以被加减乘除也可以变成哆来咪发一样,只有拒绝进化(非人的东西才要进化),选择更多样化、更个体化、更非工具化、更不易被计算被操纵也更人性的存在,那个铁笼才不会永远锁定。

(二)坏人的远亲——边缘人

"自1897年以来,'坏人'在某种程度上开始脱离了最初的文本并开始有了他自己的生命。"[②]如果说经济人还是魅力十足的坏人脱魅变成的平庸的嫡派子孙,那么边缘人则是坏人自己做梦也想不到的遗传突变的远房亲戚。从内在观点-外在观点、内部人-外部人、参与者-观察者的区分中就可以看出,坏人是一个很独特

---

① 〔德〕马克斯·韦伯:《新教伦理与资本主义精神》,于晓、陈维纲译,生活·读书·新知三联书店1987年版,第143页。

② William Twining, "Holmes and Legal Pragmatism", p. 208.

的在这里又不在这里的人。但是他之所以在这里又不在这里,是因为他在哪里都没区别,只要保持自己"坏"的率真天性,哪里他都无所谓,都只是一个可以从中获利、从中穿行、让自己活得比谁都滋润的外部场景。他的这种超然态度跟在体制中受压抑、得不到认同因而同体制保持疏离的边缘人看起来很相似,也很容易引起边缘人的共鸣。于是坏人就这样跟"公民不服从"(civil disobedience)运动搭上了关系。

"把坏人同违法者等同起来就意味着霍姆斯的坏人并不必然是坏的,坏人只是一个不同意法律所代表的理想的人。例如,坏人可能是一个女性主义者(feminist),一个宗教的原教旨主义者(fundamentalist),一个废奴主义者(abolitionist),一个黑人分离主义者(black separatist),一个同性恋活动者(gay activist)……当然,他(她)也可能是一个反社会的精神变态者,一个杀人犯,或一个宗教偏执狂。不管坏人是谁,他对法律价值的反对和他相应对法律的违反本身并不能使他成为真正的邪恶的人。他只是一个违法者而已,他的违法可以包括我们当中很多人在道德上同意的行为。"[1]这恐怕是对坏人的最具创意的后现代阐释。霍姆斯讲得很清楚,坏人是没有良知的,坏人不仅仅是一个法律意义的违法者,坏人必然是坏的。坏人是一个非道德的(amoral)人,不是一个不道德的(immoral)人。[2] 两者的不同在于,非道德的人眼里不存在道德,不道德的人只是不符合某一种道德,自己不见得不认同另一种道德。坏人超然于一切体制,因为什么体制都对他不具规范意义,边缘人

---

[1] Cathrine Peirce Wells, "Oliver Wendell Holmes, Jr. and William James, The Bad Man and the Maral Life", in *Legacy*, p. 225.

[2] William Twining, "Holmes and Legal Pragmatism", p. 208.

只超然于一种体制,因为他只是不认同这种体制的规范意义,更重要的,他可能是因为很在乎另一种体制的规范意义才不认同这一种的。边缘人会变成各种各样的某某主义者,坏人只会变成一种:没有主义者。

坏人跟边缘人确实有太多相像的地方,他们都不把政府当回事,都有可能逃税、作伪证、犯罪,如果政府垮台,有些很穷的坏人说不定还会跟边缘人一起出去庆贺、喝啤酒、烧东西、砸玻璃、骂脏话。但是坏人比边缘人更酷,边缘人对坏人产生共鸣,坏人才不会投桃报李。而且根据坏人进化得越来越聪明、越来越会算账的规律,边缘人最有可能成为坏人的受害人,因为伤害边缘人成本最低(边缘人肯定雇不起保镖、装不起防弹玻璃),风险最小(边缘人最少受警察保护,也别指望请个好律师挑个有利于自己的陪审团),造成社会危害最小(边缘人开不起工厂、公司,做不了企业主管,给社会交税最少)因而最不引参议员们注意。坏人对边缘人的伤害,还有可能被法律经济学家们用"只从一头算账"的独特算账方式计算为有效率的回避××市场行为而根本不用负法律责任。所以边缘人跟坏人攀亲戚,真的是件很没脑子的事情。

余论　坏人和宇宙的回声

《法律的道路》的读者,都无法不去注意那个文采飞扬的神秘的结尾,"一个伟大超拔、广赢赞誉的智识之士,除了成功,尚需其他食粮。法律之更为深远、更为一般的方面,乃是赋予其普遍福祉之内容。正是经由它们,君不惟堪当君所献身志业之翘楚,君之志业亦且与宇宙相联接,与无限相唱和,苍茫浩瀚、深邃诡谲之漫漫历程遂得洞悉于心,永恒普遍之法益且憬然参悟"。① 一个很鄙俗、很非神圣化的坏人开头,却引出了这么感人的结尾,到底它要感动法律人什么东西? 到底它要让法律人听见什么样的宇宙回声?

人们听见用无限、宇宙、普遍性、深邃性、神秘性装点起来的修辞,都很容易被感动,但是不同的人却各怀心事,心里各自感动不同的东西,未必是那个说话的人自己感动的东西。让霍姆斯感动的到底是什么呢? 这样的感人段落是霍姆斯的拿手好戏,他的很多庆典讲话都有修辞差不多华美、意义却捉摸不定、可以感动不同东西的感人段落,也许看看别的,我们就知道他自己感动的是什么样的宇宙回声。霍姆斯在世时影响最大、修辞也最接近于完美的庆典讲话是1895年发表的《士兵的信念》:"对我来说,我相信为了生存而斗争是这个世界的秩序,对这个秩序怨愤不平只有徒劳……至少现在,而且可能只要人们还住在这个地球上,他的宿命就是战斗,并且他必须抓住战争的机会……对于士兵来说,不应去想比负伤更多的事情……如果世界被分成无数个五亩地,住在其上的人们衣食无忧,但却没有追求荣誉的神圣愚行,没有无意义的热情去探寻一种其可能性的边界熊熊燃烧因而无法触及的知识,没有他们根本无能企及其意义的理想,那我们谁又能够忍受这样一个世界? 我不知道什么是真的,我不知道宇宙的意义,但是在怀疑当中,在教条的土崩瓦解当中,有一个东西我却没有怀疑,并且任何一个和我们当中绝大多数住在同一个世界上的人都不会怀疑,那就是一个士兵的信念。为了一个他几乎不理解的目的,为了一个他完全不明白的战役计划,为了他根本不知道用意的战术,这

---

① 〔美〕霍姆斯:"法律之道",第332页。

个信念指引他服从于一个盲目接受的义务而献出自己的生命,这种士兵的信念是真实的和值得崇敬的。"①这才是他真正感动的东西,那个宇宙的回声,那个永恒普遍的定律,就是为了生存而斗争的无情宿命。② 那些无能企及理想的意义的人们,他们的怨愤不平只有徒劳,他们要以百倍的勇毅来面对战斗的宿命,抛弃自己的衣食无忧和五亩地,服从于任何一个不需要追问只需要服从的命令,投身于任何一场不明白用意但要坚决取胜的战役,用无意义的热情,用神圣的愚行,把勇于负伤的身体当作活祭献上,来荣耀他们的企及了理想的意义、参透了宇宙的奥秘的主人。而在这个谁也别想逃避的疆场中,法律所能做的,就是表达这个最终胜出的最强者的利益,"在此疆场,判决所能为者不过是将一特定人群在既定时空的倾向表达出来而已"。③

专事研究霍姆斯的托马斯·C. 格雷指出,霍姆斯的庆典仪式讲话具有一个统一的风格:"它们很少像通常那样把法律看作是社会共同体中促进善的力量,不管是看作捍卫自由的壁垒、受压迫者的避难所,秩序和稳定的源泉,还是看作文明的维护者。它们关注

---

① Oliver Wendell Holmes, Jr., "The Soldier's Faith", in *The Essential Holmes, Selections from the Letters, Speeches, Judicial Opinions, and Other Writings of Oliver Wendell Holmes, Jr.*, edited by Richard A. Posner, 89(1992).

② "霍姆斯在《法律的道路》中所说的'永恒普遍之法的暗示'原来就是对残酷生活真相的领悟。" David Luban, "The Bad Man and the Good Lawyer", in *Legacy*, p. 35.

③ 〔美〕霍姆斯:"法律之道",第336页。尽管霍姆斯指出了法律形式主义的不足,认为政策和社会实际需要影响法律的发展,但他从来都不认为"不同价值间的选择可能被科学地证实,对霍姆斯来说,这种选择的仲裁者最终只能是赤裸裸的暴力"。Lord Lloyd & M. D. A Freeman, *LLOYD's Introduction to Jurisprudence* (Seventh Edition), pp. 801-802.

的完全在于律师工作的内在的愉悦而不是其工具性的正当性"。①这种修辞的危险性,尤其当它被霍姆斯的华丽文辞所包装时是显而易见的,它以颇具煽动性的词语来灌输给律师们这样一种自我定义:即他们是具备高超技艺的职业者和受过智识训练的特殊行业的成员,而"无视他们的工作会给他人产生的直接和物质的外在结果"。②这种修辞不仅可以蛊惑律师,还可以蛊惑法理学家,因为法理学家往往缺乏这种修辞的力量。坏人论在当代的神话,很大程度上归功于作为坏人论载体的完美的修辞,人们不相信这样华美的词句会包裹一种贫困的哲学,而极富文学性的修辞,本来就可以生出无限多样的解释,不同的人们在其中寻找各自不同的东西,因此本文的解释,也只是其中一种而已。

那些华美修辞下包裹的,是一种庸俗版本的法律实证主义。它的哲学基础又是一种庸俗化的哲学,首先是庸俗版本的霍布斯哲学,③和霍布斯一样,推崇人性的非道德,推崇人人都要经历残暴的内战而生存,不一样的是,它缺乏霍布斯那样精致严谨的推理,更缺乏从个人自由出发的现代性前提。它还是一种庸俗版本的尼采哲学,而尼采这个全世界最寂寞的哲人,也最常遭遇庸俗化的命运。尼采眼中的超人,是沉醉于高天的气息不愿再呼吸污浊的空气、因为精神的孤绝而鄙弃了凡夫俗子的高山上的智者,决不是笃信谁最狠谁就应该统治、为了世俗的功名伟业就可以把他人当作虫豸的野蛮人。这个披着华衮却缺乏严谨论证的道德怀疑主义法

---

① Thomas C. Grey, "Holmes and Legal Pragmatism", p. 851.
② Ibid., p. 851.
③ See Stephen R. Perry, "Holmes versus Hart, the Bad Man in Legal Theory", in *Legacy*, pp. 173-174.

哲学,却肇始了一百年美国法理学相对主义的愈演愈烈,①"今天,在相当大的程度上,我们就是这样怀疑道德判断的:我们认为它们是相对于文化而异的,或者是对品味或习俗的表达,或者是情境性的——仅此而已。就道德怀疑主义影响我们关于法律的思考程度而言,我们都是霍姆斯式的"。② 它在美国风靡了一百年,被左派和右派用各种可能的形式利用,连种族批判法学家都打算从把争取黑人权利运动斥之为"可耻的错误"的霍姆斯法官那里找到支持"平权法案"(affirmative action)的依据③。这样的法理学喜剧不仅说明美国是个文化空前多元特别适于道德相对论愈演愈烈的国家,也许在一定程度上还说明美国本土哲学的贫困(这样说不等于支持绝对主义),所以才会产生这样的超级法哲学明星。一个立国短短二百多年,承平日久,没有经历丧邦灭国的沉痛,靠别人内斗帮忙变成世界中心的文化根基薄弱的国家,很难产生一流的哲学,而且也很容易把别人的一流哲学庸俗化。不过公道些说,就像罗马人擅长把希腊哲学庸俗化却具有希腊人缺乏的治国才能一样,美国人也孕育出了让欧洲人不得不效仿的成熟的宪制,而笃信强权、抱定司法顺从主义信念的霍姆斯法官在宪制领域恰恰是很少作为的。④

很多研究者都指出,法律并不是霍姆斯唯一适合的职业,但是

---

① See Heidi Margaret Hurd, "Relativistic Jurisprudence: Skepticism on Confusion", 61 *Southern California Law Review* (1988).
② Steven J. Burton, "Introduction", in *Legacy*, p. 3.
③ See Wendy Brown Scott, "Oliver Wendell Holmes on Equality and Adarand".
④ 作为一个法官,"他的思想完全集中在私法引起的狭隘的哲学问题上以至于没给公法问题留下空间"。Louise Weinberg, "Holmes' Failure", p. 693.

他幸而选择了这个职业,他幸而成为一个不得不居间公正裁判的法官,更幸而成为一个宪制体制成熟、司法独立有坚强保障的国家的法官(如果他生在德国,法律实证主义的冤案恐怕就不是冤案了),幸而如此,尽管他对道德嗤之以鼻,他却在亲身实践他从没想过要质疑的职业伦理,尽管他根本不同情人类的苦难,却为了自己事业的荣耀而写下了支持劳工的名垂青史的司法意见,①尽管他笃信强权,他却在独立的法官席上支持言论自由而作了抵御强权的壁垒,是法律这个伟大的职业,而不仅仅是非凡的修辞力量,才造就了霍姆斯。而这个职业之所以伟大,但愿法律人有跟霍姆斯不一样的理解。

(原载《清华法学》第五辑)

---

① *Lochner v. New York* (Jr. Holmes dissented), 198 U. S. 45 (1905).

霍姆斯法官的命运

1901年2月，60岁的奥利弗·温德尔·霍姆斯法官接任马萨诸塞州最高法院首席法官才不过7个月，但他总有些怀疑，一个人40岁以前没有做出伟大的成就恐怕很难再有什么作为了。他在马萨诸塞州最高法院做一个无名的州法官将近20年了，而舆论往往把他看作一个出色的演说家而不是一个法官，因为20年来他处理的多是一些琐碎的小案子，而公众注意到的多是他以哈佛校友、内战老兵身份发表的文辞华美的晚餐后演说，这常常让波士顿的上流人想起他那在波士顿名噪一时的作家父亲——和他同名的老霍姆斯。他一直活在他父亲的阴影里，而他之所以在退伍后不顾父亲的反对选择法律这个行当，就是为了逃出这个阴影，做一个和他父亲不一样的人，一个兴趣不那么广泛但专注于一件事情并有伟大成就的人。他的唯一一部学术著作——1881年出版的《普通法》，尽管在大洋彼岸的英国已经得到评论家们对其史学价值的肯定，哈佛大学的法律评论却不予置评。1882年10月，霍姆斯应哈佛法学院院长兰德尔的邀请，放弃了执业律师生涯，开始在哈佛法学院任教，但他提出如果他能得到马萨诸塞州法院的任命，哈佛不能阻碍他的任职。两个月后，他真的得到了任命。霍姆斯仓促地离开了哈佛，甚至没有通知校董事会，尽管董事会只有三个成员。董事们后来在报纸上看见任命才发现他已经离开，他们震怒于他的傲慢无礼。作为报复,《普通法》很多年后才得到哈佛学术界的承认。霍姆斯后来咨询律师要不要退还哈佛两个月的薪水,但他还是决定不要退还这笔钱。没有人可以妨碍他实现自己的抱负,因为他内心深信,他会成为比马歇尔更伟大的法官。但是将近20年过去了,他的抱负却远远没有实现。他的朋友西奥多·罗斯福已经接任了副总统,而来自马萨诸塞州的联邦最高法院大法官贺拉斯·格雷(Horace Gray)就快退休了,这是霍姆斯唯一的希望,因为按照惯例,这个空缺应该由一名也是来自马萨诸塞的法官接任。然而去年新当选的麦金莱总统却似乎对霍姆斯没什么兴趣,他更中意于波士顿的律师艾尔弗雷德·海明威(Alfred Hemenway)。

这是霍姆斯法官命运的转折点,但这时他还前途未卜,他内心有着隐隐的绝望。这种绝望的心情导致他在此时发表的纪念马歇尔就任最高法院首席大法官一百周年的演讲中曲折地表达了对自己命运的怨愤不平。开篇他就毫不隐讳地指出,像他这样参加过南北战争的老兵才是美国历史的真正缔造者,"对于我们这些参加过南北战争的人来说,美国革命中最伟大的战役似乎也不过是一次火力侦察,莱克星顿和康考特战役不过是一些军事冲突,报纸甚至提都不会提。然而,我敢说,了解现代战争规模的老兵们一点也不会比那些告诉我们很快就不再会有战争的开明商家子弟低估这些小型战斗的精神意义"。然后酸溜溜地强调了马歇尔的好运气,"一位伟人代表的是社会的伟大神经中枢,或,换一种说法,代表的是历史战役中的战略转折点,他之所以伟大,部分就在于他曾在那里。历史由约翰·亚当斯来任命首席大法官,而不是一个月后由杰斐逊任命,亚当斯又把这个职务交给了一位联邦党人和一位宽松释法者,由他来启动美国宪法的运作,你无法把约翰·马歇尔同这一万幸的境况分开。"接着又表示了对《联邦党人文集》的价值和马歇尔能力的怀疑,暗示自己办过的琐碎案件才更重要,暗示势利的舆论埋没了他的原创思想,"多年前我阅读《联邦党人文集》,在我看来,该书确实是那个时代的原创且精彩的产物。然而,当我想起马歇尔这位联邦党人以及《联邦党人文集》的作者对我的一位杰出英国朋友只有有限的触动,我相信这个判断应被改动;而且我还感到应更多怀疑,在汉密尔顿和美国宪法之后,马歇尔的工作是否只证明了他是一位智识卓绝、风格独特并在法院说一不二的人,有勇气、公正并坚信其政党。激起我最强烈兴趣的,并不是那些人们认为是伟大的争议和伟大的案件,而是一些渺小的决定,这些决定一般的编选者都会放过,因为它们处理的不是宪法问题或某个大电话公司,然而其中有某种更为广阔的理论酵母,因此可能给法律的肌体组织带来局部的深刻变化。我真正想纪念的一些人都是一些思想转变的原创者。他们常常不那么显要,因为这个世界看重的是判断,而不是原创的思想。"说了这么多以后,为了不让听众觉察到他的已经比较明显的意图,他终于无奈地承认马歇尔是最伟大的,"但我说这话并不意味着我参加这一庆典是半心半意的。我不禁要重提开始时我说的话,记住,不可能把一个人同他的时空分开,而且还要记住,落在马歇尔肩上的也许是有史以来一位法官可能填补的最伟大的位置。当我想到他的伟大、正义以及智慧时,我确实完全相信,如果要用一个人物来代表美国的法律,那么无论是怀疑者还是崇拜者,他们都会同样毫无争议地赞同只能是一个人,这就是约翰·马歇尔。"最后又用他轻车熟路的煽情段落来做了结语,"对一个缺乏诗意的人来说,国旗不过是一块布而已。然而,幸亏有了马歇尔,幸亏有他们那一代人——并且首先是因为这一点我们才纪念他和他们——国旗的红色化作我们的鲜血,国旗的星星化作我们的国家,国旗的蓝色化作我们的天空。它覆盖着我们的国土。为了它,我们不惜献出我们的生命。"①好一篇深文周纳、用心良苦的文章,这篇讲话充分展示了霍姆斯的非凡文学才华,但他的超乎人想象的自负让罗斯福都感到震惊,罗斯福评价这篇讲话说,它显示出一种"对马歇尔为他的国家做了些什么的完全的无知"。②

罗斯福向来是钦佩霍姆斯的演说才华的,因为他们的相识就是因为霍姆斯法官动人的演讲词。1895年5月30日,霍姆斯应邀以一个三次受伤的内战老兵身份为哈佛大学毕业班做了题为《士兵的信念》的讲话,霍姆斯自1863年退伍以来所有的伤痛记忆,以及那些记忆带给他的终生不渝的阴郁信念,在这篇讲话中化作了改变他命运的完美修辞:

> 对我来说,我相信为了生存而斗争是这个世界的秩序,对这个秩序怨愤不平只有徒劳……至少现在,而且可能只要人们还住在这个地球上,他的宿命就是战斗,并且他必须抓住战争的机会……对于士兵来说,不应去想比负伤更多的事情……如果世界被分成无数个五亩地,住在其上的人们衣食无忧,但却没有追求荣誉的神圣愚行,没有无意义的热情去探寻一种其可能性的边界熊熊燃烧因而无法触及的知识,没有他们根本无能企及其意义的

---

① 〔美〕霍姆斯:"马歇尔",苏力译,载《法律书评》第1辑,法律出版社2004年版,第1—3页。
② Louise Weinberg, "Holmes' Failure", 96 *Michigan Law Review*, 705(1997).

理想，那我们谁又能够忍受这样一个世界？我不知道什么是真的，我不知道宇宙的意义，但是在怀疑当中，在教条的土崩瓦解当中，有一个东西我却没有怀疑，并且任何一个和我们当中绝大多数住在同一个世界上的人都不会怀疑，那就是一个士兵的信念。为了一个他几乎不理解的目的，为了一个他完全不明白的战役计划，为了他根本不知道用意的战术，这个信念指引他服从于一个盲目接受的义务而献出自己的生命，这种士兵的信念是真实的和值得崇敬的。①

霍姆斯在内战结束30年以后仍然把自己认同为一个士兵，他一直保留着后背笔直的军人举止，留着一个士兵特有的炫耀式的小胡子。他以这篇讲话为荣，因为据说当时的美国总统克里夫兰十分欣赏这篇讲话，1895年下半年克里夫兰在英属圭亚那与委内瑞拉的边界争端中采取侵略性的外交政策，可能还受了这篇讲话的影响。马萨诸塞州的参议员理查德·奥尔尼（Richard Olney）告诉霍姆斯，总统先生在办公室里向他大声朗读这篇讲话，几次激动得停了下来。一个无名的州法官可能影响了全球性的事件，想到这一点就让霍姆斯欣喜不已。他把这篇讲话复制了很多份送给朋友和熟人，强烈推荐他们去读。但是克里夫兰却并没有因此表示想认识他。罗斯福当时还只是纽约城市政策委员会的委员，他读到讲话的出版稿后也万分激动，他给霍姆斯发去了贺电并提出要

---

① O. W. Holmes, "The Solider's Faith", in *The Essential Holmes*, *Selections from the Letters*, *Speeches*, *Judicial Opinions*, *and Other Writings of Oliver Wendell Holmes*, *Jr.*, edited by Richard A. Posner, pp. 88-89.

在波士顿和他会面,二人即因此而结识。

在罗斯福的印象中,霍姆斯就是这样一个让他激动的退伍老兵,而在读到关于马歇尔的讲话后,他才意识到他的这位老兵朋友多么不甘于做一个老兵。就在马歇尔讲话以后 7 个月,一个刺客最终改变了霍姆斯法官的命运。1901 年 9 月 6 日,一个名叫利昂·乔尔戈斯(Leon Czolgosz)的无政府主义者在纽约西部布法罗的泛美博览会上刺杀了麦金莱,麦金莱一周以后伤重不愈身亡,罗斯福继任美国总统。无巧不成书,此时的联邦最高法院正为棕色人种移民关税的问题陷入了僵局,民主党人猛烈抨击罗斯福的帝国主义政策,只要再多一票,罗斯福就能在最高法院得到自己想要的判决,而麦金莱还没来得及在死前作出对联邦最高法院的任命。霍姆斯法官又看见了希望,尽管他很担心自己的健康能让他再坚持多少年,他还是央请他的好友,马萨诸塞州的参议员亨利·卡伯特·洛奇(Henry Cabot Lodge)去向罗斯福说项,因为洛奇同罗斯福的交情也不一般。罗斯福有些倾向于霍姆斯,他相信他会支持他的战争政策。霍姆斯在对罗斯福的私人访问中,小心翼翼地服侍他,取悦他的孩子们,生怕提名会落空。洛奇告诉罗斯福,霍姆斯一贯是一个共和党人,但从不是一个骑墙派。罗斯福再三考虑,决定提名霍姆斯出任,但由于得罪了其他的参议员,他后来还有些后悔了。不过霍姆斯法官终于如愿以偿,于 1902 年 11 月出任联邦最高法院法官。

当霍姆斯酸溜溜地强调马歇尔的好运气时,他肯定想不到他自己才是美国历史上最幸运的联邦最高法院法官。但他却不认为这是幸运之神的眷顾,他给他的英国朋友波洛克写信说到,这是自己多年辛苦工作的酬劳。但是舆论对这个偶然事件的评价却不可能很热烈,因为霍姆斯在马萨诸塞州最高法院任职的二十年期间,除了因1896年韦格勒(Vegalahn)一案中的异议而落下一个他自己极不喜欢的同情劳工的名誉之外,并没有办过什么值得公众瞩目的案件。提名公布以后,很多报纸仍然把他描述为"早餐桌的独裁者(老霍姆斯最畅销的作品)的儿子",人们显然更熟悉他的作家父亲。纽约和波士顿的晚报评价他的司法意见说"才气多于理智","有天分但是并不伟大",霍姆斯为此感到无比愤怒,他在随后写给波洛克的信中尽情发泄自己的怨气:"当他呕心沥血试图去把每一个字都写得鲜活而真实的时候,却看到一群蠢货们(我想多半不至于是律师)用圣洁的油墨谈论着他们根本一个字都不懂的东西,还在真正懂行的人面前现眼,这真让人感到恶心"。① 要人们给他什么样的评价他才会满意呢? 他二十年的州法官生涯还没给他展示自己伟大的舞台,人们又怎么会知道他的伟大? 但是一个一直坚信自己的伟大却怀才不遇的60岁的老人,他的这种怨愤也确实合情合理。他熬了二十年才等到这个百年难逢的际遇,但是要让美国人承认他的伟大,他还要再等二十年。

霍姆斯在联邦最高法院任职的年代(1902—1932),是进步自由主义者改革的时代,联邦最高法院却是推崇自由放任的保守派占据了多数。保守的大法官们频频运用宪法第十四修正案的"正当程序"条款宣布各州政府的进步劳工立法违宪,因为这些法案剥夺了雇主同劳工缔结契约的自由,又运用第十修正案关于联邦不得干预各州正当立法权力的条款,宣布联邦政府的进步立法违宪。

---

① G. Edward White, "Holmes' 'Life Plan': Confronting Ambition, Passion and Powerlessness", 65 *New York University Law Review*, 1459(1990).

法律形式主义与法律现实主义

其实霍姆斯觉得这些福利性的社会立法都很无聊,在他阅读过的所有作家中,他认为达尔文才代表那个时代的最高成就,但他却不相信达尔文在"适者生存"说之外推崇的进步观念。在他看来,个人生活和社会生活中,除了暴力和对有限的生存资源无休止的赤裸裸的争夺外,没有别的什么东西。他怀疑一切价值,唯一不怀疑的是强者驱策弱者的权力意志。在南北战争服役期间,他亲眼看到军官们随心所欲的战略部署怎样决定了士兵的生死,进而相信历史就是由强者不受阻碍的意志决定的。因此他抱定了司法克制主义或司法顺从主义哲学,坚决不要在法官席上干预议会和政府的立法。1905年的洛克纳诉纽约州一案中,纽约的商人洛克纳雇用面包师一周内工作超过60小时,违反了纽约州限制工作时间的法令,霍姆斯在该案中作出异议,反对宣布纽约州的立法违宪。从此他开始获得了舆论的关注,人们认为他是同情劳工的,而他在一些类似案例中的相同表现更加重了这种印象,尽管他在其他一些案例中也表现了对妇女权利和种族平等的极度轻蔑,但是那时更引人关注的却是劳工问题。一些年轻的自由主义知识分子开始团聚在他的周围,其中最著名的是弗兰克福特(Felix Frankfurter)和拉斯基(Harold Laski),他们不遗余力地向舆论鼓吹霍姆斯法官的自由理念和法律思想,而这个经济萧条的时代也迫切需要一个自由派法官的形象。1916年,经拉斯基的安排,《哈佛法律评论》发表了纪念霍姆斯75岁生日的论文集,自此以后,他开始成为一个公众人物。霍姆斯80岁以后,赞誉相继而来。1931年《哈佛法律评论》再次推出纪念90岁他生日的论文集,弗兰克福特把他誉为"哲学之王",卡多佐法官称赞他为"我们时代法理学领域最伟大的人,也是我们时代最伟大的人之一"。次年他从联邦最高法院退休,新任总统富兰克林·罗斯福仅就职4天就登门来庆祝他的91岁生日。

霍姆斯终于得到了他一直梦寐以求的声名,但是所有这些都来得太晚了,霍姆斯对这些赞誉,对他的年轻崇拜者们写来的竞相阿谀的信,都没有表现出过度的热情。他的妻子和别的亲人都已经死去,他没有孩子,也很少真正的朋友,这些年轻人会让他感受到活力,但也让他感到自己大限将近。在写给波洛克的信中,他说这些庆典意味着"末日将近的警告",他甚至怀疑他所得到的荣誉,在给弗兰克福特的信中他写道,"我不无忧惧地希望我将永远不会从你们已经给我的位置上跌下来"。① 一个90岁的迟暮老人,在经历了毕生对权力的苦苦追逐之后,他终于意识到权力只有别人才能给你,而死亡会使每一个人最终变成一无所有。就像他的传记作者怀特所说的,"他的一生说明了人类生存状态中追逐权力与无权力之间的悖谬关系"。②

霍姆斯于1935年死于肺炎,"一战"结束了,罗斯福的新政缓解了经济压力,人们对霍姆斯的热情还没有消退,一个评论家甚至把他誉为"几百年来人类文明的巅峰"。③ 他的信件和讲话陆续出版,但随着法西斯阴影的迫近,人们慢慢看到了一个不太一样的霍姆斯。他的恶毒的犬儒主义,"终我一生我都对人类的自然权利嗤之以鼻",道德不过就是"人们为了把自己当回事而发明出的把戏","那些还相信些什么东西的人们是一些多么该死的傻瓜……

---

① G. Edward White, "Holmes' 'Life Plan': Confronting Ambition, Passion and Powerlessness", pp. 1471, 1472.

② Ibid., p. 1476.

③ Albert W. Alschuler, *Law Without Values: The Life, Work, and Legacy of Justice Holmes*, pp. 14.

所有的'主义'在我看来都是愚蠢可笑的"。① 他对天生犯罪人理论和优生学的推崇,在1927年的巴克诉贝尔一案中,他支持了对低能妇女进行强制性绝育的立法,在司法意见中他写道:"三代的低能就足够了"。② 他对妇女权利和种族平等的轻视,在大部分美国人已经支持妇女投票权的年代,他仍然坚决反对,而他对此的解释是,"恕我直言,如果一个女人明确地问我问什么,我会回答她:'喔女王,因为我是公牛'"。③ 他在司法意见中称黑人是"缺乏智力和远见的冲动的人们",他认为"平等是一种可耻的愿望",而争取种族平等的努力是"可耻的错误"。④ 还有他对军国主义的浪漫渲染,他声称"战争的消息是神圣的",以及那篇帮他通向联邦最高法院的臭名昭著的《士兵的信念》。所有这些都显示出同法西斯主义危险的亲缘关系,从1940年代开始,霍姆斯法官的神话开始破灭了,而他死去还不过十年,他的忧虑真的不幸而言中,他从他的崇拜者们给他的位置上跌了下来。声讨他的极权主义哲学的文章层出不穷,天主教自然法学家还扩展了这些声讨,把他的政治哲学同他的实证主义、实用主义法律理论联系在一起。一位作者写道,"如果极权主义曾经成为美国政府的形式,毫无疑问,它的领袖肯

---

① Albert W. Alschuler,"The Descending Trail: Holmes' Path of The Law One Hundred Years Later", 49 *Florida Law Review*, n24 (1997), quoting Letter from O. W. Holmes to Harold Laski, April. 13, 1929. Letter from O. W. Holmes to Alice Stopford Green, Feb. 7, 1909, Letter from O. W. Holmes to Harold Laski, Sept. 15, 1916.

② *Buck v. Bell*, 274 U. S. 207 (1927).

③ Albert W. Alschuler, "Law Without Values: The Life, Work, and Legacy of Justice Holmes", p. 16.

④ Wendy Brown Scott, "Oliver Wendell Holmes on Equality and Adarand", *Howard Law Journal*, 69-70, n55 (Fall 2003).

定会册封赞助人之一为圣霍姆斯法官先生"。① 有意思的是,现在声讨他的和从前神化他的都是同样的进步自由主义者。1945年,本·帕尔默(Ben Palmer)的文章《霍姆斯、霍布斯与希特勒》将这场道德拷问推至了顶点。霍姆斯的追随者们也纷纷开始同他划清界限,弗兰克在《法律与现代精神》的第六版序言中明确表示,他向来都支持圣托马斯·阿奎那的自然法哲学。

比起德国的实证主义者,霍姆斯法官要更为不幸,因为德国法史学家后来通过史料证明了法西斯德国的御用法哲学其实是自然法,而生在非法西斯国家的霍姆斯,却没有办法洗脱自己的嫌疑。"二战"以后,道德拷问的声浪慢慢弱了下去,但霍姆斯的显赫声名再也难以恢复了。在淡化政治立场后,法学家们看到的霍姆斯才渐渐接近真实了。他是一个好的历史学家,但却是一个糟糕的历史哲学家,哈特评价他的《普通法》说,《普通法》就像一串用细线串起来的钻石项链,其中不乏史家和法律人的洞见,不乏细节的精彩,但贯穿其中的历史哲学则是贫困的,是一种粗暴的集体主义社会哲学。②因为这一点,他在法史学上的成就远不及梅因和萨维尼。他是美国法律史上具有转型意义的重要思想家,他把法律定义为"对法院将要做些什么的预测",他强调"法律的生命不是逻辑,而是经验",这对于美国的法官法理学是具有原型意义的。但他却不是一个好的法律哲学家,他的"坏人"理论和"预测"理论被哈特和德沃金一致誉为从外在观点看待法律的极端错误的理论。至于他的粗糙的政治哲学,再也没有人能为他辩护了。哈佛大学指定耶

---

① David J. Seipp,"Holmes's Path",77 *Boston University Law Review*,n274 (1997).
② See H. L. A. Hart,*Essays in Jurisprudence and Philosophy*,p. 278 .

鲁大学的终身教授、契约法专家格兰特·吉尔莫(Grant Gilmore)为霍姆斯的官方传记作者,吉尔莫占有所有霍姆斯的手稿,到死都没有写出霍姆斯的传记,也很少出版相关的研究成果,后来的学者推测,他之所以没有完成霍姆斯的传记,是因为霍姆斯思想中的阴暗面让他感到挫折。1977年吉尔莫出版了一本小册子《美国法律的年代》,其中提醒人们不要再陷入霍姆斯的神话,"从你的观念中扔掉那个宽容的贵族形象,那个伟大的自由主义者,那个我们自由的雄辩的捍卫者……所有那些都是一个主要由弗兰克福特和拉斯基在'一战'期间编造的神话。那个真实的霍姆斯是粗野的、尖刻的和冷酷的,是一个终生不渝的怨毒的悲观主义者,在人类生活中,他看到的只有富人和有权力的人把自己的意志强加于贫弱者的持续的斗争","后霍姆斯正统教义的铁杆信徒们只从他们的主人那里拿来适合他们需要的东西,而他的思想中令人不安的和异端的一面都被忽视了"。①

但是随着新保守主义的抬头,霍姆斯的神话不久就要再度重现了,因为每一种政治哲学,都会在政治斗争的轮回中改头换面地不断重现。"到了1970年代,看来对霍姆斯名誉的修正已经从他身上剥去了可以为当代利用的东西……很讽刺的是,把霍姆斯同进步自由主义者区分开来的被修正过的霍姆斯,其中的一些方面却使霍姆斯变得对保守的法律经济学运动特别有吸引力,今天可能已经很少有比理查德·A. 波斯纳法官更忠实的霍姆斯主义

---

① Grant Gilmore, *The Ages of American Law*, New Haven and London: Yale University Press, 1997, pp. 66-67.

者了"。① 波斯纳法官和霍姆斯法官都有同样坚定的对人性非道德的犬儒主义信念,同样的好做惊人之语的虚荣心,同样的对虚无的热情和同样的工作狂,除此之外,还有很多其他的气质上的亲和力,"他们都有刚性的(tough-minded)反情感主义,都有阴郁的马尔库塞式观念,认为世界上没有免费的午餐,认为善意的财富再分配的努力都是徒劳,法律和实际上所有社会生活的最终基础都只是自利、领土防卫、复仇本能和生存斗争"。② 霍姆斯在1897年的演说《法律的道路》末尾预言法条主义者的时代就要过去,未来的法律应当属于经济学家和统计学家,在波斯纳看来,这不啻是法律经济学的福音书。自波斯纳出道以来,他用一个最忠实崇拜者所可能有的所有智慧、勇气和热情,不遗余力地为霍姆斯法官的几乎所有理论辩护,预测理论、经验论、实用主义、对法律方法的怀疑、司法克制主义、道德怀疑主义、契约的选择理论,甚至霍姆斯的种族歧视和女性歧视也被他称赞为"司法的坦率",那篇"三代的低能就足够了"的司法意见在波斯纳看来也写得那么美,在他自己的司法意见中他还刻意模仿:"在一个关于山羊胡子的案件中三次上诉就够了",只有极权主义的敏感神经他还不敢触动。波斯纳法官的办公室里挂着霍姆斯法官的肖像,用吉尔莫的话来说,他在"芝加哥法律经济学神庙的万神殿里"为他的偶像霍姆斯建了一座"特别的

---

① Michal Alberctein, "Pragmatism and Law, from Philosophy to Dispute Resolution",41 (2002),quoting Robert W. Gorden, "Introduction:Holmes' Shadow", in *The Legacy of Oliver Wendell Holmes, Jr.*, edited by Robert W. Gorden,6(1992).

② Neil Duxbury, *Patterns of American Jurisprudence*, Oxford:Clarendon Press 396 (1997). Quoting Robert W. Gorden,id.

祭坛"。① 波斯纳法官的著作里充斥了霍姆斯式的词汇,"经验""直觉",还有"想象力",只可惜他那东拉西扯、故意卖弄的文风总显得有些矫情,根本没有他的偶像霍姆斯那样的穿透力和震撼力,这说明魅力的平凡化原是一条无情的定律。波斯纳在他的新著《超越法律》中热情洋溢地说,如果德沃金《法律帝国》中那个海格里斯式的"超法官"在人间真能有正选的话,那就是他心中的最爱——奥利弗·温德尔·霍姆斯,但是德沃金却对此嗤之以鼻。

波斯纳法官的道德怀疑主义让沉寂已久的自然法学家们厌恶已极,同在芝加哥法学院的阿尔舒勒教授(Albert W. Alschuler)在1997年纪念《法律的道路》一百周年时发表了题为《正在降临的审判》的长篇论文,对霍姆斯的法律理论及政治哲学再度发动全面攻击,其中也猛烈谴责了芝加哥法律经济学的犬儒主义,并将理论主题再度定位于自然法与法律实证主义之争的背景中。2000 年,阿舒勒出版了题为《没有价值的法律》(*Law Without Values*: *The Life, Work, and Legacy of Justice Holmes*)的专著,霍姆斯的几乎所有理论和他的人格都遭到猛烈谴责,而通过发掘他同当代美国左右两派法律理论——批判法学与法律经济学的渊源,阿尔舒勒指责霍姆斯通过破坏自然法传统而"败坏了整个美国法理学",把他定义为一个彻头彻尾的尼采主义者、社会达尔文主义者和色拉叙马霍斯主义者,认为他的哲学完全是一种以权力为中心的极权主义哲学。尽管阿尔舒勒的写作有些流于偏激,对实证主义的理解也混杂不清,但他对关于霍姆斯的研究文献作了全面考察,用整整半本书作

---

① Grant Gilmore, "Some Reflections on Oliver Wendell Holmes, Jr.", 2 *Green Bag*, 381 (1999).

了详实注释,几乎言必有据,其中也发掘出很多新的论据线索,因此出版以来就颇受学界关注,关于霍姆斯的论战又被再度掀起了……

如果人们要问,一个已经死去很久的法官,何以百年之间,一再被迷恋他和痛恨他的人们从地底下揪出,不让他的灵魂安息,把他放到自由主义与保守主义政治路线斗争、自然法与实证主义法哲学路线斗争的道德祭坛上进行道德拷问?想想他那些阴森的话语,就知道他确实是一个多少有些不无辜的祭品。但是想到他所处的时代,他又多少有些无辜,他的思想更多的是属于19世纪的,在他那些阴森的话语中,人们看到的不应是属于我们时代的意识形态的痕迹,而是一个19世纪达尔文物神时代笃信生物强权的野蛮人的灵魂。

霍姆斯没能成为比马歇尔更伟大的法官,因为他的司法顺从主义哲学,他在宪制领域的作为是十分有限的。宪法史家们仍然一致承认,约翰·马歇尔是美国最伟大的法官,一个"四季常青的法官"(a judge for all seasons),而这曾经是霍姆斯法官最不愿承认又不得不承认的事实。他对于美国法理学最重要的意义是他的破坏力,他留给美国法理学最重要的遗产是他的根深蒂固的怀疑主义。因为这份遗产,他的官方传记作者、为了写作他的传记饱受心灵创伤的契约法专家吉尔莫绝望地宣告《契约的死亡》,幸好还有留美归来伤心欲绝的日本人内田贵,发奋图强十年写了《契约的再生》来挽救契约法。还因为这份遗产,他的现实主义门徒们宣布了法律方法的死亡,但却找不到别的方法来代替,从现实主义分出的左右两支——批判法学和法律经济学,前者把法律变成了政治,后者把法律变成了经济,法哲学家们因此也宣布《法律的死亡》(The

Death of the Law),要重新振作去寻找《失而复得的法律》(The Law Regained)。唯一没有争议的,是他作为一个散文作家的伟大,不只眼界狭隘的法律人这样看,连文学批评家都认为他的文体是完美的,他是一个随意取材的格言作家,在这方面他的才华丝毫不逊于托克维尔和卢梭,而这一点恰恰是他一直想逃脱的阴影,他不想成为一个他父亲那样的文学家,他想成为一个真正伟大的思想者。

但是不管法哲学家们怎样争论,霍姆斯法官已经成了后现代美国法律中的流行明星,一位作者写道,"汽车工业有亨利·福特,爵士乐有路易斯·阿姆斯特朗,好莱坞有玛丽莲·梦露,棒球有巴比·卢斯,美国法有奥利弗·温德尔·霍姆斯"。[1] 当过兵、杀过人,血统高贵,长得很酷,个子很高,留着尼采一样的小胡子,会写诗,做过无数煽情的演讲,有考究入时的穿着和军官风度,谈吐风雅,喜欢同年轻女人调情,五十多岁还有浪漫的跨国婚外情。所有这些,都使他成为美国法中最有趣的一个形象。他是美国梦的象征之一,他就是这样的一个流行明星,他的生平被演义进了畅销历史小说,死了没多久好莱坞就专门为他拍了一部商业片,酷爱军事的后现代愤青们把他的肖像和精彩演讲放在网站主页上励志,后现代的女性主义法学家们也不介意他那"我是公牛"的挑衅,开始从他的著作里寻找浪漫主义的起源,种族批判法学家甚至认为,尽管他鄙视黑人,但如果他活到马丁·路德·金博士的时代,他也许会支持平权法案。法律评论的文章不仅研究他的思想,他的司法意见,也研究他的私生活,研究所有曾经和他有关系的人,他的家

---

[1] Albert W. Alschuler, *Law Without Values: The Life, Work, and Legacy of Justice Holmes*, pp. 7, 15.

庭、他的情人、他的亲戚、他的法律秘书、他的崇拜者写给他的信，甚至研究他在发表演讲时台下到底坐了多少人。这是霍姆斯法官在后现代美国上演的最精彩的法律喜剧，这些不见得是属于一个真正伟大的思想者的，但也许这才是霍姆斯法官真正最愿意要的，而这也恰好说明，他确实是属于美国的。

参考文献

W. Holmes, *The Common Law & Other Writings*, The Legal Classics Library (1982).

The Essential Holmes, Selections from the Letters, Speeches, Judicial Opinions, and Other Writings of Oliver Wendell Holmes, JR, edited by Richard A. Posner, Chicago: The University of Chicago Press (1992).

The Path of the Law and Its Influence, *The Legacy of Oliver Wendell Holmes, Jr.*, edited by Stern J. Burton, New York: Cambridge University Press (2000).

Albert W. Alschuler, *Law Without Values: The Life, Work, and Legacy of Justice Holmes*, Chicago: The University of Chicago Press (2000).

Sheldon M. Novick, *Honorable Justice: The Life of Oliver Wendell Holmes*, Boston: Little, Brown and Company (1989).

H. L. A. Hart, *Essays in Jurisprudence and Philosophy*, Oxford: Clarendon Press (1983).

Grant Gilmore, *The Ages of American Law*, New Haven and London: Yale University Press (1977).

Anthony J. Sebok, *Legal Positivism in American Jurisprudence*, New York: Cambridge University Press (1998).

Neil Duxbury, *Patterns of American Jurisprudence*, Oxford: Clarendon Press (1997).

Robert P. George, "One Hundred Years of Legal Philosophy", 74 *Notre Dame Law Review* (1999).

G. Edward White, "Holmes' 'Life Plan': Confronting Ambition, Passion and

Powerlessness", 65 *New York University Law Review* (1990).

Grant Gilmore, "Some Reflections on Oliver Wendell Holmes, Jr.", 2 *Green Bag* (1999).

Thomas C. Grey, "Holmes and Legal Pragmatism", 41 *Stanford Law Review* (1989).

Thomas C. Gray, "Langdell's Orthodoxy", 45 *U. Pitt. L. Rev.* (1983).

Louise Weinberg, "Holmes'Failure", 96 *Michigan law Review* (1997).

David J. Seipp, Holmes' Path, 77*Boston University Law Review* (1997).

Albert W. Alschuler, "The Descending Trail: Holmes' Path of The Law One Hundred Years Later", 49 *Florida Law Review* (1997).

Mathias Reimann, "Horrible Holmes", 100 *Michigan Law Review* (2002).

Michael A. Carrier, "Lives in the Law", 93 *Michigan Law Review* (1995).

Richard A. Posner, "The Path Away From the Law", 110 *Harvard Law Review* (1997).

Wendy Brown Scott, "Oliver Wendell Holmes on Equality and Adarand", *Harvard Law Journal* (Fall 2003).

〔美〕霍姆斯:"马歇尔",苏力译,载《法律书评》第1辑,法律出版社2004年版。

〔美〕霍姆斯:"法律之道",许章润译,《环球法律评论》2001年秋。

〔美〕波斯纳:《超越法律》,苏力译,中国政法大学出版社2001年版。

(原载葛洪义主编:《法律方法与法律思维》第三辑,法律出版社2005年版)

转向法律理论的法哲学

自由主义与超自由主义
——对昂格尔法哲学的批判分析

> 我们的时代,是一个理性化、理智化、总之是"世界被除巫魅"的时代;这个时代的命运,是一切终极而最崇高的价值从公众生活中隐退——或者遁入神秘生活的超越领域,或者流于人际关系的博爱。
>
> ——马克斯·韦伯

> 哲学的深义和政治见识往往不能一致,往往是相反的,急进主义在哲学上有时明显地很有成效,然而政治良知却大概离不开中庸、妥协和耐心。
>
> ——沃尔特·考夫曼

批判法学(或称批判法律研究运动,the Critical Legal Studies Movement,简写为 CLS)是 20 世纪 70 年代在美国兴起的一股新左派政治、法律学术思潮。它对当代西方的主流法学——自由主义法理学发起了完全正面的攻击,进而也对标榜自由市场、多元民主和法律独立于政治的现代资本主义制度的合法性提出了不容忽视的质疑。哈佛大学法学院教授罗伯特·曼戈贝拉·昂格尔(Roberto Mangabeira Unger,1947—)是批判法学家中领袖群伦的人物之一,早在1977年批判法学正式诞生以前,昂格尔就已发表了两部名著《知识与政治》(*Knowledge and Politics*,1975)和《现代社会中的法律》(*Law in Modern Society*,1976),率先提出要对正统的自由主义思想体系进行"总体批判"(total criticism),并在历史考察和文化比较的基础上阐述了现代法律秩序产生的由来和现代法治国的必要条件。在这两部著作中,昂格尔试图对西方主流的自由主义意识形态予以摧毁性的打击,"如果批判法学家当中有谁可以声称摧毁了现代法律思想的核心观念,那么这个人就是昂格尔"。①

1983年,昂格尔出版了他的另一部重要著作《批判法律研究运动》(*The Critical Legal Studies Movement*,1983),其中提出了"超自由主义"(super-liberalism)的社会改革构想。昂格尔的后期主要著作有:《激情:一篇关于人性的论文》(*Passion:An Essay on Personality*,1984)和三卷本的百科全书式的巨著《政治学:构建性社会理论的工作》(*Politics,A Work in Constructive Social Theory*,1987)。② 以《批判法律研究运动》为界,昂格尔的理论发生了一个重大转向。他改变了前期著作中对自由主义的彻底否定态度,又表示接受自由主

---

① William Ewald,"Unger's Philosophy:A Critical Legal Study",97 *Yale Law Journal*(1988),p. 666. 应该指出的是,Ewald并不认为昂格尔真的已经摧毁了现代法律思想的核心观念,他只是说在批判法学家中只有昂格尔有资格这样声称。

② 三卷分别题名为《社会理论:形势及任务》(Social Theory:Its Situation and Its Task)、《虚假的必然性:服务于激进民主制的反必然主义的社会理论》(False Necessity:Anti-Necessitarian Social Theory in the Service of Radical Democracy)和《权利可塑化:关于经济和军事成功的制度性条件的比较历史学研究》(Plasticity into Power:Comparative Historical Studies on the Institutional Conditions of Economic and Military Success)。1997年出版了该书的单卷精选本,崔之元先生为其作了题为《超自由主义》的导言。1998年昂格尔又出版了著作《实验的民主制:进步的选择》(*Democracy Realized:The Progressive Alternative*)。

义的基本价值观念,只是在超自由主义社会中,这些价值要被推进得更为极端。他的后期著作主要致力于建设,即提出一种有实践意义的、超越自由主义的新的思想体系,昂格尔将其称之为"超自由主义",它的目的是要彻底"清除社会生活中的腐败和奴役"。①他对这种新思想体系的方法论基础、政治理想和价值观念都作了初步构想,并概括了超自由主义社会的制度特征,提出了一种新的权利体系。在《政治学:构建性社会理论的工作》这部著作中,他更试图创立一种操作性的政治理论,或者说是一种造反理论,借以指导在社会权力秩序中处于在下地位的阶层夺取领导权的行动,即他所称的"草根民众运动"(grassroots popular movement),目的是要维持超自由主义社会中"既定社会结构的流变性"。

昂格尔早期在《知识与政治》中提出了带有社群主义倾向的"有机群体"(organic groups)改革构想,而自《批判法律研究运动》开始却提出了极富存在主义色彩的"超自由主义"社会构想,政治态度变得极为激进。尤其是其中主张在传统的立法、司法、行政三个机构之外设立一个"第四部门",这个部门将不断地回应草根民众打破既定社会结构、否定既得利益的要求,从而不断地改善社会生活。②如今在美国的报刊、新闻中,当人们试图抨击社会时弊时,"超自由主义"就成了一个顺理成章的时髦用语。昂格尔的"超自由主义"概念中混杂了法兰克福学派、解构主义、民粹主义、存在主

---

① Roberto Unger, *Social Theory: Its Situation and Its Task, A Critical Introduction to Politics, A Work in Constructive Social Theory*, Cambridge University Press, 1987, p. 12.
② See Russell Hittingger, "Roberto Unger: Liberalism and 'Superliberalism'", in *Liberalism at the Crossroads—An Introduction to Contemporary Political Theory and its Critics*, Christopher Wolfe & John Hittinger (ed.), Roman and Littlefield Publishers, 1994, pp. 129-130.

义、唯意志主义、现代主义艺术等各种当代文化领域内的时髦理论,甚至还对中国的"文化大革命"大加赞赏,对其未能成功表示遗憾。① 这个洋溢着无与伦比的解构激情的各类新奇理论的大杂烩一时间就成了美国有色人种、女权主义者、流浪艺术家、同性恋者等边缘人群的世纪末福音。②他的最新著作《实验的民主制:进步的选择》出版之后,评论家更将昂格尔的理论誉为"20世纪后半叶最具挑战性的社会理论",认为书中设计的经济、政治改革计划将为下个世纪世界的民主运动指引方向,断言"今天昂格尔的时代可能终于已经来临了"。

一些评论家认为昂格尔理论上的转向标志着他的前后期理论发生了"认识论上的断裂",③认为昂格尔早期对自由主义的批判是过于鲁莽的,对自由主义的彻底否定态度是一种"对历史的健忘和政治上的天真",④而他的后期理论已经纠正了这个错误,转向更为务实的态度。本文试图对昂格尔批判自由主义的理论作一个概述,揭示昂格尔对自由主义传统及自由主义法理学认识的方法论要点。但尽管他对自由主义的批判存在逻辑刻板、用语模糊等方法上的缺陷,实际上他确实洞悉了自由主义理论的根本缺陷,即"当代自由主义是一种不具有任何社会理论的政治哲学",⑤当代

---

① Francis Russell Hittinger, "Roberto Unger: Liberalism and 'Superliberalism'", p. 129.

② 有意思的是,一些批判法学家将肯尼迪(Duncan Kennedy)誉为批判法学的"教父",而昂格尔则被视为基督的形象。See William Ewald, "Unger's Philosophy: A Critical Legal Study", p. 666.

③ Cornel West, "CLS and a Liberal Critic", 97 *Yale Law Journal* (1988), p. 758.

④ Ibid., p. 769.

⑤ 邓正来:"哈耶克的社会理论——《自由秩序原理》代译序",载哈耶克:《自由秩序原理》,上册,邓正来译,生活·读书·新知三联书店1997年版,第46页。

自由主义的人性论前提是把人视作孤立的、原子化的、自利的个体,这使得它无从确立社会政治制度的正当性。而昂格尔虽然声称他的"超自由主义"社会改革设想是以认同自由主义的基本价值为前提的,实际上"超自由主义"的设想恰恰摒弃了自由主义传统中最核心的进化理性观,这一设想"是欲将'人为社会'(society as artifact)的论点推向极致而做的努力",①其中的许多具体制度设计一方面试图解构既定的权力分配制度,另一方面又对政府权力的集中根本不予设防,存在很多不切实际、自相矛盾的地方,带有极大的空想色彩。在这个意义上讲,昂格尔的"超自由主义"理论由于表现了过度的政治热情、丧失了学者应有的禁欲精神,实际上还不及他的前期批判理论更有价值。"超自由主义"实际上是集合了历史上存在过的各类乌托邦成分的一个大杂烩式的乌托邦,它并没有太多的独创性。而昂格尔为超越自由主义从社群主义向激进存在主义的矛盾反复,适足以证明"反自由主义思想的模式的反复重现和陈腐,正表现出了它的贫困"。②

一、昂格尔对自由主义的批判

1. 昂格尔定义的自由主义

批判学家所指的自由主义,是和他们的异端政治倾向相对而

---

① 崔之元:"超自由主义",2002年6月30日访问,http://www.cc.org.cn/ziliaoku/cuizhiy/cuizhiy15.htm。
② C. Larmore, *Patterns of Moral Complexity*, Cambridge, 1987, p. 93. 转引自邓正来:"哈耶克的社会理论——《自由秩序原理》代译序",载哈耶克:《自由秩序原理》,上册,邓正来译,第48页。

言的,他们把西方正统的法律理论称为自由主义,这种意义上的自由主义是指一种一致遵循的个人主义传统,即以实现个人自由为终极目的。昂格尔认为,自由主义理论产生于17世纪,霍布斯的著作标志着与对事实和价值不加区分的古代哲学、社会学理论的整体决裂,①从此自由主义就取代前者成为西方社会的正统思想体系。自由主义必须被作为一个整体来认识,它不仅仅只是一套关于对权力和财富如何处置的理论,也是一个关于观念和社会的形而上学体系。现代西方社会科学的各个专门学科对自由主义思想体系所作的"局部批判"都是"在暗中继续承认这个体系的许多原则的同时却伪装拒斥了同前者不可分割地联系在一起的另外一些假定",②因而最终不能逃出自由主义内在悖论的囚笼。据此昂格尔提出要对自由主义思想体系进行总体批判,但是总体批判"不可能在纯理论的领域里完成",③因为自由主义既是一种理论体系,也是一种社会秩序,即"知识"和"政治"两个方面。因此,在批判之后必须从批判到建设,诉诸政治实践,"发现一种隐蔽的善的需要也就赋予哲学沉思和政治实践一种使命,这一使命的特点在于:若要实现,就必须在这两个领域共同实现"。④

这样昂格尔就把自由主义的概念从理论扩展到了制度,并且十分强调二者之间的相互支持作用。"按照他的观点,现代国家既是对自由主义观念的反映,也是它的捍卫者。"⑤昂格尔认为对自由

---

① See R. Unger, *Knowledge and Politics*, The Free Press, 1975, p. 2.
② Ibid., p. 2.
③ Ibid., p. 18.
④ 〔美〕昂格尔:《现代社会中的法律》,吴玉章译,中国政法大学出版社1994年版,第164页。
⑤ William Ewald, "Unger's Philosophy: A Critical Legal Study", p. 666.

主义作局部批判的学者都没有全面地认识自由主义理论的深层结构和它潜在的根本矛盾,因此他表明要在对自由主义理论体系的深层结构予以还原的同时,进行总体批判。

2. 自由主义理论体系的深层结构及其悖论

(1) 否认"可理解的本质"

自由主义理论的深层结构要从它的心理学中起始发掘,这里昂格尔所说的心理学不是一般所指的实验科学意义的,而是特指包括认识论和伦理学的关于意识的理论。所谓"可理解的本质"(intelligible essences)是一个前自由主义的、古代的观念,意指万事万物的本质都是可以被认识的,语言对事物的分类也都恰如其类。自由主义心理学否认事物存在"可理解的本质",人的意识不能确知事物为何和它们之间的关系为何,因而对事物的分类有无数种方式,可以依照任何一种约定俗成的语言或标准。

这样就形成了理论与事实之间的二元紧张关系,事实是客观的,但理论并不能如实反映这种客观,它只能为了特定目的来对事实进行分类。"没有什么基础可以用来断定一种语言比其他语言更准确地描述了现实,唯一判断语言真实性的尺度是它对说它的人们所组成的共同体的事业的促进能力"。[①] 这就是理论与事实的悖论。

(2) 自由主义理论体系深层结构的六个基本原则

基于否认"可理解的本质"这一前提,可以推论出自由主义的六个基本原则,它们和前提一起共同组成了自由主义理论体系的深层结构。

[①] R. Unger, *Knowledge and Politics*, p. 32.

心理学基本原则。昂格尔把自由主义心理学中关于知识如何形成的理论(实质即是认识论)称之为"未经深思的意识理论"(the unreflective view of mind),它可以被归纳为三个假定,它们之间相互依存、互为条件。①

a. 理性与愿望原则(the principle of reason and desire)。理性与愿望代表普遍与特殊的关系。理性是人类普遍具有的获取知识的能力,但它不能获取对愿望的客观理解,因此也不能支配愿望。愿望是每一个个体的特殊意向,它因人而异,在同一个个体身上也是随时变化的。"自我由理解能力(understanding)和愿望组成,它们二者是相互区别的,愿望是自我内部的推动性的、积极的和首要部分。观念(mind)机器仅靠自身的力量不能追求任何东西,而愿望如果没有理解能力的辅助,也看不见任何东西"。② 这就是自由主义心理学的理性与愿望原则,它的现实表现就是,人们即使具有同等的知识能力,仍会各自追求彼此十分不同的东西。昂格尔认为,在自由主义的重要思想家洛克、贝克莱、休谟、斯宾诺莎等人的著作中,都可以发现这个原则的存在,而首先提出理性与愿望之间的二元紧张关系的则是霍布斯,"思想对于欲望来说,就像斥候兵或侦探一样,四出窥探,以发现通向所希望的事物的道路"。③

b. 愿望的任意性原则(the principle of arbitrary desire)。这是前一个原则的延伸。自由主义心理学认为,人不能从自己对事实的

---

① R. Unger, *Knowledge and Politics*, p. 38.
② Ibid., p. 39. 昂格尔在这里使用了 understanding 一词,但他指出,他把 understanding、mind 和 reason 作为同义使用,而 will 和 desire 同义。参见同上注,第 36 页。
③ 〔英〕霍布斯:《利维坦》,第 54 页。

理解中得出应该采取某一特定行为的结论,也就是说,"我们的科学对于证实我们的选择是否正当是无能为力的"。① 因为愿望是任意取向的,理性并不能决定自我应当愿望什么,这就是愿望的任意性原则。对于这个原则,存在两个限制性条件。首先,愿望既是自我的一部分,也是一个心理事实,它具有双面性。理性可以把愿望作为认识对象,分析它的起因和结果,只是无法客观地估价不同的愿望。其次,理性可以为愿望提供工具性的辅助,它可以"发现为实现意志(will)所选择的目标而需要的最有效的手段",②但理性没有能力指手画脚说某一种愿望其实并不值得被愿望。

c. 分析原则(the principle of analysis)。自由主义心理学在坚持理性和愿望的对立的同时,认为"在任何一种知识中都不存在这样的成分——它不能被分解还原成构成它的基本感觉或观念然后再重新组装起来",③这就是分析原则。依据这个原则,知识的形成有两个过程,一是把分立的感觉和观念连接聚合成更复杂、更普遍的观念聚合体,二是再将这个聚合体拆卸分解成它的简单成分。这个原则意味着,知识的整体等于它的部分的总量。昂格尔认为前述的三个原则组成了内部统一的自由主义知识理论,它的实质是"坚信简单居于首位"(confidence in the primacy of simple),而承认简单的优先性就等于承认"简单事实在被放进一个特定理论的结构之前已经具有它自己的本质"。④ 这样,自由主义心理学以否认"可理解的本质"为基本前提,最终却又在分析原则中求助于"可

---

① R. Unger, *Knowledge and Politics*, p. 42.
② Ibid., p. 43.
③ Ibid., p. 46.
④ Ibid., p. 47.

理解的本质"这个前自由主义的概念,昂格尔就此揭示出自由主义心理学的内在悖论。

政治学基本原则。昂格尔把自由主义的政治学理论称为"未经深思的社会理论"(the unreflective view of society),同心理学理论一样,它也由三个互为条件的基本原则组成,而它们又是同三个心理学基本原则一一对应的。

d. 规则与价值原则(the principle of rules and values)。"价值是愿望的社会表现",[①]二者的不同之处在于,愿望描述个人的内在,而价值关注的是不同个人之间的关系。价值同愿望一样是多种多样的,它彷徨于功利和理想之间,它只有功用上的程度分别,而没有固定的正当与否的标准,判断一种价值是否更好只能依据作出不同选择的个人共同显示出的占优势的需求。因为没有什么固定的好坏标准可以超越个体间的争执而自然地限制社会生活,社会就创造出人为的限制来维持秩序和自由,这就是规则。在讨论自由主义政治学时所指的规则特指禁令性规则(prescriptive rules),即指导人们可以做什么、应该做什么和不应该做什么的规则,由政府建立的禁令性规则就是法律。

规则与价值的对立存在于,规则是非个人性的,而价值却因人而异、因群体而异。自由主义政治哲学对法律规则的来源有两种解释,一种是实证主义(positivism)或绝对主义(absolutism)的解释,一种是自然权利(natural right)说的解释,在这两种解释中都可以发现规则与价值的紧张关系。实证主义认为"公共规则是由一

[①] R. Unger, *Knowledge and Politics*, p. 68.

个高居于纷争的个人意志之上并且可以代表它们的意志制定的",①依据这种解释,主权者选择的任何规则都是正确的法律。但是它怎样证明作为规则来源的主权者意志就真的这样超脱呢？这无异于承认主权者可以在众多的价值取向中任意选择来指导立法,这种立法上的不可知论(agnosticism)是会带来灾难性后果的。自然权利说则认为,一种以普遍方式建立起来的标准(自然法)或程序(社会契约)可以确保规则的非个人性。"解决秩序与自由问题的办法在法律制定前就已预先存在并可作为判断法律是否正当的标准",②这个标准就是个人权利。这种解释存在的矛盾之处是,个人权利作为法律规则遵循的标准,并不能证明自己在歧异的社会价值中具有正当的优先地位。大多数人固然都主张个人权利优先,但也有少数人会认为实质的平等更重要,前者和后者都不具有必然意义的正当性。"透过民主给予我们的表面现象看其实质,民主方法中具有大量的强制因素,多数人能够随心所欲地按其意愿行事,不是因为少数人相信多数人是正确的(少数人对多数人的服从几乎都不是出于自愿遵从多数人的道德威望),而是因为多数人的票数象征着多数人在社会中所拥有的力量。"③

e. 价值主观性原则(the principle of subjective value)。所有的价值都是个人化的。自由主义政治理论不承认集体价值(communal value)的存在,而只承认个人间共有的价值(sharing

---

① R. Unger, *Knowledge and Politics*, p. 70.
② Ibid., p. 71.
③ 〔美〕莱茵霍尔德·尼布尔:《道德的人与不道德的社会》,黄世瑞、彭学云译,贵州人民出版社1998年版,第3—4页。

value)。"价值在它是由选择确定的意义上是主观性的",①而在它只能由个人所有的意义则是个人化的。昂格尔在批判价值主观性的同时,也驳斥了与之相反的价值客观性(objective value),他认为真理存在于这两者之间。昂格尔指出,自由主义政治理论正是在价值主观性这里又不自觉地滑向它的反面——可理解的本质。价值同愿望一样具有双面性,它既是主观的意识,也是可以被认识(虽然是有限的认识)的心理事实。它同物理事实一样,不存在"可理解的本质",也没有固定的标准来分类。而事实上,自由主义政治理论却用自己的语言对价值类别和共有某一价值的人的类别作了划分,并宣称这种划分是正当的。这无异于承认价值现象具有"可理解的本质",这就是自由主义政治学的内在悖论。

f. 个人主义原则(the principle of individualism)。"一个群体是个人的简单的集合,换句话说,群体的属性是它的个体成员的属性之和",②这就是自由主义政治学的个人主义原则,它直接来源于自由主义心理学的分析原则。依照这个原则,群体只是个人意志和利益联合的产物,是实现个人目的的必要手段,而这些目的仅靠个体的力量是无法实现的。"所有的利益到头来都是个人的利益,而集团的利益只不过是其成员具有的不同目的的混合物"。③ 在分析原则中,简单居于首位。同样,在个人主义原则中,个人优于群体。"社会完全由个人组成,它不具有同其成员的人格分离并比它们优越的独特的人格"。④ 与个人主义原则相反的集体主义

---

① R. Unger, *Knowledge and Politics*, p. 76.
② Ibid., p. 81.
③ 〔美〕昂格尔:《现代社会中的法律》,第64页。
④ 〔美〕霍布豪斯:《自由主义》,朱曾汶译,商务印书馆1998年版,第64页。

(collectivism)原则认为集体是一个独立存在的有机体,集体价值有自己独立的异质性,不等同于其个体成员的价值之和。昂格尔认为集体主义是一种带有浪漫色彩的社会理论,但它也只是对个人主义的局部批判,不能彻底解决问题。

(3)自由主义深层结构的根本悖论

通过以上的分析,昂格尔揭示出了自由主义理论的深层结构。自由主义思想体系以否定"可理解的本质"为根本前提,由此推演出六个基本原则,但这些原则最终却不得不重新求助于"可理解的本质",这就是自由主义理论内在的根本悖论(图示如下):①

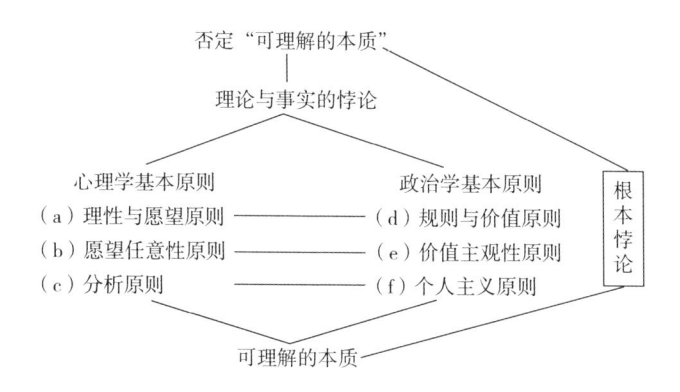

```
              否定"可理解的本质"
                     |
              理论与事实的悖论

   心理学基本原则              政治学基本原则          根
   (a)理性与愿望原则 ——— (d)规则与价值原则        本
   (b)愿望任意性原则 ——— (e)价值主观性原则        悖
   (c)分析原则       ——— (f)个人主义原则          论

              可理解的本质
```

3. 自由主义法律理论的内在矛盾——形式主义(formalism)与客观主义(objectivism)

昂格尔认为"在自由主义前提下不存在前后一致的、有充分根据的立法和审判理论",②自由主义法律理论体系就像一张破了一个洞的蛛网,如果抽出一根蛛丝来弥补这个洞,那么又会有另一个

---

① See William Ewald, "Unger's Philosophy: A Critical Legal Study", p. 692.
② R. Unger, *Knowledge and Politics*, p. 83.

洞在其他部位出现。昂格尔认为把批判法学统一起来的就是对形式主义和客观主义法律理论的一致批判,这两种理论代表了现代自由主义法哲学的主流。

这里所说的形式主义不是一般哲学意义上所指的方法论主义(methodologism),而是指相信法律证明的方法明显区别于意识形态的、哲学的或者说不切实际的争论,"只有通过这样一种克制的、相对非政治的分析方法,法律理论才是可能的"。[1] 形式主义审判理论关注的核心问题是:法律应根据什么标准、以何种方式使用才不会丧失法的普遍性、非个人性和中立性,以致危害自由的实现,它认为"法律制度对每一个案件都能提供一个唯一正确的判决",[2] 可以通过一种自动程序从法律中推导出正确的判决,"法律正义的王国因此可以通过一种无视'政策'和法律'目的'的审判技术而建立起来"。[3] 形式主义审判理论相信词句具有明确的含义,只有这样,司法者才能统一地适用法律,而不致任意专断地滥用自己对法的理解,但相信词句含义的明确性无疑依赖于"可理解的本质"这一前自由主义的概念,这正是形式主义审判理论自相矛盾的地方,"形式主义审判理论认为理所当然的价值主观性原则不能和可理解的本质这种学说和平共处"。[4]

形式主义审判理论相信司法与立法有根本的不同,后者是由松散的、非决定性的意识形态争论来指导的。昂格尔认为,形式主

---

[1] R. Unger, *The Critical Legal Studies Movement*, Harvard University Press, 1983, pp. 1-2.
[2] R Unger, *Knowledge and Politics*, p. 92.
[3] Ibid., p. 92.
[4] Ibid., p. 93.

义主张的法律推理非政治性是十分脆弱的,它"所声称的推理游戏和诉诸关于权利的基础性概念之间的区别是站不住脚的"。① 在进行法律推理之前,对于调整涉诉问题法律的规范理论,对于该类法律规范的社会实践,都必然会有某些先入之见,而不可能是一片空白。批判形式主义的目的就是要"证明把希望寄托在法律推理与意识形态、哲学、政治预言之间的区别之上的理论实践只能沦为权宜之计的大杂烩"。② 对此,邓肯·肯尼迪也曾经一针见血地指出:"当法学教师们告诉学生法律推理作为一种推演正确答案的方法,是区别于一般性的伦理或政治话语时,他们实际上说的是废话……对一个法律问题来说,除了伦理上或政治上正确的答案之外,不可能有其他的'正确答案'。"③

形式主义审判理论不可能在真空中确立法律推理的正当性,因此它必然依赖于客观主义的法律解释理论。客观主义是指相信权威性的法律资料,包括成文法、案例和公认的法律观念,体现和维护着一种值得捍卫的社会生活形式,也就是说,"法律不仅仅只是偶然的权力斗争和缺乏正当权威的实际压力的产物"。④ 客观主义在自由主义法哲学中有各种各样的体现,把法说成是理性、自然、历史进化或经济效率等各种客观秩序的体现,这些立法理论都属于客观主义的范畴。依据客观主义的立法理论,法官在审判中为了正确、统一地适用法律,必须考虑法律所服务的目的或政策。

---

① R. Unger, *The Critical Legal Studies Movement*, p. 9.
② Ibid., p. 11.
③ See Francis Russell Hittinger, "Roberto Unger: Liberalism and 'Superliberalism'", p. 116.
④ R. Unger, *The Critical Legal Studies Movement*, p. 2.

这就需要对价值、政策和目的进行定义的客观标准和一种平衡不同价值、决定孰轻孰重的方法,如果缺乏这些程序,法官不可避免地会把他自己的个人意志或其他什么人的意志强加于当事人。但依据自由主义的价值主观性原则,"这种用来选择和排列价值的方法并不存在,它们不可能在自由主义观念中存在"。① 而批判客观主义就是要拒斥"在一种社会形态体系中存在着内在的制度结构"②这样一种观念,法制史和法律理论的实践都表明,没有一种关于民主和市场的普遍的法律语言存在。

总之,昂格尔对自由主义法律理论内在矛盾的分析都是紧紧围绕着规则与价值的矛盾。自由主义法律理论首先坚持价值主观性的原则,但却试图证明立法有相对客观的价值秩序作指导,或是在无可奈何地承认立法的非客观性之后,又坚持审判可以使用客观的、非政治的推理工具,以为可以避免价值判断对于裁判公正的不良影响,但实际上根本的立场是无法回避的。"自由主义就是最依赖于非人格化规则的社会生活形式,然而,它也是最不能形成和适用这类规则的社会。"③按照昂格尔对批判法学的定义,批判法学的目的就是要颠覆自由主义政治理论关于现代性和法治的观念,特别是其中关于可以规则化地区分法与政治的信条。这种信条包括三个要素:法律理论与意识形态之间的区别;司法不同于立法,它具有伦理上的中立性;法治的理想形态就是在纷争的权力之间

---

① R. Unger, *Knowledge and Politics*, p. 95.
② R. Unger, *The Critical Legal Studies Movement*, p. 8.
③ 〔美〕昂格尔:《现代社会中的法律》,第 243 页。

充当超脱的仲裁人。① 他对形式主义和客观主义的批判颠覆了其中的前两个要素,而他在《现代社会中的法律》中则以充分的历史考察证明西方法治秩序的产生恰恰是多元社会群体权力斗争的产物,是君主与官僚组成的行政统治者、贵族以及第三等级三个阶层之间利益妥协而被迫作出的选择,"法治,就像生命保险和自由主义本身一样,只是在恶劣环境中作出最佳选择的尝试。"②法治的理想形态充其量只能在纷争的社会利益中充当调和剂,而不是超脱的仲裁人。

二、"超自由主义"的改革构想

昂格尔一直强调要从批判到建设,要以一种全新的理论来代替自由主义,在它基础上提出社会改革计划,设计一个更合理的新社会,但他的社会改革理想有明显的发展痕迹。在《知识与政治》中,他表示要在古典(前自由主义)的人性论基础之上,③抛弃价值主观性原则,建设一个超越了福利-合作(welfare-corporate)国家和社会主义国家的、由"有机群体"(organic groups)组成的社会,真正实现自由和人性的善,并且要恢复虔诚的基督教信仰。④ 昂格尔认为自由主义政治理论正是由于缺乏一种善的理论,才会导致自己根本无法证实任何权力运作的正当性,也不能形成前后一致的立

---

① See Francis Russell Hittinger, "Roberto Unger: Liberalism and 'Superliberalism'", p. 113.
② 〔美〕昂格尔:《现代社会中的法律》,第68页。
③ R. Unger, *Knowledge and Politics*, p. 198.
④ Ibid., pp. 290-295.

法理论和审判理论,[①]而根本原因是因为它坚持价值的主观性。但价值客观性也同样不可取,它要么沦为空洞无物的抽象,要么就是毫无道理的宗教偏执狂。关于善的理论只能在共享价值的前提下形成。符合社会成员共享价值的善只能是对人性的丰富和发展,人性有两个方面:一个是由社交性代表的普遍的、抽象的人性,一个是由个体性代表的特殊的、具体的人性。基于人性的两面,善也具有两重含义:普遍的善是要完善人不同于其他物种的社会性,特殊的善是要发展个人的特有天赋与能力。要实现善必须建立一种新的社会秩序,在其中人们既能自由发展自己的独特个性与能力,又能促进彼此间的同情与友爱,达到人与人之间的自然和谐。组成这个新社会的基本单位是一种小团体,昂格尔称之为"有机群体"。"有机群体"论带有浓重的社群主义色彩,有机群体的"每一个成员必须同其他成员面对面地直接交往",[②]群体成员的"面对面共存"(face-to-face coexistence)和多种目的的组织构成了一个"生活的共同体",在其中要彻底根除精英政治的要素,在社会的一般体制尤其是在其职业群体中实现民主权力,以"形成共享价值并确保它在共同体生活中的优先性"。[③] 有机群体中还要实现广泛的社会分工,以实现个人的特殊的善,"完善他的天赋并且肯定他对自己的感觉"。[④] 劳动任务的分配要有利于每个个人发展自己的独特能力,使他认识到自己的个性。劳动分工还必须能使个人理解并且亲身体验到他的特殊工作是和更为普遍的共同目的联系在一

[①] R. Unger, *Knowledge and Politics*, p. 238.
[②] Ibid., p. 262.
[③] Ibid., p. 268.
[④] Ibid., p. 274.

起的,正是后者赋予他的工作以意义。

昂格尔在《知识与政治》中强调,这种以有机群体为组成单位的新社会也只是"对善的不完全的实现",[①]社会的完善是永无止境的。以《批判法律研究运动》为界,他的社会改革理论发生了明显的理论转型。其中不再有依赖古代理论的痕迹,而是着重发展了社会的不断变化,社会结构的永远流动性的理论,提出了"超自由主义"社会的构想,其目的是要打破社会分工和等级结构的固定模式。他也不再否定自由主义社会的固有价值,而只是要把这些价值同一个更高的抱负结合起来,即建立一个更少异化个人(alien of the self)的社会,[②]因此超自由主义社会只是在自由主义社会基础上的改良。他的最新著作《政治:构建性社会理论的工作》对超自由主义社会作了更为激进的阐述,认为它是一种"反自然化"(denaturization)的社会,任何社会制度设计都不能声称自己是唯一合理的即自然化的,现代社会学认为社会"是人造的产品而不是对潜在自然秩序的表达",[③]因此它可以不断被修正、被重创。这种"反自然化"的社会设计是"要以更为自由主义的方式拯救自由主义",[④]是要把人类从固定的组织结构、等级制度和社会角色划分中解放出来,这个解放任务要由"大众政治"(mass politics)来完成,

---

[①] R. Unger, *Knowledge and Politics*, p. 237.

[②] R. Unger, *The Critical Legal Studies Movement*, p. 41.

[③] R. Unger, *Social Theory: Its Situation and Its Task, A Critical Introduction to Politics, A Work in Constructive Social Theory*, p. 1.

[④] R. Unger, *False Necessity: Anti-Necessitarian Social Theory in the Service of Radical Democracy*, Cambridge University Press, 1987, p. 613. 转引自 Francis Russell Hittinger, "Roberto Unger: Liberalism and 'Superliberalism'", p. 120。

"人民可以夺取政府权力并且运用它来改变社会"。① 显然,以《批判法律运动》为界,昂格尔从彻底否定自由主义价值观的立场转向基本肯定,只是要将其更为推进,或者像他自己所说的,转向"左派自由主义"(left-libralism)的立场。

崔之元先生指出,昂格尔"主张'打破既定利益'(disentrenchment)和'否定能力'(negative capability),但他又不属于'解构'(deconstructive school)学派,因为他的'构建性'理论认为:我们对于生存其间的社会具有反抗、重新构想和重建的自由,这种自由度本身是历史变数。昂格尔并不反对自由主义,相反,他主张通过变革自由主义的传统制度体现来实现自由主义的最高愿望,在这个意义上,他称自己的理论是'超自由主义的'(superliberal)"。② 昂格尔设想的超自由主义社会具有三个主要特征:一是充分的自由与民主,个人获得真正的自由,个性完全解放并得到丰富的发展机会,根绝精英政治,公民广泛参与国家政治生活,并在社会生活形式(工厂、学校、机构)中实行民主管理。二是社会结构的流动性,永恒不变和自然合理的社会制度是不存在的,应向既存的社会制度及传统观念不断挑战,将其重塑。社会中一切束缚人性的固态结构将被打破,实现"无结构的结构"(structure of no-structure)。三是政府权威性与政治权力分散性相结合,应赋予政府以真正权威来推行改革,同时又使政府部门多样化,权力分散化,避免权力的过度集中。

---

① R. Unger, *Social Theory: Its Situation and Its Task, A Critical Introduction to Politics, A Work in Constructive Social Theory*, p. 54.
② 参见崔之元:"超自由主义"。

1. 异端理论与否定能力

批判法律研究运动继承了现代法学中的左派传统,坚持要发挥法律实践和法学理论的工具性作用,以实现左派的政治目的。① 因此在批判形式主义和客观主义基础上建立的"异端理论"(deviationist doctrine)是一种扩张内容的理论(enlarged doctrine),它不能只是就法律论法律的界限封闭的法律理论,而必须把法与意识形态、与政治、与社会公正结合起来讨论,并且要用法律来促进政治目的。现代自由主义的法理学家都避免把法与政治、伦理这些他们认为是非确定性的东西联系起来,而"批判法律运动坚持要避免这种避免"。②

异端理论具有两个重要特征:首先,它试图超越规范与经验的界限,揭示司法中因果关系的本质;其次,它要发现在任何法律中都存在的原则与反原则(counterprinciples)的冲突,发现在这些不和谐中潜在的不同社会概念之间的斗争。③ 把一种现实的或者是设想中神圣的社会秩序视为是必然性的,这种社会概念是根本错误的。异端理论认为作为人造产物的社会必须不断面对改革性的冲突,永远对已经建立的社会结构和权力划分提出异议,而代之以新的秩序,"规则的普遍性和权利的稳定性将处于永远的危险之中"。④ 因此异端理论又可以称为"反必然性"的(anti-necessitarian)社会理论,它反对一切固定的权力秩序、等级结构和社会角色划分。

---

① R. Unger, *The Critical Legal Studies Movement*, pp. 3-4.
② Ibid., p. 18.
③ Ibid., pp. 16-17.
④ Ibid., p. 21.

异端理论使用"内在发展"(internal development)的方法来设计社会的进步路线,它必须依赖于现存的意识和社会生活的模式,而不是彻底背离它们。内在发展的起点是现存社会企图实现的理想与不完善的社会现实之间的冲突,为了解决这个冲突,要设想一种现实社会排斥的理想社会生活形式,再根据这种理想观念的实际制度体现来对它进行修正,达到更高的理想。内在发展是一个无止境的过程,永远不会声称它发现了最好的社会秩序。它在对现实制度的洞察中发现超越现实的形式。即现实排斥、否定什么,它就企图什么。通过内在发展,异端理论要发现一个全新的共同生活的计划,努力扩大人类相互联系的机会,完善民主和市场体制。

昂格尔坚信批判法律研究运动要继资产阶级革命以后实现西方法律传统的第二次大转变。资产阶级革命使法律观念发生了有史以来最重大的转变,即无论个人的具体社会地位如何,他都可以成为财产所有人和公民,而宪法和一般法律正是对作为财产所有人和公民的个人之间的基本交往形式的描述。这样,权利体系赢得了高于现实社会秩序的地位。批判法律研究运动则要导致法社会理论的又一次重大转变,它认为法律将是对既存社会分工和等级制度的否定,权利体系将要设计成一个反对计划的一部分,这个计划的目的在于避免一种可以不受任何挑战的社会结构划分的出现。[①] 正是基于这个原因,昂格尔才将批判法学的社会理论命名为异端理论,异端理论的社会理想是要实现超自由主义,推进自由主义关于脱离依附和社会

[①] R. Unger, *The Critical Legal Studies Movement*, p. 24.

关系控制的自由观念,把它和一个更大的抱负结合起来,即"建立一个更少异化个人的社会,它总是能违反自己关于观念和社会结构的一般原则而以另一种原则,另一种结构来取代它们"。① 这种新的超自由主义社会要彻底"清除社会生活中的腐败和奴役"。②

昂格尔提出的超自由主义改革方案只是提纲挈领式的,大致描述了超自由主义社会的政治、经济、法律与文化建设宗旨。而要实现这些宗旨,必须依赖社会中存在的"否定能力"。在自由主义传统的衍生与演变过程中,它的政治、经济、法律诸方面都已形成了影响未来发展的固定的"结构性构架"(formative context),这些结构性构架主导着政治、经济、法律诸领域的常规活动(routine activities),它排斥一切试图改变它的企图,而"否定能力"则力图要解体这些构架,因此它必然受到后者对它的不必要也不合理的压制。③ "否定能力"只是要给现存社会纠正自己弊端的机会,而使它避免"在长期的停滞不前和虽然罕见但却极为危险的革命之间盲目地蹒跚而行"。④ "否定能力"本身不能提出系统的社会发展路线,但它通过一种不断的短期破坏作用而成为历史转变的重要推动力,转化成创造性的力量。"否定能力"也有助于调和个人独立与人际合作二者之间的冲突。超自由主义社会理论必须以自己的社会理想和改革方案为指导,依靠和组织潜在的社会"否定能

---

① R. Unger, *The Critical Legal Studies Movement*, p. 41.
② R. Unger, *Social Theory: Its Situation and Its Task, A Critical Introduction to Politics, A Work in Constructive Social Theory*, p. 12.
③ R. Unger, *The Critical Legal Studies Movement*, p. 93.
④ Ibid., p. 93.

力",达到对自证合理、抗拒异类的社会结构性构架的超越,砸碎神化的国家偶像。

2. 文化革命和政治革命

对现实社会的改革包括两方面:文化革命和政治革命,目的是要批判和重建民主制度。

人们之间的直接关系是社会的微观结构,是政治制度的终极关怀,而自由主义民主政治却忽视了这个至关重要的问题。因此必须首先通过文化革命重新塑造人们之间的直接联系,把他们从固定的社会分工和等级制度中解放出来,使不同类型的人们都能有更多机会也更广地体验自由的联合。① 文化革命理论来源于20世纪初期现代主义文学和哲学的成就,即人的个性有无限的发展可能,总会要求超越社会制度的约束来争取更大的自由。对于人的自由联合的最大威胁是社会角色划分。因此,生硬的社会角色划分就应成为文化革命首要的攻击目标。文化革命的具体内容有两个来源,一是国际大众文化(international pop culture),一是"第三世界极左派(ultra-leftists)"的著作。② 昂格尔还特别欣赏毛泽东的"批评与自我批评"理论,对中国的"文化大革命"大加赞赏,认为它"破坏了既存的党和国家的官僚机构并产生了新人,尤其就他们对待权威的态度来说,他们是新人"。③ 文化革命只是意识领域里的转变,不涉及在社会制度领域中的改革,但"改变了的个人关

---

① R. Unger, *The Critical Legal Studies Movement*, p. 26.
② R. Unger, *False Necessity: Anti-Necessitarian Social Theory in the Service of Radical Democracy*, pp. 630-631. 转引自 William Ewald, "Unger's Philosophy: A Critical Legal Study", p. 740。
③ Ibid., p. 761.

系形式能反过来推进重要的体制改革",①这些体制改革则属于政治革命的范畴。

民主的现代观念是多种多样的,但所有的民主观念都有一个基本的共同点:"政府决不能沦为一个集团的永久人质"。② 这个集团可以指阶级、党派和其他任何稳定的、有共同利益的团体。在社会存在明显的、强硬的社会分工和等级制时,这个基本共识就毫无意义。因此理想的民主概念必须符合这样一些具体的要求:首先,建立的经济和政治制度应能使较小的团体也有很大的投资权来获取发展;其次,解决工厂、官僚机构、医院、学校等社会组织中的不民主现象,使人们除了有政治的民主权利之外,也能在这些机构中免受不公正的权力的压迫,否则这些权力将会侵蚀民主政治的根本。

昂格尔在《批判法律研究运动》中指出他的政治改革方案只需对现行的自由主义民主制度进行调整就可推行,"严肃的改造者会明智地理解这种作为基础的结构并集中注意点滴改造"。③ 但在《政治:建设性社会理论中的一环》这部新作中,他进一步提出了"大众政治"的改革方式,认为政治革命的任务要由"草根民众组织"来承担,为了推行改革,人民可以夺取政府权力,"除非人民获得了参与争夺政府权力斗争的工具,否则草根民众运动就毫无希望"。④ 这些工具是什么呢? 它可以是选

---

① R. Unger, *The Critical Legal Studies Movement*, p. 25.
② Ibid., p. 27.
③ Ibid., p. 30.
④ R. Unger, *Social Theory: Its Situation and Its Task, A Critical Introduction to Politics, A Work in Constructive Social Theory*, p. 75.

举票箱里的斗争也可以是"在革命斗争的背景下暴力地夺取政权"。①

3. 超自由主义的改革方案

"分散式经济与多元民主的现存形式对于自由和平等的传统理想来说,既不是必要的也不是最好的表达"。② 超自由主义要建立理想的民主制度,必须在政府组织、经济和权利体系三方面进行改革。

(1)政府组织的改革。最重要的问题是寻找恰当的限制政府权力的方式,从而在限制政府权力的同时使政府仍然能保持实行改革的活跃机能。③ 因此,必须实行这样一些措施:首先,使政府部门多样化,避免权力过大的部门对人民主权造成危害,压制党派竞争;其次,解决众多政府部门之间的冲突应依据优先原则和诉诸选民投票解决;最后,执政党制定政治计划并应有机会实行这些计划,推行社会改革。

(2)经济组织的改革。现代自由主义国家推行的市场经济制度存在严重弊病,在市场秩序中处于优势地位的集团为了维护自己的既得利益,限制小规模企业的发展、生产技术的更新和劳动力的重新组合,并且把持政府阻碍经济增长政策的推行。为了克服这些弊端,必须建立一个以"交错使用的资本基金"(a rotating

---

① R. Unger, *False Necessity: Anti-Necessitarian Social Theory in the Service of Radical Democracy*, p. 432. 转引自 William Ewald, "Unger's Philosophy: A Critical Legal Study", p. 736。

② R. Unger, *Social Theory: Its Situation and Its Task, A Critical Introduction to Politics, A Work in Constructive Social Theory*, pp. 6-7.

③ See R. Unger, *The Critical Legal Studies Movement*, p. 31.

capital fund)为核心原则的经济制度,[1]由政府成立专门机构,负责临时分配贷款给工人团体或技术人员团体,支持他们的有风险的或社会效应较大的经济项目,并以这种贷款的利息所得作为国家基本财政收入。得到贷款的团体将把投资该项目所得的利润一部分作为利息返还,一部分分配给它的每一个成员。这个经济制度可以培养新的产业、丰富市场、避免投资权力的垄断。要推行这种制度,还必须以相应立法分散财产权,防止社会不同阶层收入悬殊,出现资本的过度集中。

(3)建立新的权利体系。个人安全依靠两种权利来保护:财产权和政治、福利权利,而前者会产生人与人之间的依附关系,这是传统权利制度的第一个内在弊病。第二个弊病则是,把权利视作是权利主体自由决定的、界限封闭的行动范围,而认为义务只能由自愿协议或国家单方面强加而产生,这种权利义务概念不利于集体生活的形成。为了消除这两个弊病,法律应建立一个包括四种权利的全新的权利体系。

a. 市场权(market rights),指人们在一定条件下可以临时提出分配社会资本的要求,这显然是要贯彻"交错使用的资本基金"原则,重新组织市场。昂格尔的市场权的组织原则是一个信贷体系,其中投资基金作为银行和债权人,劳工团体作为生产者和债务人。依据这一原则,所有可使用的资本将由一些中央执行机构控制,这些机构分配资本给半独立的投资基金,后者执行两种功能:"资本

---

[1] See R. Unger, False Necessity: Anti-Necessitarian Social Theory in the Service of Radical Democracy, 转引自 Horst Eldenmuller, "Unger's system of rights (Part 2)", *Law and Philosophy*, Volume No. 2, May 1991, pp. 126-127。See also R. Unger, *The Critical Legal Studies Movement*, p. 35.

定量配给"或"资本运转"(capital rationing or rotation)和"资本拍卖"(capital auctioning)。在定量配给体制下,"凝固的财产权"(consolidated property)将被"市场权"取而代之,后者"代表对社会资本的可分割份额的有条件的和临时的要求"。① 投资基金将使一般条件下的工人团体不定期得到资本。② 在资本拍卖体制下,工人团体为了进行高风险的或社会效应较大的项目,通过承诺付给资本拍卖基金比资源现行使用者更高的使用费用,可以购买其他人的资源。③

b. 团结权(solidarity rights),是同他人自由联合过集体生活的法律权利。昂格尔认为,自由主义的私法体系把社会视作是一个由陌生人组成的世界,为了再造共同生活,必须用团结权"拉近我们的共同生活关系,使我们彼此相爱"。④ 团结权是建立在一种新的关于义务来源的理论上的,从一般意义上来说,其中的一些义务是可以强制实行的。传统法律理论认为义务的两个主要来源是"国家单方面强加的义务和为了订立契约所必需的与既定程序完全相符的相互关联的合意"⑤,昂格尔认为这一理论是对义务的误

---

① R. Unger, *The Critical Legal Studies Movement*, p. 39.
② Ibid., p. 35.
③ See R. Unger, *False Necessity: Anti-Necessitarian Social Theory in the Service of Radical Democracy*, p. 495. 转引自 Horst Eldenmuller, "Unger's System of Rights (Part 2)", p. 127。
④ R. Unger, *False Necessity: Anti-Necessitarian Social Theory in the Service of Radical Democracy*, p. 594. 转引自 William Ewald, "Unger's Philosophy: A Critical Legal Study", p. 753。
⑤ R. Unger, *The Critical Legal Studies Movement*, p. 81.

解,义务真正的来源应是社会公认的人与人之间相互的道德责任。① 在超自由主义社会中,必须以法定的相互扶助的责任来贯彻团结权,也就是说,某些以往只被作为道德要求的责任(例如救助贫困的亲友、邻居)将被规定为法律义务。

c. 豁免权(immunity rights),它给予个人更多的反抗国家、社会组织和其他个人的不正当干预的机会和更具体的反抗手段,它的内容丰富性使它不同于传统自由主义权利体系中的个人保护手段,它可以"把社会组织的僵硬性缩小到最低限度"。② 豁免权具体包括两种形式:退出社会组织的权利和享受社会福利的权利。依据前一种权利,当社会中形成了生硬的、不可移易的分工形式和等级制度时,个人可以选择从固定的社会秩序中退出(没有任何其他权力可以阻止他退出),不再参与其中的活动,或是不再履行自己应在其中履行的社会义务。③ 依据后一种权利,当个人行使退出的权利以后,他仍然享受社会的各种经济福利。

d. 动摇权(distablization rights),它是个人破坏不合理的现存制度、社会秩序的要求,用来打破违反宪法精神的社会分工和等级制模式。动摇权在豁免权受到侵犯时行使,④它包括两种方式:一

---

① R. Unger, *The Critical Legal Studies Movement*, p. 84. 与此相关的另一个问题是,昂格尔认为自由主义对自由的传统定义——个人做自己想做的事的能力不受外界干扰——也是过于狭隘的,这种消极形式的自由定义只关注政府强制对个人选择的威胁,而忽略了自我以外他人的存在,他认为真正的自由是"个人实现善的能力"。R. Unger, *Knowledge and Politics*, p. 279.

② R. Unger, *False Necessity: Anti-Necessitarian Social Theory in the Service of Radical Democracy*, p. 527. 转引自 William Ewald, "Unger's Philosophy: A Critical Legal Study", p. 739。

③ See R. Unger, *The Critical Legal Studies Movement*, p. 39.

④ Ibid., p. 54.

是直接使某些法律无效,二是破坏某些实际部门和特定社会实践中的权力秩序。为了实现人民的动摇权,政府将专门成立一个"第四部门"来执行人民的动摇请求。

三、理论意义及缺陷

昂格尔是一个理论抱负十分宏大并且勤于探索的思想家,他兼有渊博的学识和对终极意义的执着关怀、冷静的理性批判意识和热情的感性气质,这使他的理论体系既呈现出阔大的气势和一针见血的洞见,也存在一些复杂的矛盾之处。"怎么可能设计一种方法上具有一般性而在历史细节上又具有丰富性的社会理论呢。"①昂格尔一直在努力超越这个方法论的难题,避免"在限制其理论的普遍性和牺牲其理论的准确性之间进行选择"。② 他确实没有限制他的理论体系的普遍性,但却没有成功地避免后一个缺陷。

能够提出学科领域内一直为人模糊地意识到但却没有被明晰、系统地表述出来的症结性问题,并就此创造一系列有典型概括意义的新概念,这就是对社会科学理论发展的创造性贡献。就这一点而言,昂格尔的批判理论无疑有其成功之处。昂格尔在《知识与政治》中对自由主义理论深层结构及其内在矛盾的概括,在《现代社会中的法律》中对现代法治的核心理念及其不可实现性的剖析,是他的理论中最有价值的部分。在价值主观性的前提下,是无从发现中立的、自动检索正确答案的法律推理工具的,只要这个工

---

① 〔美〕昂格尔:《现代社会中的法律》,第18页。
② 同上书,第19页。

具是被有情感偏向的人所操纵。同样,仅凭以权力制约权力的机械性制度设置,也不可能完全有效地制约权力,实现权力的非个人化,而只能达到对怀着各自不同的目的的人们之间的利益的妥协。自由主义的法治不是什么理想化的设置,而只是一个为了避免最坏结果发生的权宜之计,"党争的原因不能排除,只能用控制其结果的方法才能求得解决"。① 当代自由主义法律理论力图向人们证明,法治只是权宜之计并没有什么不妥,而且它应是永远存续的权宜之计,因为丧失了它人类自由就会堕入永劫不复的深渊。昂格尔则力图驳斥这样的证明,法治固然只是手段而非目的,但它并不一定会永远存续,而且它已经开始没落。自由主义理论是为现存的资本主义政治法律制度辩护的思想体系,这种"社会顺从主义"式的理论取向会扼杀现存制度变革的动力。他坚信,人类社会不能永远只以被动无力的权宜之计来延续文明,而应在避免丧失自由的同时,争取主动来创造性地推进文明。这个视角如果定位在社会、文化批判层面并不鲜见,而昂格尔则试图超越这个界限,将它定位在规范性的法律理论领域,这种超越到底是否成功呢?

1. 自由主义:价值中立还是价值虚无?

"在过去的半个世纪中,尤其在法学思想与经济学方面,自由主义逐渐丧失了自己的主旨和自己的鲜明面貌。在自由主义的标签下,互不相容的杂七杂八的目标都混在一起,乱成一团,其混乱的程度,是任何别的主要政治意识形态,甚至包括社会主义在内,

---

① 〔美〕汉密尔顿、杰伊、麦迪逊:《联邦党人文集》,程逢如等译,商务印书馆1980年版,第48页。

都无法与之比拟的。"① 要对一个如此混乱的理论传统进行批判,当然首先需要对批判对象作个清楚的界定。批判法学的另一位代表人物凯尔曼认为昂格尔没有对此作出清楚的界定,他说昂格尔定义的自由主义是一个"极度延伸的概念",② 指责昂格尔的"总体批判"打击面过宽,忽略了霍布斯、哈耶克等人理论中的现实性一面。昂格尔对自由主义的定义是否真是极度延伸的,因而难以把一种解释强加于彼此之间差异极大的各种自由主义理论呢?如果把自由主义理解为某一个思想家或某一学派的特有理论,那么昂格尔概括的包括六个基本原则的自由主义确实难以找到归属人。显然,不能从这个角度来理解昂格尔所说的自由主义,那么它到底意味着什么呢?是对一个较有代表性的具体理论模式的结构分析,是对自由主义思想家共同接受的理论前提的总结,还是从不同的理论中断章取义拼凑而来的一个新奇的发明物呢?对昂格尔持激烈批判态度的艾瓦德(William Ewald)认为昂格尔的自由主义只能是最后一种意义的,是一个有意创造出来的"供驳斥的靶子"。③

艾瓦德指出,驳斥一种理论传统可以使用三种战略。第一,理想的战略,即从这个传统中选取一个公认最好的理论模式并证明它是失败的,由此也证明比它更差的理论模式也必然失败。第二,核心战略,表明这个传统中所有理论都有一系列共同的假定,再证明这些假定会导致不可接受的结论或产生自相矛盾。第三,聚合

---

① 〔英〕安东尼·德·雅赛:《重申自由主义》,陈茅等译,中国社会科学出版社1997年版,第11页。
② Mark Kelman, *A Guide to Critical Legal Studies*, Harvard University Press, 1987, p. 72.
③ William Ewald, "Unger's Philosophy: A Critical Legal Study", p. 683.

战略,是"从这里抓取一些论点再从那里抓取另一些,然后证明它们之间产生矛盾"。① 艾瓦德认为,昂格尔没有采取理想的战略,他概括的六个基本原则没有被公认为是自由主义理论模式的最佳版本。他也没有采取核心战略,昂格尔自己也承认,没有任何一个自由主义思想家会全部接受这六个原则。艾瓦德由此断言,昂格尔采取了最为荒谬的聚合战略,因此他对自由主义的批判除了证明自由主义不是一个统一的政治理论之外毫无意义。而事实上,自由主义从来就不是统一的理论模式,它有无数的分支。

艾瓦德揭示出这个概念确有很多模糊之处,但他把它说成是昂格尔凭空臆造出来的一个假想敌却又过于武断了。有的主流法学学者认为昂格尔"把自由主义等同于西方的现代性",②而昂格尔自己却明确否认了这一点。③ 另一名学者科奈尔(Cornel West)指出艾瓦德从词典编纂式的角度来批评昂格尔的自由主义概念是对昂格尔的误解,昂格尔十分强调理论与实践之间的联系,"知识"和"政治"是一对相互支持的盟友,"他所批判的自由主义是自17世纪以来通常被政治家和其辩护士用来作为权力运用的理由的一套观念"。④ 这也许才是对昂格尔自由主义概念实质的最合理的解释。自由主义理论是支持自由主义政治和法律实践的典型的观念模式,这里昂格尔显然是运用了"理想型"(ideal type)的认识方法。依照韦伯的解释,"理想型"是"由抽象建构而成的",它"被看作或

---

① William Ewald, "Unger's Philosophy: A Critical Legal Study", p.683.
② Russell Hittinger, "Roberto Unger: Liberalism and 'Superliberalism'", p.119.
③ See R. Unger, *Knowledge and Politics*, p.8.
④ Cornel West, "CLS and a Liberal Critic", p.764.

被猜想在某种程度上是存在于现实的",①实际上,理想型在任何时候都不会以纯粹形态存在于现实中,它只表示某种现象是接近于典型的。从自由主义传统的发展历史来看,昂格尔的"深层结构"论"是历史的自由主义的理想化"。②

"对昂格尔方法的最好理解是把它视作一种知识社会学",③当代自由主义理论为之辩护的多元民主和分散型经济已经在全球形成了狂热的"制度拜物教",偏离这一模式的制度实践在第三世界国家的屡遭蹭蹬更加重了这种狂热情绪。许多这种失败都根源于第三世界国家复杂的历史原因,而自由主义理论家们却把原因仅仅归咎于"偏离"本身。在承认当代自由主义政治法律实践创造了迄今为止最好的一个制度范例的同时,我们也必须看到自由主义理论是如何阻止对这一制度进行实质性批判的任何努力的。"批判法学并不是简单地把法律等同于政治,而是试图阐明主流的法律实践是怎样支撑着一种特定形式的政治和它为什么这样做。"④

在昂格尔对自由主义深层结构的分析中,引起最多争议的是他提出的"可理解的本质"和"价值主观性"这两个概念。前文已述,昂格尔认为,所谓"可理解的本质"是一个前自由主义的、古代的观念,意指万事万物的本质都是可以被认识的,语言对事物的分类也都恰如其类。自由主义心理学否认事物存在"可理解的本

---

① 苏国勋:《理性化及其限制——韦伯思想引论》,上海人民出版社 1988 年版,第 283 页。
② William Ewald, "Unger's Philosophy: A Critical Legal Study", p. 677.
③ Francis Russell Hittinger, "Roberto Unger: Liberalism and 'Superliberalism'", p. 120.
④ Cornel West, "CLS and a Liberal Critic", p. 767.

质",人的意识不能确知事物为何和它们之间的关系为何,因而对事物的分类有无数种方式,可以依照任何一种约定俗成的语言或标准。昂格尔把"可理解的本质"明确归于古希腊哲学尤其是亚里士多德哲学。毋庸置疑,贯穿西方哲学史的最关键问题即是认识论上的主体对客体的认识可能性问题,希腊哲学中关于"一"与"多"的争论,中世纪经院哲学中的唯名主义与唯实主义之争,现代语言哲学中的本质主义与反本质主义之争,都是紧紧围绕这一问题的。昂格尔把自由主义的哲学基础界定为唯名主义和反本质主义,主要是依据他对霍布斯哲学的理解。而实际上,近代以来的自由主义思想家并不全都是反本质主义的。

昂格尔认为自由主义否认价值存在"可理解的本质",因而在价值观立场上自由主义是坚持价值主观性的。艾瓦德认为昂格尔得出这一结论的逻辑是过于刻板的,"昂格尔的意思似乎是说,如果价值不能像那些你可以把自己的腿放在上面的东西那样在世界上存在,那么法律制度就是完全专断的"。[1] 很多主流法学家也都认为自由主义的价值观念并不像昂格尔所说的那样主观。"在自由主义的中心存在这样的一个人人平等的信念:所有的人作为公民和法律承认的人在形式上是大体平等的"。[2] 凯尔曼也指出,昂格尔忽视了盎格鲁-撒克逊传统中功利主义与民主观念的结合是可以产生一致接受的道德信条的。关于这一点昂格尔在阐述价值主观性原则时已经表明,价值在它只能由个人所有和任意选择的意义上才是主观性的,他并不否认自由主义社会中会存在共享的

---

[1] William Ewald, "Unger's Philosophy: A Critical Legal Study", p. 712.
[2] Stephen Holmes, *The Anatomy of Antiliberalism*, Harvard University Press, 1993, p. 159.

价值，它因为被很多人共有而成为道德信条，但这个道德信条除了显示一种优势的需求外并不具有必然意义的正当性。

昂格尔在对自由主义的批判分析中，确实存在用语漫不经心、逻辑刻板的毛病，但在对他的方法论予以深刻体察之后，必须承认他确实洞悉了自由主义理论的根本缺陷，即"当代自由主义是一种不具有任何社会理论的政治哲学"，①当代自由主义的人性论前提是把人视作孤立的、原子化、自利的个体，这使得它无从确立社会政治制度的正当性，这已成为当代自由主义阵营的思想家们不得不正视的一个问题。为了防范国家强制对个人自由的威胁，一个自由主义的政府只能在价值上保持中立，批判法学固然不应"把政府对美德的观念持中立态度的那个原则与关于正义原则的所谓中立性混为一谈"，②但昂格尔对此还是提出了一个十分尖锐的质疑：这种中立真的可能做到吗？正如桑德尔已经指出的，自由主义者应对当代原教旨主义的甚嚣尘上负责，因为当代政治自由主义的"公共理性见解太贫乏简单，以至于无法涵摄一种活生生的民主生活的道德能量，因之它造成了一种道德空白，给不宽容的、琐碎的和其他误导性的道德主义打开了方便之门"。③

2. "超自由主义"的乌托邦色彩

在批判法学阵营中，昂格尔无疑是理论抱负最为远大的。他不仅试图掘去现代主流法律思想的基础，并且要用另一种法律的

---

① 邓正来："哈耶克的社会理论——《自由秩序原理》代译序"，见〔英〕哈耶克：《自由秩序原理》，上册，第46页。
② 〔美〕德沃金：《法律帝国》，李常青译，中国大百科全书出版社1996年版，第391页。
③ 〔美〕迈克尔·J.桑德尔：《自由主义与正义的局限》，万俊人等译，译林出版社2001年版，第265页。

概念来代替它们。但后者远远要比批判本身艰难得多,昂格尔为了构建他的"超自由主义"大厦,遍览了西方社会批判理论的各种新锐思潮,借用了其中包括现代主义艺术在内的所有时髦元素,这使批评家们不能不服膺他的著作表现出的异乎寻常的博学。但尽管昂格尔一再声明他的"超自由主义"设想只是一个"调整性的理想"、一个远不完善的初步行动纲领,其中却已暴露出足够多的自相矛盾和不切实际之处,实际上对这一理想进一步的发展已无可能。波斯纳指责批判法学"对自由主义价值的否定并希望以什么——但还不知道的——东西来取代它们至少是鲁莽的",[①]这个指责对昂格尔也同样成立。

以《批判法律研究运动》为界,昂格尔明确放弃了他前期理论中对自由主义的彻底否定态度,又转而表示接受自由主义的基本价值,只是要以更为激进的形式来推进这些价值。自由主义的基本价值不是"个人自由"这个简单的标签,而是对"个人自由"所作的消极式理解,"任何自由主义理论,无论是松散的或是严格的,都很关心去探索国家的强制究竟超过了那个限度就不再是合情合理的",[②]因为垄断合法暴力的国家强制是对个人自由最大的威胁。同样,任何自由主义理论,无论是松散的或是自由的,也都坚持个人自由必须受到来自国家和社会的适度限制,如果没有这些限制,个人自由就只能成为强者凌虐弱者的自由。昂格尔声称接受自由主义的基本价值,但他对自由的理解显然并不认同这些共识。在《知识与政治》中,昂格尔明确表示了对自由主义传统的消极式自

[①] 〔美〕波斯纳:《法理学问题》,苏力译,中国政法大学出版社1994年版,第522页。
[②] 〔英〕安东尼·德·雅赛:《重申自由主义》,第28页。

由定义的异议,认为真正的自由是"个人实现善的能力"[①]。在以后的著作中,他一方面坚持他对自由的这种理解,要求重塑人与人之间的直接联系,把"社会公认的人与人之间相互的道德责任"规定为强制性的法律义务,实现人民的团结权;一方面又表现出对个人自由的任何形式的公共强制的厌恶,人民可以自由地行使豁免权退出所有他认为是不可改变的社会秩序,可以拒绝一切生硬的社会角色划分,拒绝一切压制自我个性的社会强制,在这些时候,他理解的自由又是一种率性而为、不受任何牵绊的自由。昂格尔对自由的这种完全矛盾的理解导致他的制度改革设想尤其是权利体系设想中存在很多自相矛盾的地方。设想 X 和 Y 同是一个劳工团体的成员,X 勤勉而敬业,在技术上更为熟练,Y 愚钝而懒惰,他所做的工作总是远远不及 X,显然 X 会比 Y 挣到更多的钱,有更好的生活机会。Y 会要求实现自己的"团结权",X 则有义务来帮助生活相对贫困的 Y,按照昂格尔对"团结权"的设想,这种义务是强制性的。X 和 Y 在团体中这种固定的地位同样也是一种"生硬的角色划分",重复多次以后,X 会感到难以忍受,他同样可以行使自己的"豁免权",要求退出这种固定的社会秩序,理论上是没有谁可以阻止他这么做的,只要他感到重复的社会活动已经变成了难以忍受的"生硬的角色划分",他就可以自由地退出,而且可以继续享受社会的各种经济福利。他终于发现,与其在团体中勤勉地劳动而让懒惰的人分享自己的劳动成果,不如从社会中退隐坐享他人的劳动为自己带来的福利。

昂格尔对自由主义的理解要么是别出心裁的,要么他对自由

[①] R. Unger, *Knowledge and Politics*, p. 279.

主义价值的接受就是半心半意的。实际上他真正欣赏的是伯林所说的积极式自由,他把自由定义为个人"实现善的能力",一再强调要通过文化革命、解构政府权力来重塑个人之间的自然联系,使个体在与他人的自由联合中促进彼此间的同情与友爱,实现自我人性的善。对于那些不能自觉实现自我善性的意志软弱的个体,其他社会成员对他主张团结权、强制他向他人履行友爱义务,则可以帮助他实现自我的善性。昂格尔对团结权以及相关强制性义务的设想几乎与卢梭的"强迫自由论"如出一辙。卢梭也把自由理解为个人"实现善的能力"即道德的自由,但善与道德不取决于个体主观的任性选择,而取决于"公意",也就是昂格尔所说的"社会公认的人与人之间相互的道德责任"。"只有私人意愿与公共意志完全一致,每一个人才是道德的。""任何人拒不服从公意的,全体就要迫使他服从公意。这恰好就是说,人们要迫使他自由。"[①]这种自主选择与集体强制的悖论,正是"积极式自由"内在的无法克服的自我矛盾。不同于卢梭的是,昂格尔还试图把"积极式自由"与"消极式自由"相调和。自由也是不受外界限制(尤其是来自政府的强制)去实现自我选择的能力,昂格尔在坚持积极式自由的同时,又把消极式自由张扬到了极致,试图根除对自我选择的所有可能的社会限制,他对个人"实现善的能力"表现出过于天真的轻信,以至于未对"豁免权"和"动摇权"的实施作出任何限制性规定,甚至根本未曾设想个人滥用这些权利的可能性。"超自由主义"是一个怎样的社会呢?在这里,每个人都可以退出一切令自己厌恶的社会秩

[①] 〔法〕卢梭:《社会契约论》,何兆武译,商务印书馆1982年版,第41—42、29页。关于卢梭"强迫自由论"的分析,请参见朱学勤:《道德理想国的覆灭——从卢梭到罗伯斯庇尔》,上海三联书店1994年版,第77—80页。

序,因为几乎所有社会秩序、角色划分、资源配置、权力分配都不可能是永远流变的,都会在某一个时刻或时段凝固而不可移易,每个人同时也都可以法律的名义自由联合颠覆这些"凝固而不可移易"的社会秩序,就像一个灵感不断跳跃的艺术家,只要看见画布上出现一个不能让自己满意的笔触,就可以撕去它重画"最新最美的图画"。

昂格尔对权力的态度也如同他对自由的理解一样地自相矛盾,"超自由主义"中的制度设想一方面试图不断顺应"草根民众"的平等要求去解构既定的权力秩序,一方面又试图设立比现存权力机构更具威力的集权机构来完成这一解构权力的使命。"动摇权"是昂格尔法哲学中最为新颖也最令人困惑的概念。问题出在,"昂格尔对于滥用动摇权个人防御手段没有表示防备"。① 依照他的理论,动摇权可以在很广的范围内行使,任何被认为是侵犯了个人豁免权的法律都可以使之无效,而任何人只要认定社会中存在固定的权力秩序,就可以行使第二种动摇权,要求分裂这种秩序。政府应设立一个"第四部门"来负责动摇权的实现,执行大众的动摇请求。昂格尔是否意识到,这个权限这样广泛、权能如此之大的专门机构,简直可以成为政府的头号机关,如果在它内部形成了固定的权力秩序,可以操纵民情谋求自己的集团利益,那又如何实现人民的动摇请求,推动社会不断重创呢?从另一角度来看,这个"第四部门"的内部权力秩序是否也是第二种动摇权可以指向的对象呢?昂格尔也没有谈及这个问题。"动摇权"这个令人困惑的概念表明昂格尔虽然表面极力批判政治权力对个人自由的威胁,实际上潜意识里"他过于迷恋权力的问题",②

---

① Horst Eldenmuller,"Unger's System of Rights (Part 2)", p. 139.
② Francis Russell Hittinger, "Roberto Unger: Liberalism and 'Superliberalism'", p. 128.

"动摇权"的行使只会使超自由主义社会沦为铁腕人物的独裁或是彻头彻尾的无政府主义,历史实践的教训也已很多次表明,动辄诉诸民众直接干预的政治制度只会导致这两种结果。

昂格尔在他的"超自由主义"社会中还完全摒弃了现代自由主义政治理论中最为核心的进化理性观,他坚持认为社会是人造的,而不是对什么客观必然性的自发反映,因此社会必须不断被重创、被重新设计。他极为浪漫地把"人为社会"论溯源于现代主义艺术的叛逆精神,并把文化革命的希望寄托在第三世界极左派的身上,对中国"文化大革命"的反权威性大加赞赏。在这一点上昂格尔显然没有翻出比 20 世纪 60 年代的新左派前辈们更多的花样。昂格尔的超自由主义理想中并没有什么新的东西,在其中可以看到卢梭的民粹主义、法兰克福学派的文化批判理论、存在主义和现代解构主义的局部反抗理论、尼采的唯意志主义和现代主义艺术为了叛逆而叛逆的精神。昂格尔的社会改革理论无疑是一个不适当的理论越位,毋庸讳言,"内受制于规范,外受制于批判,政治国家才能最终改变对市民社会的凌驾态势",①但侧重于价值理性的批判只能定位于社会、文化批判,批判法学的理论实践证明,这种批判也可以在一定程度上涉足法律实践,但如果再进一步,提出理想化的政治设计,就难免沦为空想。昂格尔面临的理论困境也许会使他退回到文化批判、社会批判的立场上去,这对于批判法学的未来发展也是一个难题。

3. 昂格尔前后期理论的断裂

昂格尔在批判自由主义的同时也一直在进行自我批判,因此他的很多早期的观点在后期著作中都不再有任何痕迹,包括对个

---

① 朱学勤:《道德理想国的覆灭——从卢梭到罗伯斯庇尔》,第 284 页。

人主义、价值主观性的批判和有机群体论。有些学者认为他的前期著作(《知识与政治》)和后期著作(《批判法律研究运动》和《政治:建设性社会理论中的一环》)之间存在"认识论的断裂",是从一个自命的新亚里士多德(neo-Aristotelian)论者向一个热烈的反基础论(anti-foundational)者的转变,①也有人说是从新亚里士多德哲学向激进的存在主义的转变。② 前文已述,昂格尔在早期著作《知识与政治》中对自由主义的反本质主义与反基础论是大加批判的,并且明显表示了对希腊古典哲学中认识论与伦理学的兴趣。他在后期著作中一再强调"社会结构的永远流动性""反必然性""反自然化",这却是典型的反基础论论调,而且昂格尔对他的理论的这种重大转变几乎未作过任何解释。昂格尔自己如何看待他的前两部著作,现在还不得而知。但他确实没有再提及"可理解的本质""价值主观性""个人主义""有机群体"这些他曾经津津乐道的概念,也丝毫没有解释超自由主义社会如何解决他已经揭示的理性与愿望之间、规则与价值之间的紧张关系。昂格尔对此不作解释,是他的理论的一个致命缺陷,这无异于默认他的早期批判理论是失败的。实际上恰恰相反,由于他在后期理论中表现了过度的政治热情,丧失了学者应有的禁欲精神,他的超自由主义社会设计暴露出很多不切实际、自相矛盾的地方,远不及他的前期理论更经得起推敲。

斯蒂芬·霍姆斯(Stephen Holmes)在他的著作《解剖反自由主义》中把反自由主义者分为两类,集体主义的保守派(the communitarian conservative)和反文化的激进派(the countercultural

---

① Cornel West, "CLS and a Liberal Critic", p. 757.
② Francis Russell Hittinger, "Roberto Unger: Liberalism and 'Superliberalism'", p. 120.

radical),前者指责自由主义太过无政府主义,后者则指责自由主义无政府主义得还不够。① 而昂格尔则兼具这两种倾向,在《知识与政治》中,他是一个保守的集体主义者和古典的性善论者,在《批判法律研究运动》以后的著作中,他又是极端的个人主义者,认为自由主义还不够个人主义。② 昂格尔理论中这种极度的矛盾也许并不需要归因于他在思想历程上的转变,用弗洛伊德的术语来说,这是一种"结构性自相冲突",③在昂格尔对自由主义传统的批判中,他同时持有两种完全矛盾的价值观、两种不同的批评主旨,一种是导源于亚里士多德的关于善的古典哲学,一种则是导源于新马克思主义异化理论的文化批评哲学,因此他的社会改革理论才会在社群主义和激进的存在主义之间矛盾反复,他试图把这两条反自由主义的路径融合起来,结果却是导致了更多的矛盾和漏洞。④

结论　难以超越的自由主义

自由主义自近代以来一直受到来自保守主义和社群主义的批评,批评的焦点即着眼于其个人主义和价值主观性,前文已述,自由主义理论最大的缺陷即在于缺乏一种关于人性和善的社会理论

---

① Stephen Holmes, *The Anatomy of Antiliberalism*, p. 141.
② Ibid., pp. 158-159.
③ 参见〔美〕杰姆逊:《后现代主义与文化理论》,唐小兵译,北京大学出版社1997年版,第50页。
④ 关于这种反自由主义的"结构性自相冲突"的另一个典型个案是卢梭的理论,很多西方学者都认为卢梭的《论人类不平等的起源和基础》与《社会契约论》之间存在理论的脱裂(参见朱学勤:《道德理想国的覆灭——从卢梭到罗伯斯庇尔》,第75页。)但卢梭是前期反异化(《论人类不平等的起源和基础》),后期反个人主义(《社会契约论》),这恰好同昂格尔形成鲜明的对照。

作基础,更确切地说,是缺乏一种整全性(comprehensive,一译为完备性)及一般性(general)的正义理论。① 自由主义是一种没有形而上学根基的政治理论,它的宗旨是构建一套以个人权利或利益为出发点的政治制度。但实际上,在构建具体社会政治制度时,它又不可能不依赖一套关于人性和善的形而上学理论,因为"任何契约式的政治理论都必须事先假定一种道德上的整全理论,这个整全理论给予在前政治性的自然状态中的立约者一种去与别人定契约的理由"。② 罗尔斯在《正义论》中为了解决这一难题,提出了极富创见的"原初状态"(original position)说,"原初状态"中的个体在"无知之幕"(veil of ignorance)的遮蔽下,避免了主观的价值判断,他们在构建社会政治制度时会选择"在作为谁也不知道自己在社会和自然的偶然因素方面的利害情形的平等者的情况下都会同意

---

① 参见石元康:《当代西方自由主义理论》,上海三联书店2000年版,第212页。"所谓整全性的理论是指一种理论它包含人生的价值是什么、个人的德性与性格的理想以及类似的东西,这些东西告诉我们所应该采取的行为(最整全的理论告诉我们整个人生应该怎样作安排)。所谓一般性的理论则是指,这个理论可以被用来对不同的主题作评估,例如个人的行为、社会的某些制度、国际关系等。最一般性的理论也就是能够被应用来对所有的主题作评估的理论。"

② 石元康:《当代西方自由主义理论》,第226页。近代自然法学方法论上的最大缺陷即在于必须诉诸人性论的理论前提才能推论出自然法与社会契约的具体内容,而这一前提本身是无法证明的(不同的学者采取什么样的人性论前提取决于他们所处时代与社会的不同情况),从霍布斯、洛克关于人性的完全矛盾的认识即可以充分证明这个弊病。卢梭认识到了这一点,他指出"自然法的真正的定义之所难于确定而且模糊不清,就是因为我们不认识人的本性的缘故"([法]卢梭:《论人类不平等的起源和基础》,李常山译,商务印书馆1982年版,第75页),并且批评他的同辈学者们"论述的是野蛮人,而描述的却是文明人"(同上,第82页),指责他们把对自己同时代人的理解强加于野蛮人。而他自己为了解决这一问题,使用了简单的"心理还原"的方法,即社会的人有什么特性,野蛮人就肯定没有,因此他描述的野蛮人是感性的、独来独往的,但他认为感性的人虽无是非善恶之心,却天然倾向于道德,这同样是一种没有根据的假设。

的原则",①这确保了在"原初状态"下达成的社会契约的公平性。对此,桑德尔提出了针锋相对的批评,他认为罗尔斯的理论中也蕴含着一种未经证明的人性理论,这种理论认为自我可以完全脱离他的目的、目标而独立存在,"自我相对于其目的的优先性意味着,我不仅仅是经验所抛出的一连串目标、属性和追求的一个被动容器,并不简单地是环境之怪异的产物,而总是一个不可还原的、积极的、有意志的行为者,能从我的环境中分别出来,且具有选择能力","在某一目的被选择之前,必然有一个具备选择能力的自我"。② 由此可见,昂格尔对自由主义"深层结构"内在悖论的分析确实是一针见血的,规则与价值之间的紧张关系在形形色色的自由主义理论中都是无法避免的,它们都"没有成功地发现一种结合个人化的、主观性的价值的中立方式"。③

反自由主义理论对自由主义的批判大部分都是试图延续古典的公共理性哲学传统,尽管它们不能提出替代性的社会政治理论,但却迫使自由主义的理论家们正视公共理性的问题,尽可能修正自由主义理论中带有虚无主义色彩的一面,其中最为典型的是罗尔斯对其前期理论的修正。罗尔斯在《正义论》中认为由原初状态推导出来的公正原则是放之四海皆有效的,现在他却不再认为他们的有效性是普遍的,提出"政治自由主义寻求一种政治的正义观念,我们希望这一观念在它所规导的社会中能够获得各种合理的宗教学说、哲学学说和道德学说的重叠共识(overlapping consensus)

---

① 〔美〕罗尔斯:《正义论》,何怀宏等译,中国社会科学出版社1988年版,第17页。
② 〔美〕迈克尔·J. 桑德尔:《自由主义与正义的局限》,第25页。
③ R. Unger, *Knowledge and Politics*, p. 86.

的支持"。① 自由主义理论新的发展趋势展现了它作为一个经典理论传统的韧性和潜在的活力,这一点即便是一些批判法学家也不可否认的,"一个智识上可以被接受、道德上可以被认同和具有实际可操作性的左派社会纲领,如果不以自由主义为出发点而以一种创造性的方式去反思、修正和改善它,就是根本不可能想象的",②而昂格尔虽然声称他的"超自由主义"是以自由主义的价值观为起点的,但正如前文分析的,实际上他的"超自由主义"实质是一种换了牌号的伪自由主义或反自由主义。

发现一种理论的缺陷归一回事,试图以一种新的切实可行的制度设计来代替它却是另外一回事。在昂格尔的"超自由主义"计划中,他关于经济的建议同美国和其他国家正在进行的给工人提供再训练机关、资助高科技产业等措施并没有太大的不同,关于政治和法律改革的建议则是根本不可能实现的。昂格尔理论中的这个困境其实是当代反自由主义理论的通病,"自由主义的批评者对自由主义的批评主要集中在自由主义的道德观与哲学基础上。他们也许会津津乐道自由主义无法为人们提供一套基本的善恶标准。但是,他们在批评自由主义方面比在自身构建一套国家学说方面更有成绩。以今天的社群主义为例。他们对自由主义的批评可谓慷慨激昂,声色俱厉。但是,当人们希望他们提出某种补救自由主义的国家学说时,他们要么拾起历史上法西斯或其他极权主义的牙慧,要么会空泛谈论一些原则,而提不出任何具有实践意义

---

① 罗尔斯:"《政治自由主义》第一讲",万俊人译,载汪晖、陈燕谷(主编):《文化与公共性》,生活·读书·新知三联书店1998年版,第246页。
② Cornel West, "CLS and a Liberal Critic", p. 769.

的政治理论"。① 政治哲学与政治学的不能契合成为当代西方社会理论中最难以解开的死结,难道真的只能在虚无主义和独断论之间作二者取一的选择吗? 如果真的要做这种选择,那就只能是两害相权取其轻的选择,反自由主义理论模式的贫困与反复重现本身就足以证明:自由主义是迄今为止最不差的一种国家理论,作为一个复杂的、仍在继续发展的传统,它仍然具有旺盛的生命力。在这个意义上讲,它真的是难以超越的。"虚无主义可以被克服。因为尽管我们不能理性地证明我们的理论正确,甚至不能证明它们是可能的,我们却可以理性地批评它们。我们可以区分较好的和较糟的理论。"②

(原载《北大法律评论》第 5 卷第 1 辑,
北京大学出版社 2002 年版)

---

① 李强:《自由主义》,中国社会科学出版社 1998 年版,第 217 页。
② 〔英〕卡尔·波普尔:《通过知识获得解放——波普尔关于哲学历史与艺术的讲演和论文集》,范景中、李本正译,中国美术学院出版社 1996 年版,第 114 页。

罗纳德·科斯与非其所愿的法律经济学
——兼谈理查德·波斯纳与非其所愿的中国法律实用主义

1993年,理查德·波斯纳猛烈批判了罗纳德·科斯的方法论,他认为科斯是"反理论的"或"敌视理论的"。科斯和波斯纳对理论有完全不同的理解,科斯认为理论必须在足够的经验证据上归纳得出,并且只用于描述事实,波斯纳则对理论持实用主义的态度,理论只是工具,对工具的评价标准是它的效用。波斯纳把科斯的描述性交易成本理论转变为用于决策制定的规范性理论,这是对科斯理论的一种误用。

1996年,罗纳德·科斯的《社会成本问题》高居美国法律刊物征引率的榜首,出人意料的是,科斯并没有因此感到陶醉,反倒表现得有些困惑和无奈,"这是一篇经济学家为经济学家所写的论文,对法律学术有所贡献本来非我所愿。"[1]没有获得同行的足够认同,反倒是招来

---

[1] R. H. Coase, "The Problem of Social Cost: the Citations", 71 *Chi.-Kent L. Rev.*, 809 (1996). 科斯在获得诺贝尔经济学奖的演讲中也表示了他对这种现象的不情愿,"在此,我不想就它(即《社会成本问题》一文)对法律文献的影响——这种影响一直很巨大——多说些什么,而想主要考虑一下它对经济学的影响,而这一直不很巨大,尽管我认为它的影响很快就会巨大。" R. H. Coase, "The Institutional Structure of Production", in Coase, *Essays on Economics and Economists* 10(1994),转引自〔美〕理查德·波斯纳:《超越法律》,苏力译,中国政法大学出版社2001年版,第476页。

了外行的如潮好评,对一心要把经济学建设得同自然科学相近的科斯来说,实在有点无奈。如今科斯已经百岁高龄了,世间万象应该没有什么看不破的了,人到了这把年纪,多少能参透一点宇宙的奥秘,科斯不会再觉得无奈了,他应该满足于这样一个头衔:一个在法律学界获得了空前认同的经济学家。

科斯在法律学界的影响应当首先归功于理查德·波斯纳,众所周知,芝加哥学派的法律经济学就是借着"科斯定理"开创起来的。如果影响是用征引率和点击率有效说明的,无论科斯还是波斯纳,在中国的影响都将是他们收益最大的,因为中国有人数无他国可以匹敌的法律学术群体。自1990年代以来,波斯纳在不断应对美国主流法理学激烈批判的同时,在中国异域却收获了意想不到的成功。不夸张地说,1990年代以来的中国法理学,已经深深打上了法律实用主义的印记,法律经济学的研究也成为不折不扣的显学,很多省的法学会都已经设立了法律经济学分会。

2012年暑期,芝加哥大学法学院开设了"法经济学"财产法与私法暑期训练营,这是设立于芝大法学院的"法经济学全球化项目"的第一期培训班,学员全部来自中国,包括港澳台地区的学者和研究人员。然而同样出人意料的是,波斯纳亲临现场,表示了对在中国推广法律经济分析和法律实用主义的疑问,他向在座的中国学员提出了一个问题:"在中国是否存在能够容纳对法律进行经济分析的制度结构和法律文化",认为在中国的"民主制度尚未健全"和"法治的观念尚属薄弱"的政治文化内,司法部门应避免"实用主义的风格",而选择去保持

"抽象和形式主义"。① 波斯纳这番表白多少有些强势，他应该很清楚他在中国的影响。然而从阐释学的悲悯原则去看，我宁愿相信这不是波斯纳作为强势话语者的恃强凌弱和文化歧视，而是说出了他作为一个美国法官的真实看法。如果中国需要更多的谨守规则和法律形式主义，不是在中国学者的呼声下得到反响，②反倒是因为一个鼓吹法律实用主义的美国学者的提醒而被瞩目，这又是何等的令人困惑和反讽。

法律经济学早已超越了波斯纳的时代，波斯纳可能并不具有足够的话语威力来让他这样教导中国的法律经济学群体，但不能否认的是，在中国法学的一般读者看来，法律经济学很大程度上仍是由波斯纳代表的，也是从波斯纳开始的。波斯纳也应该满足于这样一个头衔：一个在不需要法律经济学的国家获得了空前成功的法律经济学家，或者：一个在不需要法律实用主义的国家获得了空前成功的法律实用主义者。话说回来，即便波斯纳在中国问题上是对的，那也并不代表他所提倡的法律经济学和法律实用主义就对美国真的适用。回顾一下1990年代波斯纳同科斯的论争，对于更多了解法律经济学和波斯纳对实用主义的推动，或许不无裨益。

---

① 参见田雷："波斯纳反对波斯纳——为什么从来没有学术的自由市场这回事"，《北大法律评论》第14卷第1辑。2006年，波斯纳同访美中国法官的会谈时表达了与此相似的观点：中国更需要形式主义的法治，而不是实用主义。所以波斯纳并不是第一次给中国法学扔这样的炸弹了，只是以前没有在面对大批中国法律经济学学者的场合表达，影响不像这次这么强烈。

② 参见徐爱国："为法治而斗争"，载北大法律信息网，http://article.chinalawinfo.com/Article_Detail.asp?ArticleID=19835；郑成良："论法律形式合理性的十个问题"，《中国检察官》2006年第1期。另请参加拙文"法律方法中的形式主义与反形式主义"，《法律科学》2007年第2期。

一、波斯纳与科斯之争的缘起

自成名作《法律的经济分析》1973 年出版以来,波斯纳运用科斯定理来解释所有法律现象的热情与日俱增,已经远远超过了科斯的理论初衷,法哲学家们怀疑他误用了新制度经济学的概念和原理。1990 年代以来,波斯纳对于来自法哲学界的摧毁性批评都没能做出站得住脚的解释,法律经济学家们在 90 年代末也开始表明立场,要避免波斯纳版法律经济学在方法论上的弱点,建构"后芝加哥"法律经济学。[1] 波斯纳在法学领域遭遇的方法论指责,迫使他必须从经济学方法论中寻找支持,而科斯在方法论上一直持一种谨慎怀疑的态度,这对他的理论是极端不利的。

由于遭受了主流法律学者的猛烈批评,波斯纳意识到自己理论体系中的瑕疵是因为科斯没有给他提供足够的论据。1993 年,波斯纳先后在经济学权威期刊上发表了两篇论文,分别题为《新制度经济学遇上了法律经济学》《罗纳德·科斯与方法论》,对科斯发起了激烈批评。波斯纳首先表示,科斯的两篇论文《企业的性质》《社会成本问题》是其最大的理论贡献,尤其对法律经济学贡献巨大,"从 1976 至 1990 年间,根据《社会科学引证索引》,引证科斯的全部文献中,超过 1/3 的引证是出自法律杂志而不是出自经济学杂志,而这种比例还在增加,在 1986—1990 年间,这一比例达到了 40%。"[2] 可是科斯却一直很不情愿这样,波斯纳表示对此非常困惑

---

[1] See Neil Duxbury, *Patterns of American Jurisprudence*, Oxford: Clarendon Press, 1997, pp. 396-407.

[2] 〔美〕理查德·波斯纳:《超越法律》,第 476 页。

不解。他指责科斯在方法论上"拒绝抽象""反理论""敌视理论","理解科斯的方法论立场,特别是要理解他对形式化理论的敌视,我认为关键在于科斯的英人气质","他的文字中有自觉的朴实、温和、重视常识并拒绝高深理论"。① 言外之意,英国人一向不如我们美国人大刀阔斧,敢说敢干,就会玩些小打小闹的机智狡黠,"对理论表示怀疑是贯穿英国总体思想的一根明亮主线"。②

科斯答复得非常简短,但也显然有些动气。波斯纳的意思很清楚,你那定理还不够大,我需要一个更大的定理,为什么你就不能把它弄得更大一点呢?在治学严谨的科斯看来这简直是无理取闹,他认为波斯纳根本没有搞明白他的理论,结尾时他说道:

> 在研讨会上我表示了震惊,因为波斯纳写了些东西讨论我的观点,却不屑于问问我这些观点到底是什么,我引用了《凯隆的钱包》(*Wallet of Kai Lung*)中的一句话:"如果你花费时间在下等茶馆里寻找神圣的皇帝,这表明你的动机就不真诚。"后来我做了结论,也许这样说对波斯纳有些不公正,用弗兰克·奈特(Frank Knight)的话来说,波斯纳的问题并不在于他不知道什么,而在于他知道的那些并不是他想的那样。③

看来波斯纳说话一向不想让任何人舒服,现在看看他对中国

---

① 〔美〕理查德·波斯纳:《超越法律》,第476—478页,部分译文略作调整。
② 同上书,第478页。
③ Ronald H. Coase, "Coase on Posner on Coase", *Journal of Institutional and Theoretical Economics* (JITE) 149/1 (1993), 98.

人的态度,应该可以推论这不是种族歧视,因为对待智识上给他引过路的英国佬科斯他一样不客气,"经济学中的数学和统计学运动,主要是美国人的(或至少主要是非英国人的)经济学,科斯都完全掠过,事实上是他嘲弄的对象",①他认为不是只有科斯的理论在帮助建立法律经济学,他需要对科斯定理更普适化的运用,就像数学定理那样,而在《法律的经济分析》中,他就是这样做的。

二、科斯的谨慎与科斯定理

科斯并没有回避问题,他明确表示他"确实不喜欢抽象"。② 科斯在理论路径上遵循了由亚当·斯密创立的英国常识经验主义经济学传统,③重视归纳与在已知范围内的描述,这是自然科学通常使用的方法,科斯一直希望把理论经济学建设成同自然科学类似的学科,④而自然科学是会随着新例证的出现不断证伪的,这是经验主义科学精神的立足点。

科斯1960年发表的论文《社会成本问题》,主要是为了批判庇古福利经济学理论中关于对他人产生有害影响的工商业企业行为的观点,庇古认为工商业企业应赔偿污染等有害行为的损失,将自

---

① 〔美〕理查德·波斯纳:《超越法律》,第477—478页。
② R. H. Coase,"The Problem of Social Cost: the Citations", 71 *Chi.-Kent L. Rev.*, 97 (1996).
③ 参见〔美〕迪尔德丽·N. 麦克洛斯基:"好的老科斯定理和好的老芝加哥学派——对泽布和米德玛的一个评论",载〔美〕斯蒂文·G. 米德玛编:《科斯经济学——法与经济学和新制度经济学》,罗君丽等译,上海三联书店2007年版,第230—241页。
④ R. H. Coase,"The Problem of Social Cost: the Citations", 71 *Chi.-Kent L. Rev.*, 96 (1996).

己的生产活动导致的负外部性内化,计入自己的生产成本。而科斯通过对英国法院一系列案例的分析,证明庇古的结论是错误的。从一个法律人的角度去看,科斯这篇论文的最重要贡献就是提出了两个经济学家看待法律问题的独特视角:首先,在类似污染、噪声这类工商业致害的案件中,损害行为是相互的,为了避免对受污染者的损害将会使企业遭受损害,"关键在于避免较严重的损害"。① 以"斯特奇斯诉布里奇曼"案为例,某糖果制造商在生产中多年来一直使用两个研钵和杵,后来某医生迁居临近房屋内,在头八年,糖果制造商使用的机器并没有对医生造成损害,但此后医生在花园尽头紧挨制造商炉灶处造了一间诊所,他发现糖果制造商的机器发出的噪声和震动使他难以使用他的新诊所,噪声妨碍他用听诊器检查病人的肺部疾病,他还发现在此不能进行任何需要思考和集中精力的工作,便提出诉讼要求糖果商停止使用机器。在这个案例中,如果医生不在该处兴建诊所,糖果制造商本来不会对任何人造成损害,但有了这间诊所以后,他固然给医生造成了损害,但医生不让他使用机器也对他的生产造成了损害。其次,法律制度对这类纠纷的解决不是终局的,当事人双方为了实现自己的利益最大化,可能继续讨价还价,通过交易来改变双方的权利义务配置,换言之,诉讼以后市场对于诉讼结果存在回馈机制。仍以上面的案例为例,如果法院支持了医生的请求,但制造商为了维持自己的生产,会同医生讨价还价,支付给医生一笔钱,且其数目大于医生将诊所迁至成本较高或较不方便的地段所带来的损失,医生

---

① 〔英〕罗纳德·科斯:《论生产的制度结构》,盛洪、陈郁译校,上海三联书店1994年版,第142页。

也许愿意放弃自己的权利,允许制造商的机器继续运转。如果制造商胜诉,情况就会反过来,医生会同制造商讨价还价,付钱给制造商以促使他不继续使用机器。科斯通过一系列案例分析表明,"问题的关键在于衡量消除有害效果的收益与允许这些效果继续下去的收益"。①

在这篇论文中,科斯并没有提出文字版的科斯定理,只是提出了大致的理论设想,"如果定价制度的运行毫无成本,最终的结果(产值最大化)是不受法律状况影响的"。② 科斯定理是后来斯蒂格勒替他总结出来的,科斯定理源于《社会成本问题》中的一系列案例,科斯本人一直非常谨慎地拒绝将其中的论点予以普适性应用。他在这篇论文中十分谨慎地拒绝作出普适性结论,他提出每一个案例分析和每一个假设数学模型都谨慎地设想其中参数变更后的不同可能性。科斯的谨慎还表现在他没有明确给出对于科斯定理至为关键的交易成本的概念,只是列举了交易成本可能包括的因素,"为了进行市场交易,有必要发现谁希望进行交易,有必要告诉人们交易的愿望和方式,以及通过讨价还价的谈判缔结契约,督促契约条款的严格履行,等等。这些工作常常是花费成本的。"③ 后来在解释交易成本概念中出现的模糊不明说明科斯的谨慎不是没有道理的,在具体情境下交易成本是一个极具解释力的概念,但是一个非情境化的抽象的交易成本概念,却是几乎空洞无物的。大部分经济学家倾向于将交易成本定义为"生产以外的成本",又

---

① 〔英〕罗纳德·科斯:《论生产的制度结构》,第171页。
② 同上书,第149页。
③ 同上书,第157页。

把生产定义为"人对自然的活动",把交易定义为"人与人之间的活动"。① 问题在于怎样理解生产,如果生产只意味着"人对自然的活动",那就是把生产理解为一种鲁宾逊经济,获取信息的费用就应属于交易成本,但是现代经济显然不是鲁宾逊式的,在现代经济中获取信息很多时候本身就是一种生产活动(信息的生产)。把交易成本理解为"生产以外的成本"或"市场运行的成本"都不能解决其中的模糊之处,这样一来交易成本的外延就太广泛了,它就要包括无数的因素,尤其不能忽略作为制度运行起点的立法的成本。确切地解释经济学家们替科斯定义的"交易成本",实际上它是指"生产以外所有造成资源配置无效率的费用"。② 这几乎就是一个同义反复的概念,它也会使科斯定理成为同义反复,这样一来"科斯定理"就变成了:1. 如果生产以外不存在造成无效率的费用,无论最初权利怎样界定,都可通过市场交易达到资源的最有效率的配置;2. 如果生产以外存在造成无效率的费用,某些权利界定就会造成资源配置的无效率。

科斯在方法论上的这种谨慎怀疑态度恰恰是增强他的理论力量的最重要的因素,这说明他对于经济学方法论局限性的一种深刻体察。经济学是以理性人作为前提的,而人们在现实生活中往往非理性地行为,这也正是科斯在他的论文中从不忘记使用"可能""也许"这些词的原因。还以前面的糖果制造商为例,如果法院支持了医生的请求,制造商为了维持自己的生产,会同医生讨价还

---

① 〔英〕罗纳德·科斯:《论生产的制度结构》,第4页。
② Pierre Schlag, "An Appreciative Comment on Coase's The Problem of Social Cost: A View From the Left", 1986 *Wis. L. Rev.*, n38.

价,支付给医生一笔钱,且其数目大于医生将诊所迁至成本较高或较不方便的地段所带来的损失,医生也许愿意放弃自己的权利,允许制造商的机器继续运转。但医生也可能是一个随遇而安怕麻烦的人,他根本就不希罕得到这笔钱,反正就是懒得再搬一次家。经济学还是依赖于数学运算的,因此要把所有参数都视为可用货币度量的或是可以单位化的,而现实生活中无数的因素都是不可用货币度量或不可单位化的。经济学是追求效率或"产值最大化"的,而效率本身是一个短视的概念,如果完全不考虑分配正义,一时的有效率可能转变为长远的无效率。科斯论文的本意是要提出一个描述性的理论,试图说明经济学家看待法律问题的不同视角,而不是要提出一个规范性的理论来设计法律秩序,①因为经济学家关心的只是产值的最大化问题,而这显然不是法学家主要关心的问题。科斯还明确表示,经济分析不是解决社会制度安排的唯一考虑,"福利经济学的问题最终必然归结为美学和伦理学问题"。②

三、波斯纳对科斯定理的误用

波斯纳之所指责科斯"反理论",关键在于他对理论有同科斯

---

① 经济学家麦克洛斯基对科斯本意的被误用作了非常准确的解释:"科斯强调交易成本,实际是说:'因为交易成本比较高,资源的初始配置状态很重要'。庇古税不会带来真正的解决方案,除非特别碰巧。承认并直面生活事实:'交易成本很高。'(这等于说次优有时是可行的)奇怪的是,经济学家们却认为他是在说:'没事,交易成本很低。'(这等于说最优是适用的)……科斯一直都在说,有关公共政策的提议都包括一些心照不宣的东西,这些东西事实上经济学家是无法理解的。"参见〔美〕斯蒂文·G. 米德玛编:《科斯经济学——法与经济学和新制度经济学》,第234页。译文略作调整。

② 〔英〕罗纳德·科斯:《论生产的制度结构》,第189页。

完全不一样的理解。科斯对理论一直持一种非工具主义的态度，"一种理论并不同于一个定期航线或巴士的运行时间表。我们不止关心它的预测的准确性，一种理论也可作为一个思考的基础，它有助于我们理解到底发生了什么"。① 正是因为他对理论的这种理解，科斯在《社会成本问题》中才没有试图提出一个关于交易成本的一般性理论，因为他还没有形成一个可以帮助人们理解"到底发生了什么"的关于交易成本的一般性理论，而后来其他经济学家将这种理论一般化的努力也都没有成功。波斯纳法官对理论则持一种完全工具主义和实用主义的态度，"一个理论模式可能是一个有用的发现的工具，即便它是不真实的，就像托勒密的天文学理论是一个有用的航海工具一样，……即便它的基础前提是虚假的。……我们应对理论持实用主义的态度，它是一个工具，而不是对终极真理的窥透，而对一个工具的评价标准是它的效用"。② 基于这种不同的理解，波斯纳指责科斯没有提出关于交易成本的一般性理论，因为波斯纳版法律经济学在法哲学界遭遇的最多指责之一，就是其中对"交易成本"的教条化使用，其中交易成本被视为一个绝对不容置疑的、无需精确界定的非情境化的概念。但如果不对这个概念作精细的界定，不视具体情境说明到底交易成本包括哪些费用，很多法律经济学的理论公式都会成为空中楼阁，这成了波斯纳版法律经济学最致命的方法论弱点。③ 也正是基于这种

---

① Uskali Maki, "Against Posner against Coase against Theory", *Cambridge Journal of Conomics*, 592 (1998).

② Ibid.

③ See Joseph William Singer, "Legal Realism Now, Bookreview on Laura Kalman, Legal Reqalism at Yale 1927-1960", 76 *Calif. L. Rev.*, 524(1988).

对理论的完全不同的理解,波斯纳在《法律的经济分析》中把科斯的谨慎的、非普适化的描述性理论转变成了一种教条化的、完全普适性的规范性理论,这是对科斯理论的奇迹般的运用,是一种奇特的理论炼金术。而这种转变实质是对科斯理论的误用,甚至完全违反了科斯的理论初衷。①

按照波斯纳的理解,即便经济学家们替科斯总结的"科斯定理"是错误的,即便交易成本作为一个非情境化的抽象概念是同义反复的或无意义的,它们也可以成为有用的工具。那什么是他理解的效用呢?波斯纳版法律经济学作为一种规范性理论,其规范性目标就是要追求法律制度的效率,实现社会的"财富最大化"。其理论基本以交易成本和理性人为前提,再辅以个人的自发性和支付能力前提,认为"社会的财富就是由货币支撑的(也就是在市场上注了册登了记的)诸多偏好(这是在财富最大化体系中唯一有道德分量的偏好)的总体满足",②一个人愿意为一项权利支付的总数(假定他的财富已被某种资源分配限定),就是对资源多大程度上有利于他的决定性的证明,"那些愿意为一项权利支付最多的人被认为是对该权利估价最高的,这项权利因而将带给他们比任何其他人更多的效用。因此,权利应当赋予那些愿意为其支付更多的人",③"如果从一开始就把权利分配给最珍视它的使用者,那

---

① Pierre Schlag, "An Appreciative Comment on Coase's The Problem of Social Cost: A View From the Left", 1986 *Wis. L. Rev.*, n38., pp. 937-938, 944.
② 〔美〕理查德·波斯纳:《正义/司法的经济学》,苏力译,中国政法大学出版社 2002 年版,第 61 页。
③ See Joseph William Singer, "Legal Realism Now, Bookreview on Laura Kalman, Legal Reqalism at Yale 1927-1960", 76 *Calif. L. Rev.*, 514(1988).

么就可以避免纠正性交易的费用"。① 就是顺着这种"谁出钱最多就给谁权利"的简单逻辑,波斯纳法官已经把法律改写为刺激财富最大化的代价体系,改写了几乎所有部门法中的权利义务体系,而为了贯彻他的思维的一致性,他已经做出很多惊世骇俗的结论,出钱多的人有"权利"违约,有"权利"歧视劣等种族,甚至还有"权利"强奸,只要这样能够促进社会的"财富最大化"。②

经济学本来是用来解释市场行为的,用经济学来解释"非经济行为"或"非市场行为",要归功于芝加哥大学的经济学教授加里·贝克尔,他在1976年出版的《人类行为的经济分析》,在某种意义上就是当代"经济学帝国主义"的序曲。波斯纳运用经济学来解释非市场行为的唯一路径就是将其视为虚拟的市场行为,然后运用科斯定理来重新界定法律的权利义务配置,如果自愿交易费用很低,就应当创建绝对的权利;如果交易费用为正,"财富最大化原则就要求把权利初始授给那些可能是最珍视这些权利的人,以此来使交易费用最小化"。③ 但是对于非市场行为,如何区分其中的"生产"和"交易",界定其中的"交易费用"到底指的是什么,都需要读者具有最充分的想象力,而波斯纳法官似乎认为这些都无需解释,只是一而再、再而三地祭起"财富最大化"和"交易费用过高"的番天印,用不容置疑的语气一再表明,只要"交易费用过高",传统的法律权利就应被重新配置,来实现社会的"财富最大化"。

波斯纳试图表明他的"财富最大化"不是一种庸俗版本的功利

---

① 〔美〕理查德·波斯纳:《正义/司法的经济学》,第72页。
② 参见〔美〕理查德·波斯纳:《法律的经济分析》,蒋兆康译,中国大百科全书出版社1997年版,第152、286、853页。
③ 〔美〕理查德·波斯纳:《正义/司法的经济学》,第71页。

主义,不是"最大多数人的最大幸福"的货币化度量,但他的这种努力显然未能成功。同边沁的功利主义一样,波斯纳的"财富最大化"不能解释个人价值与社会价值、个人成本与社会成本之间的紧张关系,而只是把社会的"财富最大化"简化为个人财富的数学聚合。但无论是边沁还是波斯纳都无法计算所有人的福利或财富,这就意味着为了求得社会的"福利最大化"或"财富最大化",必须有一部分人要被牺牲掉或蒙受损失。波斯纳借用了帕累托最优原则和卡尔多-希克斯标准来度量法律制度的财富最大化,依据帕累托最优原则,"在某种资源的配置下而不是在另一种状况下,如果至少有一人的状况改善了,且没有他人变得更糟,那么前一种资源配置就要优于后一种"。① 卡尔多-希克斯标准是一种潜在的帕累托最优,它"要求的并不是无人因资源配置之改变而变糟,而只要求增加的价值足够大,因此变糟者可以得到完全的补偿"。② 但卡尔多-希克斯标准只要求假设的补偿,而不是真实的赔偿,也就是说如果资源配置导致一方增加净利益 A1,另一方因为这种配置减少净利益 B1,但只要 A1>B1,这种配置就增加了社会的"财富最大化",就比以前的配置有效率。卡尔多-希克斯标准招致了法哲学家们的猛烈批判,因为让损失者白白蒙受损失而得利者得到比前者损失更多的利益,这根本违背民主社会的"个人同意"原则。波斯纳对此的辩解是,只要没有欺诈和胁迫,就不存在违背"个人同意"的问题,"只要没有欺诈和胁迫,那么一个购买了彩票后输掉的人就是已经'同意'了这一输;至少是,他已经放弃了对结果的任何

---

① 〔美〕理查德·波斯纳:《正义/司法的经济学》,第87页。
② 同上书,第90页。

反对,只要在彩票上没有欺诈就行"。① 这种辩解显然是不能成立的,一个花巨资购买彩票的人固然会接受输的结果,但他同意的是输赢的风险,而不是同意了自己的损失。② 无论是帕累托最优还是卡尔多-希克斯标准,都不是与分配正义完全无关的,因为不同的资源配置起点,会导致不同的帕累托最优。但是波斯纳的理论却是基本不考虑分配正义的,只是在默认既存分配制度已经限定了人们的不同支付能力的前提下,展开"谁出钱最多就给谁权利"的计算,这使其成为一种不折不扣的财阀意识形态,远不像其表面所标榜的那样科学。

就伦理上的正当性来说,波斯纳的"财富最大化"原则实际上还不及边沁的功利主义。因为"最大多数人的最大幸福"是要对社会的痛苦和快乐进行计算(尽管边沁穷毕生心血也没找到完善的计算办法和标准),而痛苦和快乐还包括许多用货币无法度量的因素,"财富最大化"则只是进行货币度量,而无数不可用货币度量的因素,都以效率的名义被排除在波斯纳生冷僵化的计算机器之外。波斯纳甚至毫不讳言他在"财富最大化"问题上的社会达尔文主义立场,"财富最大化进路的另一寓意是,谁没有足够的挣钱能力来支持哪怕是最低的像样的生活水平,他对资源配置就没有发言权,除非是他们构成了那些有财富者的效用函数的一部分。这一结论看上去也许把个体的具体禀赋能力看得太重了,如果你碰巧生来弱智,那么你的净社会产出就为负,你对生活资料就不享有权利,尽管也不值得责备你为什么养不活自己。这个结果看来很刺激现

---

① 〔美〕理查德·波斯纳:《正义/司法的经济学》,第93页。
② See Neil Duxbury, *Patterns of American Jurisprudence*, pp. 401-402.

代人的情感,但在我看来不可避免,这也与任何主要的伦理体系不矛盾。"①不知道他怎样得出这是与主要伦理体系不矛盾的结论,天赋无能力的人不应该被牺牲而是应该由国家提供底线的生活资助,这是现代无论哪种社会形态中都不会否认的文明共识。

无怪乎科斯对自己在法律领域的繁荣那么不情愿,因为波斯纳对科斯定理的误用,科斯已经为此蒙受了很多不应受的指责,很多批判波斯纳的学者,都会因为理论渊源将矛头指向科斯。② 不能不怀疑,在芝加哥学派法律经济学的初度繁荣后,科斯很清楚地看到了自己理论被误用导致的诸多荒谬结果,而这是与他谨守的常识经验主义科学精神完全相悖的,所以他对于自己对法律经济学的贡献才那么的不情愿。

余论:实用主义到底如何有用?

实用主义是美国唯一原产的哲学,应该最能代表美国人的精神气质。然而要说清楚实用主义到底是什么,殊非易事。③ 撇开复杂的哲学立场不论,无论哲学实用主义还是法律实用主义,都强调判断是否真理的标准在于效用。罗素曾经很尖锐地指出,实用主义是一种不能自足的哲学,因为效用本身需要解释,效用的好坏更

---

① 〔美〕理查德·波斯纳:《正义/司法的经济学》,第 76 页。
② 参见林立:《波斯纳与法律经济分析》,上海三联书店 2005 年版,第 127—147 页。
③ 参见张芝梅:《美国的法律实用主义》,法律出版社 2008 年版,第 111—113、135—142 页。实际上存在三种语境的实用主义:作为生活态度的实用主义、哲学实用主义(包括古典实用主义和新实用主义)、法律实用主义。

需要复杂的解释。

> 在这个学说中,我发觉依理智来讲有若干重大的困难之点。这学说假定一个信念的效果若是好的,它就是"真理"。若要这个定义有用(假使它不是有用的,就要被实用主义者的检验所否定),我们必须知道:(甲)什么是好的,(乙)这个或那个信念的效果是什么;我们必须先知道这两件事,才能知道任何事物是"真的",因为只有在我们决定了某个信念的效果是好的之后,我们才有权把这信念叫作"真的"。这一来,结果就复杂化得难以想像。①

按照罗素的分析,实用主义的真理观是一个无法终结的循环论证:

1. A 的效果是好的,所以 A 是真的。
   ↓
2. "A 的效果是好的"是真的。
   ↓
3. "'A 的效果是好的'是真的"这一判断的效果是好的。
   ……

波斯纳强调法律实用主义接近于日常实用主义,可能是有道

---

① 〔英〕伯特兰·罗素:《西方哲学史》(下),马元德译,商务印书馆1982年版,第375—376页。

理的,因为实用主义就像相对主义一样,只能是一种态度,不能成为一种严谨的哲学。从罗素提出的问题来看,波斯纳对实用主义不是一无贡献,他把"有效"这个标准简化了,简化成了"财富最大化",至少他让实用主义变得很好理解,因为财富最大化可以计算,数字大就是效果好。尽管波斯纳不能证明这样简化的正当性,但是这个简化的工作他确实完成了。波斯纳的理论除了得自于斯密、科斯和加里·贝克尔的部分之外,其中真正属于他自己的创造就是"财富最大化"。而这也是同科斯的理论相违背的,科斯对于"福利最大化"的假设也提出过批评,认为"效用"或"福利"(utility)这个概念,可能就像物理学中的"以太"(ether)一样,根本就是不存在的,[1]他还对经济学方法中的数学运算表示了怀疑,尤其是建立在"福利最大化"这个不真实的前提之上的数学运算。[2]对于功利主义和"财富最大化"不能解决的个人价值与社会价值、个人成本与社会成本之间的紧张关系,科斯也一直存而不论,也许他相信经济学无法解决这个问题。[3]

要证明波斯纳的理论是否促进了美国社会的财富最大化,是一个没有可操作性的命题。一个具体情境下的财富最大化(比如一个或多个特定主体的成本收益分析)是一个非常有用的概念,而一个抽象的社会整体财富最大化概念,就像它那个品位还稍高一

---

[1] Uskali Maki, "Against Posner against Coase against Theory", *Cambridge Journal of Conomics*, 591-592 (1998).

[2] Ibid, 592-593 (1998).

[3] Pierre Schlag, "An Appreciative Comment on Coase's The Problem of Social Cost: A View From the Left", p. 932.《社会成本问题》这篇论文的题目不是科斯自己定的,是弗兰克·奈特替他定的,科斯自己一直拒绝谈论社会成本与个人成本之间的关系,甚至认为社会成本这个概念没什么用处。Pierre Schlag, Ibid., n48.

点的理论原型"最大多数人的最大幸福"一样,基本是一个无用的概念。财富最大化只能是属于特定主体的,数学无法计算抽象主体的最佳财富状态,因为不同的分配方式会导致不同的最佳状态,而社会不可能将所有的分配方式试验殆尽。

那么波斯纳为什么认为他的实用主义不适用于中国呢?在他看来,民主与法治是为社会划定一个开始"财富最大化"计算和利益考量的规范起点,没有一个基本规范的起点,实用主义就可能异化成特权阶层弃置规则追逐私利的方便借口。不管波斯纳的理论体系存在多大缺陷,在这个起点问题上,他仍然是忠于常识的。不过法律经济学早已超越了波斯纳的时代,在财产法、反托拉斯法、侵权法、经济刑法等领域,法律经济学在日益推动更有效率的立法与司法资源配置,只要谨守这样一个前提:效率并非万能的唯一标准,无论哪个国家的法律决策都需要法律经济学的思考。

(原载《东方法学》2013年第3期)

"法律与文学"中的"局外人"

"法律与文学"运动的方法论起点是要坚持文学作品的文学性,而不是将其作为案例事实对待。波斯纳在当代的法律理论中通常都被视作"法律与文学"运动的反对者和怀疑者,波斯纳式的"法律与文学"是用完全非文学的形式(真实的案例材料)来处理文学作品的。透过加缪的《局外人》这个文本,可以透析"局外人"这个文学形象的真实意蕴和波斯纳式"法律与文学"的方法论谬误。相对于"法律与文学",波斯纳就是一个加缪意义上的"局外人"。

> 假如要死,怎么死,什么时候死,这都无关紧要。
> 重要的不是活得最好,而是活得最多。
> ——加缪

短短几年间,"法律与文学"经由波斯纳文丛的译介在中国法学界兴旺了起来,各种以波斯纳方法为范本的"法律与文学"个案分析风行一时,其中虽然不乏颇有深度的作品,但却几乎没有人反思波斯纳所说的"法律与文学"到底运用什么方法来阐释文学文本,以这样的路径来阐释文学文本对于"法律与文学"、法律、文学又各自具有什么意义。

一个颇具反讽意味的现象是,波斯纳在当代的法律理论中通常都被视作"法律与文学"运动的反对者和怀疑者,[①]1988年波斯纳出版了《法律与文学——一种被误读的关系》(Law and Literature: A Misunderstood Relation),这书名很明确地表达了他对"法律与文学"运动的批判态度,"波斯纳对这种交叉学科研究理解法律所能提供的潜在益处作了一个实践性的分析",[②]他的题为《法律与文学》的著作是要"努力在法律与文学之间划出界限",[③]他认为文学文本和"法律与文学"理论家们对于法律实践都殊少贡献,[④]"我们并不能从虚构文学作品中学到很多关于法律体系日常运作的知识,即使这些作品描述的是审判或正式法律体系中的其他活动"。[⑤]然而在中国方兴未艾的"法律与文学"研究中,波斯纳的《法律与文学》却被视为"法律与文学"运动的宣言书,考虑到中西法律文化移植可能产生的语言和语境误读,再加上波斯纳对"法律与文学"已有的误读,这衍生了一种跨学科、跨文化的双重吊诡,也许它意味着中国的"法律与文学"从一开始就走上了一条多向度的歧路。

波斯纳出版该书主要是为了回应"法律与文学"阵营中的一些

---

① See Kieran Dolin, *A Critical Introduction to Law and Literature*, Cambridge University Press, 2007, p. 26. Also see Ian Vard, "Law and Literature", in *Law and Critique* Vol. IV, no. 1 (1993), p. 54, and Rob Atkinson, "What Is It Like to Be Like That? The Progress of Law and Literature's 'Other' Project", in *Law and Literature Reconsidered, Studies in Law, Politics and Society*, Vol. 43, edited by Austin Sarat, p. 32.
② Kieran Dolin, *A Critical Introduction to Law and Literature*, p. 11.
③ 〔美〕波斯纳:《法律与文学》(增订版),李国庆译,中国政法大学出版社2002年版,第319页。
④ See Kieran Dolin, *A Critical Introduction to Law and Literature*, p. 11.
⑤ 〔美〕波斯纳:《法律与文学》(增订版),第6页。

理论家对"法律与经济学"运动的批判,①该书的主旨是要证明"法律与经济学"较之"法律与文学"更适应法律职业者的需要:

> 詹姆斯·伯艾德·怀特和法律与文学运动的其他参加者(例如罗宾·韦斯特)对法律经济分析的攻击提出了一个问题,即这两个进路能否共生。如果不能共生的话,如果法律职业(包括其学术分支)必须在两者之间作出选择的话,那么选择的将会是法律与经济学运动,因为它会给这个职业提供更多的东西,因为经济学概念和法律概念的同构性使后者可以映射到前者上面,这会为表面上看起来一团混沌的美国法律原则创造一个概念架构。文学(不论是虚构文学作品本身还是为这些作品发展的那些理论)同法律之间并不存在类似的同构性。②

在现今常见的英文法理学教材和工具书中,"法律与经济学"确实已经占据不可缺少的一席,而"法律与文学"几乎还没有进入

---

① See Robin West, "Authority, Autonomy and Choice: The Role of Consent in the Moral and Political Visions of Frank Kafka and Richard Posner", 99 *Harv. L. Rev.*, 384 (1985). 韦斯特在该文中以卡夫卡的作品为透析点对波斯纳的"财富最大化"理论作了详细的批判研究,她认为波斯纳理论所立基的"理性人"(rational man)假设是对人性过于简单的概括,这削弱了"法律与经济学"理论的解释力。卡夫卡的作品说明"权威"(authority)在人的行为驱动中是和自由选择同样重要的因素。"边沁认为所有人都计算,这一点可能是真实的。但是波斯纳那样乐观的主张——所有人所有时候都计算——却不是真实的。有些时候我们计算,其他的时候,我们只是自愿服从、默许或者被迫服从。"Ibid., p.425.

② 〔美〕波斯纳:《法律与文学》(增订版),第400页。

主流法律理论的视界。① 这说明波斯纳确实不是盲目自信,所以他大可不必放弃他倍为推崇的专业精神,去从事自己并不擅长的"法律与文学"。然而有意思的是,1998年再版时,波斯纳将书名修改为《法律与文学》,删去了那个表明立场的副标题,并对书的内容做了很大调整,声称自己支持"法律与文学"。② 于是波斯纳就创造了一种另类风格的"法律与文学",尽管如此,诸多关于"法律与文学"的论著仍然将他视为"法律与文学"的反对者,他并没有得到"法律与文学"阵营的认同。波斯纳对文学文本的阐释立场截然不同于"法律与文学"阵营的其他理论家,也截然不同于专业的文学理论。无论对于文学还是"法律与文学",波斯纳都采取了一种刚性的反情感的唯科学主义阐释立场,甚至使用了一种根本非文学的阐释方法,而他在其中贯彻始终的"理性人"假设,也每每遭遇同文学形象"非理性"的龃龉。

波斯纳的《法律与文学》出版以后,其中最受质疑的观点之一就是他对加缪《局外人》一书的解读。③ 1957年获得诺贝尔文学奖的阿尔贝·加缪(Albert Camus,1913—1960)是和萨特齐名的法国知识分子,他因以文学形式阐释现代西方流行的"荒谬哲学"而广

---

① 2010年再版的《布莱克维尔法哲学与法律理论指南》中,"法律与文学"终于被列为一个主题,但不是作为一个学派,而是作为一个法律理论的重要主题,这或许说明"法律与文学"在未来的法律理论中将会日益受到重视,其潜力未见得小于"法律与经济学"。See Thomas Morawetz, "Law and Literature", in *A Companion to Philosophy of Law and Legal Theory*, 2nd ed., edited by Dennis Patterson, Blackwell Publishing Ltd. 2010, pp. 446-456.
② 〔美〕波斯纳:《法律与文学》(增订版),第9、400页。
③ See Ian Vard, Law and Literature, p. 55-56, also see Peter Read Teachout, "Lapse of Judgment. Book Review on Richard A. Posner, Law and Literature, A Misunderstood Relation", 77 *Calif. L. Rev.* 1285.

受赞誉。哲理小说作家特别受到"法律与文学"理论家们的青睐，他们的作品是对法律理念作出深度阐释的富矿。加缪和卡夫卡、陀思妥耶夫斯基这三位都描写过审判主题的哲理小说作家，成为"法律与文学"运动中经常被引用的文本来源。波斯纳在《法律与文学》中对加缪的代表作《局外人》(*The Stranger*)做了非常出人意表的解读①，透过《局外人》这个个案，可以看到波斯纳同"法律与文学"主旨的彻底疏离。如果波斯纳现在表明的对"法律与文学"的态度——"我支持它，并且希望看到它繁荣"②——是发自真心的话，那么事与其愿违的是，波斯纳仍然是"法律与文学"运动中一个不折不扣的"局外人"。选择加缪这个同名的文本，不仅可以说明"局外人"这个文学形象的真实意蕴和波斯纳对它的荒唐理解，也恰好可以说明波斯纳相对于"法律与文学"是怎样变成了一个"局外人"的，而从事"法律与文学"研究的学者怎样才能理解自己真正在做的事。

---

① 参见〔美〕波斯纳：《法律与文学》(增订版)，第51—60页。中译本《法律与文学》将"stranger"译为"陌生人"，这不足以完整传达"局外人"作为一个荒诞哲学的实践者同现实彻底疏离的意蕴。加缪作品的中译者郭宏安将"stranger"译为"局外人"是更为准确的。波斯纳在《法律与文学》中详尽阐述了他的方法论要点，对于文学作品的阐释他是使用这种方法的，选择《局外人》这一个个案，并不影响对波斯纳式"法律与文学"的整体理解。本文的主旨意在通过《局外人》的阐释来说明"法律与文学"运动必须尊重文学文本的文学性(虚构)而不是将其作为案例材料，这是"法律与文学"研究的方法论起点。国内目前已有的"法律与文学"研究涉及《局外人》的只有波斯纳这本《法律与文学》，因此本文选择该书作为透析点。至于"法律与文学"运动的详尽方法论要点及其中的派别、争论，笔者拟另撰文予以讨论。

② 〔美〕波斯纳：《法律与文学》(增订版)，第9页。

从《局外人》看波斯纳《法律与文学》的方法论谬误

1957年加缪因为"透彻而认真地阐述了当代人的良心问题"而被授予诺贝尔文学奖,他的获奖感言满溢着古典道德箴言的高贵风格,这同他那些以荒谬为主题的明显现代色彩的作品丝毫没有矛盾,他坦承作家的职责是要为真理和自由而奋斗,表达了自己对流行的虚无主义的理解和自己冷静的反抗:

> 在这个世界上,有变质的革命,有一日千里的技术发展,有死去的偶像,有日趋失去信仰的意识形态,在这个世界上,无能的政权能够用武力摧毁一切,但却在道义上无以服人,在这个世界上,智慧降低到成为愤恨的佣人,成为压迫的帮凶。因此,这一代人必须从否定自己出发,在自己身上和在其周围要树立一种精神,即活要活得尊严,死也要死得尊严。①

一个在虚无主义流行的时代坚持要做西西弗——重复推石上山永不言败的古典英雄,一个在暴政和屠杀肆虐的时代始终冷静寻求人道的说教者,这是加缪的作品带给读者的最深刻印象。他在短暂的一生中始终追问人为什么生活这个最终极的问题,他的作品的魅力就在于人道主义和对人类良心的剖析,在于对终极道

---

① 〔法〕加缪:"1957年12月10日的演讲",载柳鸣九主编:《加缪全集散文卷Ⅱ》,杨荣甲等译,上海译文出版社2010年版,第427—428页。

德问题(人的生活本身是否值得经历)始终如一的关怀。

> 作为一个当代人,他不得不贩卖疯子们的主题:自杀、冷漠、罪咎、绝对的恐怖。不过,他这样做时,却带着一种如此理智、适度、自如、和蔼而不失冷静的气质,以至使他与其他人迥然有别。他从流行的虚无主义的前提出发,然后——全靠了他镇静的声音和语调的力量——把他的读者带向那些人文主义和人道主义的结论,而这些结论无论如何也不可能从其前提得出来。这种从虚无主义深渊向外的非逻辑的一跃,正是加缪的才华,读者们为此对他感激不尽。这正是加缪何以唤起了读者一方的挚爱之情的原因。卡夫卡唤起的是怜悯和恐惧,乔伊斯唤起的是敬佩,普鲁斯特和纪德唤起的是敬意,但除了加缪以外,我想不起还有任何现代作家能够唤起爱。[①]

《局外人》是为加缪赢得文学声誉的第一部小说作品,这是一个以杀人为主题的故事,一个在阿尔及尔殖民地生活的法国白人,因为偶然卷入了朋友同他人的冲突,在酷热的海滩上杀死了一个阿拉伯人,在法国人组成的法庭上,他经受了对他个人道德的谴责,却几乎没有对杀人细节的质证。最后他被宣判死刑,临刑前表达了对死刑的谴责。作为一个杀人故事,《局外人》有诸多荒谬的征象。主人公默而索一方面表达了对死的毫无惧怕,"假如要死,

---

① 〔美〕苏珊·桑塔格:《反对阐释》,程巍译,上海译文出版社2003年版,第61页。

怎么死,什么时候死,这都无关紧要",①一方面又表达了对死刑的极度谴责,认为死刑的最大弊端就是没有给予犯人生还的任何可能。这是一个在法属阿尔及尔发生的故事,有正经职业的白人主人公杀害了一个土著阿拉伯人并被法国法庭宣判了死刑,而在1940年代的阿尔及尔,这样的事情是不可能发生的。② 这是一个讨论杀人的故事,其中被害人的形象却是那么地模糊,从头到尾,故事没有对阿拉伯文化的描述,这个阿拉伯被害人在书中没有名字,没有面貌、年龄和职业,没有家庭和朋友,也没有人在审判中为他说话,《局外人》"给了我们一个没有被害人的凶手"。③ 主人公默而索是一个冷漠而没有生活激情的人,没有对未来的任何清晰谋划,他的杀人同样也没有任何谋划,仿佛只是天气的酷热合情合理地驱使了他的杀人,以至于"一位芬兰地理学家向作者宣言,他在海滩那一场景里,即默而索在阳光逼射之下扣动扳机的时刻,看到了气候对人口影响的典型例子"。④ 默而索似乎对母亲没有常人的情感,在母亲下葬时他没有流泪哀戚,旋即回复到母亲死前同样的生活。他对母亲的冷漠遭遇了两次道德审判,在为母亲守灵的当夜,母亲的10个朋友加上守门人和护士,加起来12个人,面对冷漠不流泪的他,他感觉自己像在被审判。⑤ 他杀人以后,12人组成

---

① 〔法〕加缪:《加缪文集》,郭宏安等译,译林出版社1999年版,第542页。
② See Robert R. Brock, "Mersault the Straw Man", *Studies in the Novel*, 25:1 (1993, Spring), p. 96.
③ Ibid., pp. 98-99.
④ 〔美〕埃贝尔·R. 洛特曼:《加缪传》,肖云上等译,漓江出版社1999年版,第274页。
⑤ 参见〔法〕加缪:《加缪文集》,第485页。另请参见 M. Yalom, "Albert Camus and the Myth of the Trial", *Modern Language Quarterly* 25 (1964), p. 435.

的陪审团同样在聆听检察官谴责他对母亲的冷漠,最终定了他的罪判了他死刑。仿佛他不是因为杀人而受审,而是因为母亲死的时候没有哭而受审。

这是一个没有生活逻辑的故事,一个不能同现实生活投射对应的故事,它是与杀人和审判有关的,但并不关心是否符合真实的杀人和审判,它要传达的是哲学意义的荒谬。如果波斯纳认为法律与文学的主旨就是"要从虚构文学作品中学到很多关于法律体系日常运作的知识",[①]那么《局外人》可能真的不能完成这个使命。问题在于,"法律与文学"真的就是像波斯纳理解的那样,去帮助法律人在虚构文学作品中发掘可用的法律教义学知识、带来对法律教科书的形象理解吗?我记得大学时候,就常有老师借文学文本来解说法律原理,譬如以金庸小说中的细节解说各种合同,或者用狄更斯的故事说庭审程序的细节,我以为那是一种生动的教学手段。但是那时,人们根本不谙后现代法律理论包装自己的技巧。要用现在的眼光看来,我大学时代那些记得和不记得名字的老师,他们对"法律与文学"的理论自觉大约是与波斯纳同时发生的。他们并不曾受到波氏的启迪,而以文学故事作案例的思路,却与波氏如出一辙,所以波斯纳式的"法律与文学",委实不是什么新鲜出炉的理论,不过一种老套陈俗的包装,不过前人没有想到像他这样把一种生动的文学案例教学法说成是"法律与文学"罢了。

如果这就是波斯纳所理解的"法律与文学",那么波斯纳对《局外人》的解读倒确实是践行了这样的方法。《局外人》的阐释实在是太丰富多样了,这说明它应该不会穷尽人们对一部小说所可能

---

① 〔美〕波斯纳:《法律与文学》(增订版),第5页。

有的想象、死刑、种族主义/反种族主义①、地理学、存在主义、资产阶级的平庸与虚伪,除了这些,"法律与文学"应该还能从《局外人》中发掘出更多的意蕴,因为杀人、死亡和生存的意义,实际上是每一个认真的读者都能读出丰富意象的主题。然而波斯纳法官对待这个文本是那样出人意表的想象贫瘠,在他看来,这就是一个真实的杀人案件与审判。他表达了一个美国律师对作品中审判程序的不解,"我们作为读者可以在小说中找到一个更喜欢英美刑事司法体系的原因(因为它避免了侮辱性的并且基本不相关的对于品行的探究),当然这个原因并不足以终结辩论,而且,这表明,法律与文学运动可以对比较法研究有所贡献。"②波斯纳也匆匆谈及了对这部作品哲学和政治意蕴的理解,但是这些和他对这部作品的法律解读毫无关系,在他看来,《局外人》恰好可以用来说明美国刑事诉讼程序相对于大陆刑事诉讼程序的优越性,而法国的刑事诉讼程序是加缪唯一了解的刑事诉讼程序。这是一个非常有趣的解读,波斯纳法官运用他熟稔的诉讼法律知识,轻而易举地证明了加

---

① 波斯纳坚持认为《局外人》暴露了加缪作为一个法国白人的种族主义,这种见解不过是拾人牙慧。参见波斯纳,同上注,第58—59页。实际上加缪是第一个认真讨论阿尔及利亚问题的法国作家,早在20世纪30年代就提倡对阿拉伯人和欧洲人的平等对待。《局外人》问世不久,就被一份左翼的报纸谴责为种族主义,该报是以反对法属阿尔及尔争取独立斗争而臭名昭著的。因此对加缪的这一指责可能是基于对其开明政治态度的敌意,而且有可疑的恶意诬蔑倾向。See Philip Thody, "Camus's L'Etranger Revisited", *Critical Quarterly*, vol. 21, no. 2, 1979, pp. 65-66, p. 62. 加缪在"二战"前就发表了很多指责法国政府迫害阿拉伯人的政论,战后也一直关注阿尔及尔的独立与阿拉伯人的自由。加缪对谴责《局外人》有种族主义倾向的观点一直不予置评,因为他认为这种指责是那样离奇以至于根本不值得反驳。See Robert R. Brock, "Mersault the Straw Man", p. 96.
② 〔美〕波斯纳:《法律与文学》(增订版),第55页。

缪对诉讼程序了解的欠缺,所有熟稔诉讼程序的法学院学生(尤其是研习比较司法程序的学生),如果他们愿意也都可以轻而易举地做到这些,难道这就是波斯纳法官努力从事"法律与文学"所发掘的创见吗?

较之卡夫卡和陀思妥耶夫斯基,加缪是一个更为纯粹的哲理小说作家,《局外人》这部小说同他的哲学随笔集《西西弗的神话》是1942年同一年出版的,两者的创作仅仅相隔几个月,这两个文本是互为注释的。"加缪认为,'伟大的作家必是哲学家'。如果说,《局外人》是以文学形式对荒谬进行形象的描述,那么,《西西弗的神话》则是用哲学语言对荒谬进行系统的论证。"①萨特在为《局外人》写的文论中明确交代了这两个文本的创作过程,认为《局外人》并不是一部纯粹的小说,而是同伏尔泰的哲理小说类似的创作,②"《局外人》不是一本提供解释的书,因为荒诞的人不作解释,他只是描写。这也不是一本提供证明的书。加缪先生仅作提示,他无心去证实本质上无法证实的东西。《西绪福斯神话》将告诉我们应该以什么方式看待作者的这部小说","他认为有必要用哲学语言翻译他用小说形式传达的信息,这个译本就是《西绪福斯神话》。"③面对一个纯粹的哲理小说作家,解读者不能脱离对作家本人哲学背景的认识去解读他的小说文本,因为这些背景同小说的文学性本身是不可分的,小说本身的目的就不

---

① 杜小真:"含着微笑的悲歌——《西西弗的神话》译后记",载〔法〕阿尔贝·加缪:《西西弗的神话·论荒谬》,杜小真译,生活·读书·新知三联书店1987年版,第164页。《西西弗的神话》也有译本译作《西绪福斯神话》。

② 参见沈志明、艾珉主编:《萨特文集》第7卷,施康强等译,人民文学出版社2000年版,第74—75页。

③ 同上书,第61—62页。

是为了讲一个合乎常情的故事,而是为了传达作家的哲学认识。如果把这样的文学作品当作真实的法律案例对待,这样的解读只能是鸡同鸭讲。"法律与文学"运动的主要理论家伊恩·沃德（Ian Ward）对此表达了"法律与文学"运动同波斯纳完全不同的立场：

> 和波斯纳的处理不同的是,这些文本对于它们传达的特定法律情境来说并不重要。因此,《审判》不能帮助我们理解20世纪早期奥匈帝国的民事程序,这并不是问题的关键。《审判》和加缪的小说真正所做的,是运用法律情境以及对人类心理动因的独特强烈关注,来描述一个更为广阔的人类境遇。①

波斯纳声称在文学理论上,他是一个形式主义者,这同他是一个法律领域的反形式主义者、实用主义者没有矛盾。② 很显然,在文学领域实用主义远不及形式主义那样合乎时尚,而波斯纳向来都是要站在时尚最前沿的,问题是他所理解的文学形式主义到底是什么？形式主义是20世纪初在俄国兴起的一种新文学理论派别,它促动了后来文学理论中结构主义的出现,其主要观点是注重文学作品的形式要素（语言及结构）和艺术技巧。③ 文学形式主

---

① Ian Ward, *Law and Literature*, p. 70.
② 参见〔美〕波斯纳：《法律与文学》（增订版）,第9页。
③ 参见方珊为《俄国形式主义文论选》一书所作的导言《俄国形式主义一瞥》,载〔俄〕维克托·什克洛夫斯基等：《俄国形式主义文论选》,方珊等译,生活·读书·新知三联书店1989年版。

最显著的特征是"顽强地坚持内在文学性,以及固执地拒绝脱离'文学事实'而转向其他的理论形式",①据此,形式主义者"抨击把文学当作哲学寓意或哲学内容载体的观点,抨击用发生学或我们现在所说的历时方法(传记式的,或通过研究起源,等等)分析文学的企图"。② 波斯纳脱离《局外人》的哲学背景生硬地对这个文本进行写实主义的解读,也许他认为这样就是合于文学形式主义的宗旨的。然而文学形式主义首先是将文学作品作为文学来对待的,作为文学作品的小说是虚构的叙事而不是真实的社会材料。对于纯粹的哲理小说,文学形式主义者也不可能否认理解其哲学背景的重要性,因为这些背景是作品文学结构要素中必不可少的一部分。文学形式主义者可能会否认哲理小说的纯文学价值,但不可能脱离其哲学背景来理解它。苏珊·桑塔格的《反对阐释》是当代文学理论中形式主义的代表作品,桑塔格坦言自己作为一个读者对加缪的热爱,指出他的文学创作是服务于他的哲学观念的,"加缪的艺术常常服务于他在随笔中更完整地加以表述的那些理智观念。加缪的小说是图解性的,哲理性的。……加缪的小说总是泄露出它在理智思虑中的源头。"③她认为加缪不是一个伟大的作家,因为他的文学作品承载了太多的哲学意蕴,这影响了作品的文学价值,但她毫不否认加缪的哲学背景对于理解加缪作品的重要性。如果文学形式主义就意味着文学作品的非文学化,那这只

---

① 〔美〕弗雷德里克·詹姆逊:《语言的牢笼:马克思主义与形式》,钱佼汝、李自修译,百花洲文艺出版社1995年版,第34页。关于文学中的形式主义,另请参见汪民安主编:《文化研究关键词》,江苏人民出版社2007年版,第409页。

② 〔美〕弗雷德里克·詹姆逊:《语言的牢笼:马克思主义与形式》,第35页。

③ 〔美〕苏珊·桑塔格:《反对阐释》,第62页。

能是波斯纳独出心裁的理解。这种立场其实并不是波斯纳急于追赶的文学形式主义时尚,而仍然是一种实用主义的阐释进路(在文学领域实用主义显然不如形式主义风头更劲),对实用主义者来说,阐释不存在误读的问题,"使用本文"与"阐释本文"之间不存在界限,[①]"据我们实用主义者看来,任何人对任何物所做的任何事都是一种'使用'。诠释某个事物、认识某个事物、深入某个事物的本质等,描述的都只不过是使用事物的不同方式。"[②]波斯纳就是把文学文本当作真实的案例教程来使用的,确切地说,波斯纳式"法律与文学"最深层的方法论矛盾就是用完全非文学的形式(真实的案例材料)来处理文学作品。

波斯纳对《局外人》的另一点创见就是激烈谴责了作品和作者本人的不道德,[③]这也是迥然不同于文学理论和"法律与文学"对《局外人》的通常解读的。文学具有教化和政治功能,这一点是"法律与文学"理论家们的基本共识之一,波斯纳引用了罗宾·韦斯特的话来说明这一共识:"文学帮助我们理解其他人。文学帮助我们同情他们的痛苦,帮助我们分担他们的忧伤,并且帮助我们分享他们的快乐。……文学让我们成为更好的人。"[④]与之相反的是,波斯纳坚决反对这一共识,他主张"阅读文学不是为了就有关宗教或政治的问题、有关经济学或道德的问题形成更好的或更为正确的观点",[⑤]坚信"在我们的时间和我们的地点,非图画的虚构文学为善

[①] 参见艾科等著、柯里尼编:《诠释与过度诠释》,王宇根译,生活·读书·新知三联书店1997年版,第129页。
[②] 参见同上书,第115页。
[③] 参见〔美〕波斯纳:《法律与文学》(增订版),第457页。
[④] 转引自同上书,第410页。
[⑤] 转引自同上书,第434页。

和作恶都没有太大的力量。律师们和法官们不会因为在文学中搜寻伦理洞识就变成更好的人。普通读者也不会因为在色情材料中寻求情欲刺激就变成更糟的人"。① 然而面对《局外人》,他却忘记了自己价值无涉的文学立场,开始对主人公和作者进行激烈的道德谴责,在他看来默而索"是一个心理变态的人,不会因自己的行为感到悔恨,实际上也不会对一个人有任何感情,不管这个人是他的母亲、情人还是那个阿拉伯人。那么,通过把默而索描述为被害者而不是杀人者,通过使真正的受害者非个人化,加缪引导读者站在默而索一边,而不管这宗犯罪、不管罪犯毫无悔意这一事实,这种做法是不是有些无耻呢?"②这种自相矛盾的解读不知道是无心之失还是有意表明自己的政治正确(作为中产阶级的平庸的政治正确),不管是哪一种,这些解读都是对"局外人"完全非语境化的写实主义解读,也没有表现出一个文学批评者对文本应有的耐心细致和尊重,这些解读也完全不同于专业文学理论中对《局外人》的共识。波斯纳既然坚决否认文学作品具有教化功能,认为文学作品的艺术价值应同其伦理价值区分开来,主张尽可能价值中立地分析文学文本,③那么他对《局外人》和加缪的道德谴责同样陷入了自相矛盾,而这个矛盾也是因为他无视这个文本的哲学背景、将其当作非文学化的传记书写所导致的。波斯纳在《法律与文学》中贯彻价值中立的不彻底,根源在于他笃信的理性人前提,他将此作为判断文学形象价值的唯一标准。实际上,他的《法律与文学》不过是在借"法律与文学"的标签继续鼓吹他钟爱的"法律与

---

① 转引自〔美〕波斯纳:《法律与文学》(增订版),第459页。
② 转引自同上书,第57页。
③ 参见同上书,第413、434—435、441、459页。

经济学"。

荒谬哲学与局外人

荒谬哲学是《局外人》和《西西弗的神话》这两部作品的主旨，加缪在《西西弗的神话》中起首就写道："真正严肃的哲学问题只有一个：自杀。判断生活是否值得，这本身就是在回答哲学的根本问题。"[①]人为什么活着，这是一个人人都会追问的最平常的哲学问题，因为每个人都可能面临生活意义的突然丧失和对死亡的恐惧，而这个问题的没有答案，就是加缪所说的荒谬。

> 有时，诸种背景崩溃了。起床，乘电车，在办公室或工厂工作四小时，午饭，又乘电车，四小时工作，吃饭，睡觉；星期一、二、三、四、五、六，总是一个节奏，在绝大部分时间里很容易沿循这条道路。一旦某一天，"为什么"的问题提出来，一切就从这带点惊奇味道的厌倦开始了。……时间为着平淡无光生活的日日夜夜背负着我们。但是，一个我们在其中背负时间的时刻总会到来。我们是向着未来生活着的："明天"，"以后"，"你到那时"，"随着年龄增长你会明白"。这些悬而未决的设想值得重视，因为它们最终都是与死亡相关联的。……我们突然在一瞬间不能理解这个世界……这就好像一个人在某段时间里，突然感到平日很熟悉的一个女人的面孔变得完全陌生，而他曾

---

① 〔法〕阿尔贝·加缪：《西西弗的神话·论荒谬》，第2页。

经爱恋过她几个月或几年……唯一确定的事实是,世界的这种密闭无隙和陌生,这就是荒谬。①

世界是荒谬的,因为上帝不存在,人也是必死的,死亡使得人不可能寻求到永恒性,不可能真正找到生活的意义,也不可能理解这个世界。加缪所说的荒谬是本体论意义的,是寻找生活意义的本体上的不可能,既然不可能,人就只能用行动来对抗,尽可能真实地去生活,"在这样一个世界里生活意味着什么呢?现在这只是意味着对将来的无动于衷,意味着要穷尽既定的一切激情。……重要的不是活得最好,而是活得最多。我并不要知道这生活是庸俗的还是令人厌恶的,是风雅的还是令人遗憾的。"②

萨特对加缪哲学的主题——荒谬——作了非常精到的总结:

> 荒谬的基本之点表现为一种割裂,即人们对统一的渴望与心智同自然之间不可克服的二元性两者的分裂,人们对永恒的追求同他们生存的有限性之间的分裂,以及构成人本质的"关切心"同人们徒劳无益的努力之间的分裂,等等。机遇,死亡,生活和真理的不可归并的多元性,现实的不可知性——这些都是荒谬之极端。……既然上帝不存在,人类必死,那么人间万事便无事不可为了。一种经验与另一种经验并无区别,问题只在于尽可能获得更多的经验。生活本身只是碎片式的体验的堆积,它本

---

① 〔法〕阿尔贝·加缪:《西西弗的神话·论荒谬》,第15—17页。
② 同上书,第75—76页。

身就证明了抽象思维毫无意义。①

人对世界统一性的渴念和对永生的盼望都是徒劳无意义的，理性的抽象思维只是把生活中无关联的片断牵强地联结在一起。文明存在吗？人类不断用高科技造就的锋锐武器互相屠杀，却把每一屠杀间隙中幸存者的良心忏悔和惨烈呼吁串联起来解释为文明之光。世界上还有爱吗？人们从来不可能做到每时每刻都挂念自己以为所爱的人，很多时候忘记了他们，甚至完全漠视，只在一些彼此不相连的时刻挂念他们，却真诚地相信自己是在爱着。那么文明，那么对他人的爱恨，那么那些所谓不管我们承认与否都像夜空星辰一样自明的超验真理，于我们自身的存在又有什么相干呢？唯一真实的生活就是要尽可能去穷尽更多的具体体验，所以荒谬的人要真实地体验生活的每一刻，不在他人的注视下刻意去表演什么。当你真正想念的时候，就在那一刻爱；当你真正忘记的时候，就在那一刻冷漠；当你真正诅咒的时候，就在那一刻恨；当你真正同情的时候，就在那一刻怜悯。忍受一切所能忍受的，拒斥一切所不能忍受的。如果离死亡很近，不要期望他人为自己流泪，而是要感到解脱，准备把一切再重新过一遍。只有这样，我们过去曾经是幸福的，现在仍然是幸福的，将来也依然是幸福的。这就是加缪笔下的荒谬英雄——神话中的西西弗和故事中的默而索——所选择的存在，不管它会引起他人怎样的情感好恶，它都和世俗的道德准则毫不相干。

---

① 〔法〕萨特：《萨特文学论文集》，施康强等译，安徽文艺出版社1998年版，第32、35页。

"法律与文学"中的"局外人"

在《局外人》中,默而索的出现就像波斯纳所描述的,一只冷漠、被动、麻木、没有是非的动物,很显然,波斯纳非常生硬地把默而索视作一个自己身边可能出现的真实的人。"他不想过去或未来,不会形成深入的感情依恋,缺乏野心、虔诚、矫饰——而且没有是非观。他无辜,却是属于动物的那种无辜;他是个独来独往的人,并且没有道德感。"①他和母亲住在一起无话可说,也没有足够的钱雇人照看她、给她看病,就把她送去养老院。近一年来他没有去看望过母亲,也许因为没有常常想念她,也许是不愿看到她老是哭,也许是为了省去赶汽车、买车票、沿途尘土满面的麻烦。母亲死了,他向老板请了两天假赶去养老院。天气很热,守灵的时候他只感到疲倦。他还在母亲的棺材面前抽烟、喝咖啡,也没有要求打开棺材再看看母亲。殡仪馆的人问他母亲的年龄,他也答不上来,因为他真的不记得。送葬的时候他似乎很不耐烦,总走得比别人快,因为天气实在太热,下葬的时候也始终没有流一滴眼泪。第二天他决定去游泳,遇见了玛丽,晚上一起去看费南代尔的滑稽电影,和她发生了性关系。透过这些细节,你仿佛只看见一只麻木不仁的动物。

他真的一点不爱母亲吗?《局外人》的译者郭宏安细致地观察到:

> 翻开加缪的《局外人》,劈头就看见这么一句:"今天,妈妈死了。"……《局外人》的第一句话实在是很不平常的。"妈妈……",这样亲昵的口吻分明只会出自孩子的

---

① 〔美〕波斯纳:《法律与文学》(增订版),第53页。

口中,成年人多半要说"母亲……"的。然而说话人恰恰不是孩子,而是一个叫默而索的年轻人。……默而索不说"母亲"而说"妈妈",这首先就让我们感动,凄凄然有动于中。我们会想:他在内心深处该是对母亲蕴藏着多么温柔多么纯真的感情啊!①

在《局外人》中,加缪安排默而索对母亲使用不同的称谓。刚到养老院的时候,他说"我真想见到妈妈",但门房说得先见院长。他等了许久才见过院长,之后来到停尸间,门房问他要不要打开棺材盖看看母亲,他却说不想。第二天玛丽问起他的黑领带,他也如实告诉她母亲死了。几天以后,他看见邻居老萨拉玛诺丢了他的相依为命的狗,晚上听见他在隔壁的哭声,他忽然想起了妈妈。默而索有时候说"妈妈",有时候说"母亲",当他说"妈妈"的时候,他心里满是柔情,当他说"母亲"的时候,他回到了沉闷难耐的生活。加缪用冷静理性的语调,用貌似碎片化而又结构精巧的叙事描述了生活中的爱是碎片化的。默而索当然很冷漠,但他对母亲的爱并不比大多数平常人少很多,下葬的时候他不哭只是因为那一刻他没有真的想哭。在故事的结尾,默而索在死刑执行的前夜,领悟了母亲死时他没有哭的原因:"很久以来,我第一次想起了妈妈。妈妈已经离死亡那么近了,该是感到了解脱,准备把一切再重新过一遍。任何人,任何人也没有权利哭她。我也是,我也感到准备好把一切再过一遍。"②

---

① 郭宏安:"多余人? 抑或理性的人?",《读书》1986年第10期。
② 〔法〕加缪:《加缪文集》,第547页。

《局外人》中最常出现的一种态度就是无所谓，这样也行那样也行，怎么着都没有区别。默而索不仅对母亲的葬礼无所谓，对于其他人也都是同样的无所谓。他似乎没有真正的朋友，因为他不需要，和谁做朋友对他来说没有太大分别。邻居莱蒙名声不好，据说是个靠女人生活的人，有时会到他那里坐坐，默而索会听他说话，因为觉得自己"没有任何理由不跟他说话"，莱蒙问他愿不愿意做他的朋友，他说怎么都行。情人玛丽想要跟他结婚，他说"怎么样都行"，要一定让他说是否爱她，他说"大概是不爱她"。"局外人"是对荒谬哲学的一种形象化解释，细读《局外人》，加缪只在一处给出了局外人的定义，小说中起诉默而索的检察官在结案陈词中对他的"局外人"性作了结论，"他说我与一个我连最基本的法则都不承认的社会毫无干系，我不能对人类的心有什么指望，因为我对其基本的反应根本不知道。"①法文"局外人"（L'Etranger）的英译或作 outsider，这不及 stranger 来得准确。"局外人"是一个同现实社会彻底疏离的人，从主观上说，他漠视社会体制及其规则；从客观上来说，他对于社会的态度是疏离，是感到陌生，不能融入任何一种体制的游戏规则，包括道德准则。因为漠视，局外人对社会的态度就是"连最基本的法则都不承认"，但这"不承认"并非因为他积极反对这些法则，而是因为这些法则对他来说是那样陌生，他对它们是漠不关心的，他"对其基本的反应根本都不知道"。所以对于存在特定基本法则的社会来说，局外人是完全置身其外的，他同它毫无干系。他坚信世界同人的关系在本体上是彻底荒谬的，一切意义都是不可能的，周而复始的生活，不知道为什么的生活，

---

① 〔法〕加缪：《加缪文集》，第535页。着重号系笔者所加。

然后有一天死去,什么样的社会和什么样的体制性规则都不可能解决这种本体的无意义。局外人是一个本体论上的虚无主义者,但并不必然是一个具体的不道德的人。对他来说,真正严肃的道德问题只有一个,就是生活本身是否值得经历,这是一个同任何体制化的社会都无关的问题。"局外"不等于在什么具体的"局"之外(将局外人译成 outsider 就可能造成这样的误解),"局外人"肯定是在一个具体的体制中生存的,他是一个内部人(insider),但是他的态度是超然的(detached)。默而索在生活中并不是完全不道德的,按照资产积极的道德标准来看,他有时候是合乎这些标准的,有时又是不符合的。他有时候合乎那些标准并不是因为他觉得这些标准多么正确,他那个时候之所以看来是道德的,只是因为那个时候他就是真的心里有爱有关切;有时候他不符合那些标准也不是因为他多么反对那些标准,而是那个时候他就是想那样生活那样行为。他就是对那些道德标准漠不关心和无所谓,他甚至不知道资产阶级的有些道德准则是怎么规定的,也没想知道。即便他在学校里受了道德标准的教育,他对这些教育也是无所谓的。在生活中,他就是这样的一个"局外人",一个同现实体制、现实的道德标准彻底疏离的人。

《局外人》中的杀人与审判

在所有描写杀人的经典作品中,《局外人》是一部可以与《罪与罚》相媲美的奇特杀人故事,两者都描写完全荒谬的杀人,但又是截然不同的两种类型。拉斯科尔尼科夫不是出于无意识,而是根据自创的成系统的一整套思想理论去实施有预谋的杀人,他预先缜密地思考，预测作案过程中可能发生的一切情况（尽管他是个书呆子，案发的实际情况远远超出他的预料）。默而索杀人则似乎完全出于偶然，他的杀人是一连串偶然因素导致的。

默而索的朋友莱蒙给他带来了厄运，莱蒙觉得自己受了情妇的欺骗，想让默而索写一封信帮他羞辱这个阿拉伯女人，他就随便帮他写了一封，尽力让他满意，"因为没有理由不让他满意"。后来莱蒙和情妇发生了激烈的冲突，莱蒙动手打了那个女人，警察出面干预了，默而索在莱蒙的坚持之下为他做证是那女人不尊重他，他觉得做个证也无所谓，莱蒙因此没有受到警方的处分。这是默而索的悲剧发生的导火索，他就这样彻底卷进了莱蒙同阿拉伯人的冲突。几天以后，莱蒙邀请默而索一起到他的朋友马松的海滨木屋过星期天，默而索说他很愿意去，但他已经答应和玛丽一起过那一天了，莱蒙马上说他也请她，默而索就同意去了。那天在海滩上他们三个遇见了两个阿拉伯人，其中有莱蒙情妇的兄弟。默而索没有参与他们的打斗，但也没有阻止，莱蒙被阿拉伯人的刀刺伤了。莱蒙到医生那里做了包扎，又拉着默而索来到海滩，在那里他们再次碰到了两个阿拉伯人，空气非常紧张，莱蒙表示想要开枪干掉那个刺伤他的人，也许是为了防止事态恶化，默而索让莱蒙把随身带的手枪给他。对峙之后，阿拉伯人退去了，他们也一起回到木屋。默而索觉得天气太热，又不愿听到女人们惊恐的哭声，又朝海滩方向走了回去。在海滩上他想躲到一片岩石后的阴影休息一下，可是发现和他们冲突过的一个阿拉伯人躺在那里。他看见那个阿拉伯人把手伸进口袋里，于是自然而然地握紧了口袋里的枪。阿拉伯人没有动，如果他停下往前的脚步慢慢往回走，也许就会平安无事。但他热得受不了，停不下脚步，仍然向那个方向走了两步。阿拉伯人仍然没有起身,但抽出刀来,迎着阳光对准了他,就在这时,汗水滴到了他眼皮上,他的眼睛什么也看不见,"只觉得铙钹似的太阳扣在我的头上,那把刺眼的刀锋总是隐隐约约地对着我。滚烫的刀尖穿过我的睫毛,挖着我的痛苦的眼睛","天门洞开,向下倾泻着大火",他全身都绷紧了,扳动了枪机,开了致命的第一枪,接着甩了甩汗水和阳光,又对准那具尸体开了四枪,好像是在"苦难之门上短促地叩了四下"。①

《局外人》中关键的杀人细节非常具有戏剧性,默而索和阿拉伯人在海滩上三次遭遇,第一次是三个人(莱蒙、马松和默而索),第二次是两个人(莱蒙和默而索),最后一次只有他自己。第一次莱蒙和马松动手打斗了,阿拉伯人用了刀。第二次莱蒙想要开枪干掉刺伤他的阿拉伯人,默而索劝说他把枪给了自己。第三次默而索孤身同一个阿拉伯人相遇,阿拉伯人抽出了刀,他握紧了口袋里的枪。冲突愈演愈烈,武器也从刀具升格为枪,而且随着冲突的升级,唯一的一把枪也合情合理地落到了默而索的手里,让他独自和持刀的阿拉伯人相对。默而索的情绪也越来越紧张,直至最后,汗水模糊了他的视线,枪声做了终结。一切似乎都那么偶然,他为莱蒙写信羞辱情妇和做证都是偶然(莱蒙的坚持和他的无所谓),去到海滨木屋度假也是偶然,在海滩上碰见阿拉伯人是偶然,回到木屋后又决定转身是偶然,看见岩石想要休息也是偶然,还有在关键时刻从眉峰上滴下来模糊了他视线的汗珠,一切都那么偶然。就像萨特描述的,每一个细节都在将他推向杀人:

---

① 〔法〕加缪:《加缪文集》,第512页。

> 终卷时,我们明白这本书不可能用其他方式开头,也不可能有另一种结局:人们想让我们把世界看成是荒谬的,并且细心地抽掉了因果关系,在这个世界里最渺小的事件也有其重量;没有一个事件不帮助把主人公推向犯罪和死刑。①

萨特非常准确地指出了默而索杀人的偶然性,他的杀人是不能用理性主义的因果关系来解释的,是每一个渺小的细节推动的。荒谬的人遵循荒谬的逻辑,局外人是一个荒谬的人,通常人们很在意的事情在他看来都是无所谓的。莱蒙是一个从事不正当职业的人,默而索有正经的职业,他本不应该和这样的人做朋友,但是他觉得和谁做朋友都无所谓。莱蒙和他的情妇起了冲突,要让他写信羞辱她、向警方做证自己打人是事出有因的,他也觉得无所谓。这样他就深陷入了这场冲突,从一个和谁做朋友都无所谓的人变成了外表上有些堕落的人,变成了名声不佳的莱蒙真正的朋友。本来他并不是很想去海滩度假,但是莱蒙一坚持他也无所谓,因为和谁一起度假(玛丽还是莱蒙)、要去什么地方度假在他看来没有区别。在海滩上第一次冲突时,正常的人往往都会意识到问题的严重性而要避之唯恐不及,他也是无所谓的,他既不参与,也不阻止,仿佛这与他无关,但是他确实在那里,就在莱蒙的阵营里。第二次去到海滩,他似乎有点正常人的意识,不愿意事态恶化,要莱蒙把枪给他。然而事后他还是无视海滩的危险,为了躲避酷热再次独自一个人来到海滩。因为他觉得那些危

---

① 沈志明、艾珉主编:《萨特文集》,第7卷,第64页。着重号系笔者所加。

险并不是属于他的,他只是一个凑巧卷入而身在局外的人,他对于那个被害人既无憎恶也无同情,就像他对莱蒙既无憎恶也无同情一样,他只是非常无所谓地卷了进来,也非常无所谓地随意走向他要去的地方。一个评论家非常精到地指出,默而索应对这些事情的方式仿佛不是正常生活中人与人的应对,而仿佛他是在应对无生命的自然,①这一点到最后杀人前夕阿拉伯人出现时清楚地表达在字里行间:

> 我隐隐约约地看见。在他半闭的眼皮底下目光不时地一闪。然而最经常的,却是他的面孔在我眼前一片燃烧的热气中晃动。海浪的声音更加有气无力,比中午的时候更加平静。还是那一个太阳,还是那一片光亮,还是那一片伸展到这里的沙滩。两个钟头了,白昼没有动;两个钟头了,它在这一片沸腾的金属的海洋中抛下了锚。天边驶过一艘小轮船,我是瞥见那个小黑点的,因为我始终盯着那个阿拉伯人。②

在海滩最后默而索的感觉世界里,"阿拉伯人不仅是一个人,在他看来更像是太阳热力的一部分。……实际上,在默而索的感觉中,阿拉伯人根本不是一个人,而是自然界的一部分,不仅如此,他后来的叙述将这一点表述清楚了,他对着那具已经不能动的尸

---

① See Mary Ann Frese Witt and Eric Witt, "Retrying The Stranger Again", in *Literature and Law*, edited by Michael J. Meyer, Amsterdam-New York, 2004, pp. 5-6.
② 〔法〕加缪:《加缪文集》,第511—512页。

体又故意开了四枪。"①这就是荒谬人眼中的世界,生活只是无意义的重复,没有终极的意义可寻,高尚的人与堕落的人,最终都同样归于死亡,高尚的生活与堕落的生活,在荒谬的人看来没有去做沉重抉择的必要。只有不变的自然横亘在人与世界之间,生活的无意义就在于人类的必死与自然的终古无情,惟其如此,世界才总是那样的密闭无隙和陌生。当生活成为难耐的时候,从外部压迫人的无生命的自然,与深嵌于其中的有生命的人,在荒谬的人看来是融为一体的。一切似乎都是可为的也都是不可为的,选择为与不为,只在于一念之间的决定:要不要继续这千篇一律、无从寻索意义的生活。默而索并非对人的生命无动于衷,在他第二次去到海滩时,他很理智地要求莱蒙把枪给他,然而第三次的海滩,太阳那样地灼热,就像母亲下葬的那天一样让他再也无法忍受这周而复始无意义的生活。

看上去,默而索的杀人是一连串的偶然细节逐步推动的,一切似乎都是偶然。只有一点不是偶然,那就是北非的酷暑,在小说的第一部(至杀人为止),加缪始终在不惜笔墨地细致描写酷暑对默而索的折磨,甚至他对母亲的冷漠,也是酷暑造成的,因为难当酷热的温度,他守灵的时候无心去看母亲的遗容,他送葬的路上一路快走想要早点结束逃开太阳,母亲落土时的记忆都因为太热而恍惚,似乎他所有的神经都在同太阳的温度对抗,他不可能在那一刻真的为母亲哀悼落泪,下葬后他甚至没有默哀,马上就走,只想回到阿尔及尔的住处睡十二个小时。在他杀人的那一刻,"那太阳和安葬妈妈那天的太阳一样,头也像那天一样难受,皮肤下面所有的

---

① Mary Ann Frese Witt and Eric Witt,"Retrying The Stranger Again",pp. 5-6.

血管都一起跳动"。① 太阳是他杀人过程中一个始终不变的严酷背景,太阳的酷热逼得他看见岩石下本不想找他麻烦的阿拉伯人以后仍然走了两步过去,太阳的酷热在气氛最为紧张的关键时刻让汗水滴到了眼睛上模糊了他的视线,也是太阳的酷热让他陷入了意识的恍惚,逼得他开了致命的第一枪后,"甩了甩汗水和阳光",又对准那具尸体开了四枪。无数偶然的细节和绝不偶然的太阳,还有默而索作为一个局外人的绝不偶然的无所谓,最终导致了他的杀人。无论母亲、莱蒙还是阿拉伯人,在那一刻都融入了默而索尽力去应对的难耐的自然。

在默而索接受预审时,法庭为他指定了一个律师。律师告诉他预审推事已经在调查他的品行,了解到他在母亲葬礼上的表现,认为他那天表现得麻木不仁。律师问他那一天是否感到难过,他回答说自己"有点失去了回想的习惯,我很难向他提供情况。毫无疑问,我很爱妈妈,但是这不说明任何问题。所有健康的人都或多或少盼望过他们所爱的人死去。"②说到这儿,律师很不安地打断了他,要他保证不在庭上说这句话,也不在预审法官那儿说。他试图做些解释,"不过,我对他说我有一种天性,就是肉体上的需要常常使我的感情混乱。安葬妈妈的那天,我很疲倦,也很困,我根本没体会到那天的事的意义。我能够肯定地说的,就是我更希望妈妈不死。"③律师对这些解释感到不满意,他试图引导默而索承认在母亲死的那天非常难过,"他问我他是否可以说那一天我是控制住了

---

① 〔法〕加缪:《加缪文集》,第 512 页。着重号系笔者所加。
② 同上书,第 514 页。
③ 同上。

我天生的感情。我对他说:'不能,因为这是假话。'他以一种很怪的方式望了望我,仿佛我使他感到有些厌恶似的。他几乎是不怀好意地说,无论如何,养老院的院长和工作人员将会出庭做证,这将会使我'大吃其亏'。我请他注意这件事和我的案子没有关系,他只是说,明显的是,我和法院从来没有关系。"①

在默而索的审判中,几乎海滩事件前面所有的细节都被检察官用作了控诉的证据:送母亲去养老院,母亲在养老院的不快乐,他一年没有去看望母亲,他不记得母亲的年龄,他不愿打开棺材盖看死去的母亲,他守灵的时候喝咖啡、瞌睡、抽烟,他下葬的时候没有哭,第二天就去游泳,看滑稽电影,和情妇做爱,帮莱蒙写信,甚至莱蒙的职业,这些证据没有一个遗漏,但是除了这些,几乎没有别的什么证据。法院为默而索指定的律师虽然辩才不及检察官,但还是意识到问题的关键,他大声喊道:"说来说去,他被控埋了母亲还是被控杀了人",检察官十分机敏地答道:"是的,我控告这个人怀着一颗杀人犯的心埋葬了一位母亲"。② 在最后的陈述中,默而索试图解释自己行为的真正动机,他说是因为太阳,听众中有人笑了起来,庭长最后宣判,要以法兰西人民的名义在一个广场上将他斩首示众。

文学与法律可以使用完全不同的叙事逻辑,文学可以容纳荒谬哲学的偶然逻辑,然而法律中这样的逻辑无处容身,无论演绎、归纳还是类比,法律都只使用理性主义的因果逻辑,法律预设每一个人都应该是理性的人,只有无理性的人才不承担责任。世界观

---

① 〔法〕加缪:《加缪文集》,第514页。
② 同上书,第532页。

的非理性与外在因素导致的丧失理性,法律无能用因果逻辑准确界分(就像司法精神病学到现在都不能清楚地区分意识清醒的人格偏执与彻底丧失意识的疯狂一样)。《局外人》揭示了杀人世界中的荒谬一隅:一个人纯粹因为偶然杀了人。说它是偶然的,是因为它无法用法律世界中的词语和逻辑来理解。所有精神正常者的杀人都必须被惩罚,而且必须以能通过严谨理性论证的方式被惩罚,杀人事实必须在法律理性机器的各个精巧齿轮的空隙间磨光所有突兀参差的棱角,打造成一个逻辑严谨一致、事实清楚明白、没有玄思异想的平常人都能看懂的有头有尾的故事。即便完全偶发的斗殴杀人,法律人也可以把它打造成这样的故事,杀人者一惯好勇斗狠不让人的脾性,童年期的精神创伤,在家庭中所遭受的虐待,种族歧视、宗教偏见,甚至难伺候的上司,都可以写进杀人法律叙事的逻辑,这样的叙事仿佛比杀人者自己都更清楚他是怎样一步一步走到杀人这步田地的。然而对于默而索的杀人,法律叙事中的理性主义失去了重量。默而索始终要说出真实,在审判的结尾,他说出了他杀人的真相,他说是因为太阳。只是太阳怎么可以成为一个杀人的理由?杀人怎能只有一个与人无关的理由?检察官、律师、陪审员、庭长和听众们未必完全不相信这个理由,只是怎样的法律允许人们接受这样的理由并在法庭上分析论证这个理由?

  法律的理性话语中没有容纳默而索杀人真相的空间,它只能用自己的逻辑打造对他杀人的解释,也对作为罪犯的默而索做出鉴定,它要将萨特所说的被作者细心抽掉的因果关系用体制化的审判重构出来。在审判中默而索变成了另外一个人,一个在他己身之外的人,一个被体制化的社会和同样体制化的审判鉴定出的

合乎逻辑的杀人凶手。默而索对检察官的认识颇为客观:

> 我发现他观察事物的方式倒不乏其清晰正确。他说的话还是可以接受的。我和莱蒙合谋写信把他的情妇引出来,然后让这个"道德可疑"的人去羞辱她。我在海滩上向莱蒙的仇人进行挑衅。莱蒙受了伤。我向他要来了手枪。我为了使用武器又一个人回去。我预谋打死阿拉伯人。我又等了一会儿。"为了保证事情干得彻底",我又沉着地、稳妥地、在某种程度上是经过深思熟虑地开了四枪。①

在检察官的叙述中,默而索那些无所谓导致的荒谬结果——写信羞辱莱蒙的情妇、为莱蒙向警方做证、和莱蒙一同来到海滩、枪到了他的手里、第三次独自一人带着枪来到海滩、对准尸体又开了四枪——都成了逻辑严密的谋杀叙事中的链条,而最关键的,他对母亲葬礼的冷漠说明了他一贯对人的生命毫无尊重(波斯纳补充了更为严密的逻辑环节:他是一个生活在阿尔及尔的白种法国人,他对土著阿拉伯人毫无人类的感情)。"天才的检察官和他的不那么出色的同行(默而索的律师)构造了蕴含因果的叙述:默而索生活中事件之间的联系,以及被告的'灵魂'同他被指控的罪行之间的联系。这些恰好是小说第一部(至杀人为止)中默而索的叙述中缺少的因素。"②

---

① 〔法〕加缪:《加缪文集》,第532页。
② Mary Ann Frese Witt and Eric Witt,"Retrying The Stranger Again",p. 15.

局外人眼中的审判同样荒谬,默而索感到整个审讯好像都和他没有什么关系,"他们好像在处理这宗案子时把我撇在一边。一切都在没有我的干预下进行着。我的命运被决定,而根本不征求我的意见"。① 从始至终,默而索都是一个局外人,他首先是一个生活中的"局外人",然后才是一个审判中的"局外人",这二者是统一的,是不可分离的。他同审判也是疏离的,并不是审判不让他说话或者不让公众看他说话,而是他根本就不想也不会说审判中应该说的话,就像他的律师说的,他"和法院从来都没有关系"。律师试图引导他去说审判中应该说的话,但他认为那些话不是真的,他不会去说那些假话。检察官说的那些话完全合乎逻辑和常情,然而默而索觉得他在指控另外一个人,一个和自己无关的人。他不会、不愿也不知道怎样去反驳这些指控,因为那些与他无关,他只要说出自己,他是为了太阳而杀人。加缪在1955年为《局外人》法文版所写的序言中指出,这部书的主人公是一个"真理的殉道者"。② 如果默而索知晓审判的游戏规则并且认真对待它,在法庭上说母亲的死让他很伤心,以至于失去了对自己行为的控制,他也许只会被判几年的监禁或苦工。③

《局外人》为法律人设下的陷阱

昆德拉在《小说的艺术》中曾经提到,托尔斯泰最初动笔开始写作《安娜·卡列尼娜》的时候,他设计安娜是个令人反感的女人,

---

① 〔法〕加缪:《加缪文集》,第533页。
② See Philip Thody, "Camus's L'Etranger Revisited", p. 61.
③ See Ibid.

她的悲剧完全是咎由自取。但最后写成的小说却完全违背了托尔斯泰的初衷,昆德拉认为他在写作过程中听从的不是一己的道德信条,而是另一种声音,一种超个人的小说的智慧。①加缪最初是怎样设想默而索的呢?细读《局外人》,可以从中体味到加缪精巧的布局,默而索怎样一步一步走到杀人,或许加缪在写作过程中回忆起童年在北非经历的异乎寻常的酷暑,最终才选择让默而索为了太阳而杀人。

小说的智慧肯定不同于常识的智慧,小说家在开始写作的时候,也会不自觉地遵循常识和世俗道德的评判,就像托尔斯泰最初设想安娜是一个令人反感的女人一样,然而故事一旦插上了想象的翅膀,作者一旦开张了他作为小说家的另一种视力,一旦看到生活细节中隐藏着的另一种真实,故事就飞逸出常识的轨道。换言之,小说家在开始写作时,会把自己作为一个普通的读者来设想主人公,然而故事一旦开讲,作者就会脱离读者的束缚,作者并不在文本中与读者对话,寻求读者的认同,作者只要说出自己的想象与反思。"小说,是个人想象的天堂。在这块土地上,没有人是真理的占有者,不是安娜,也不是卡列宁,但所有人在那里都有权被理解,包括安娜,也包括卡列宁。"②好的小说家赢得读者,不是靠对读者世界观的迎合,而是因为人物的个性、想象的奇诡和背景的真实描摹让读者在其中神会。

文学解读是以作者为主还是以读者为主,在当代文学理论中颇有争议。按照时髦的读者反应批评理论,读者和阅读行为才是

---

① 参见〔捷〕米兰·昆德拉:《小说的艺术》,孟湄译,作家出版社1992年版,第153页。
② 同上书,第155页。译文略作调整。

文学批评理论研究的中心,文本没有唯一正确的含义,文本的意义是读者创造的,读者可以不受约束地根据自己的反应去解读文本,"有一千个读者就有一千个哈姆雷特"。然而读者反应批评仍然坚持判断读者的高下,斯坦利·费什是当代读者反应批评的重要理论家,他把理想的读者概括为"有知识的读者",有知识的读者须符合以下要求:"(1)能够熟练地讲写成作品本文的那种语言;(2)充分地掌握'一个成熟的……听者在其理解过程中所必需的语义知识'……;(3)文学能力。这就是说,作为一个读者,他在将文学话语的特性,包括那些最具有地方色彩技巧(比喻等手法)以及全部风格内在化的过程中,具有丰富的经验。"[1]除了这些对语言、语义和文学知识的基本要求,[2]一个"有知识的读者"更重要的素质是要在阅读中努力服从置于自身之上的约束,要尽力克制自己的反应中"那些带有个人的、异质性的因素"。[3] 换言之,"有知识的读者"不见得要努力去做作者的知音,但应该克制自己的反应中可能对文本形成抵抗机制的个人反应,要尽力摒除自己可能对作者和文本产生的个人化的偏见。对文学文本的解读是一种批评性解读,解读者对于文本的解读总受制于他自己的知识背景、个人体验和艺术品位。但是解读者不能完全从自己的个人反应出发去对文本作判断,更应该力求避免为自己的个人偏好所左右,尽可能超越"前理解"的限制、不带偏见地来认识文本。

波斯纳对于《局外人》和加缪的哲学并非不能读懂,而是内心

---

[1] 〔美〕费什:《读者反应批评:理论与实践》,文楚安译,中国社会科学出版社1998年版,第165页。
[2] 同上书,第165页。
[3] 同上。

对其形成了一种抵抗机制。这种抵抗机制来自于一个经济学意义的理性人对于一个完全不计算的无所谓的人的彻底不解,这种无所谓的态度,在波斯纳看来只能是一种少不更事的对体制的厌恶和自我中心主义,①而成熟理智的人到了中年就会脱离这种幼稚的非理性状态。作为一个笃信英美法程序优越性的资深法官,他表示出了对法国刑事诉讼程序滥用品行证据的轻蔑和对加缪法律知识欠缺的遗憾,认为"我们作为读者可以在小说中找到一个更喜欢英美刑事司法体系的原因(因为它避免了侮辱性的并且基本不相关的对于品行的探究)"②,然而他稍加思索,迅即话锋一转,声明"这一切并不是说,在排除品行证据的美国审判中,默而索就会被无罪释放,或者只被定轻一些的罪。"③熟谙英美刑事司法程序的他,也不知道对于《局外人》中描述的那种海滩上的精神恍惚,那种因为太阳的酷热而产生的精神恍惚,应当在法律上如何定性。

那么,如果对抗式的审讯并不能让默而索受到更为公正的审判,让读者更喜欢英美刑事司法体系的理由是什么呢?对抗式审讯固然可以避免对被告品行的侮辱性的探究,但它同样可能导致对被告精神状态是否正常的侮辱性的探究。对于《局外人》,法律人读者有理由相信,如果加缪的法律知识更为丰富一些,不是仅限于对法国诉讼程序的理解,如果他把默而索变成美国人,那个审判他的美国法庭会用更戏剧化的交叉询问送他进疯人院,因为他说太阳让他杀了人。波斯纳法官急于弄清楚,默而索的杀人到底应该归档到英美刑事法律中的哪一处,然而他搜肠索肚也找不到这

---

① 参见〔美〕波斯纳:《法律与文学》(增订版),第59页。
② 同上书,第55页。
③ 同上,译文略作调整。

个落脚地,反倒是开始对刑事责任的含义产生了某种困惑。

> "在某种精神恍惚状态中……"直到他被关入监狱的时候,默而索都是在某种精神恍惚的状态中生活的。他缺乏我们在莎士比亚的人物中能够找到的丰富内心世界,这种缺失让我们应该反省我们说"蓄意"以及更广泛的刑事责任的时候含义是什么。如果我们能够窥视到默而索在开枪之前、开枪之际和开枪之后的心智状态,那么我们会看到一片空白;如果我们能够窥视到更具反思性、思想清楚的杀人犯的心智,那么我们通常发现的不会是极度的敌意,而是一种复杂的、为自己的行为进行合理化和找借口的上层结构。①

波斯纳的困惑源于他对文学作品的习惯性的写实主义的解读,以及他对一个理性人面对的一切可预测、可度量的经济世界的无意识依赖,面对这样一个根本不知计算把杀人写得好像自然事件一般的非写实主义的文本,他有些不知所措了。人杀人总得为点什么?可是默而索为了什么呢?他看不到,他看到的只是一片空白。那么,如果不仅对抗式审讯不能让默而索受到更为公正的审判,甚至英美刑事责任理论对于默而索作案时大脑中的这一片空白也是如此的无能为力,读者又有什么理由更喜欢英美刑事审判程序呢?如果法律人读者追随波斯纳法官,他们可以继续讨论,默而索的杀人是正当防卫?是防卫过当?是假想防卫?……这

---

① 参见〔美〕波斯纳:《法律与文学》(增订版),第56页,译文略作调整。

样,法律人就跳入了作者设下的陷阱,试图去发现,默而索的行为应当归于法律制度中的哪一个概念,哪一种法律制度会对他这种行为网开一面,放他一条生路。确切地说:怎样才能让默而索不去杀人不去死?

然而就像萨特指出的,默而索是必死的,"在这个世界里最渺小的事件也有其重量;没有一个事件不帮助把主人公推向犯罪和死刑。"①默而索只有面临死刑,才能说出他对死亡和荒谬的思考,这是加缪写作这篇小说的真实目的。默而索的杀人必须被判死刑,必须是在任何体制化的审判中都无法得到辩护的那一种,这就是《局外人》中真实的"小说的智慧"。确切地说,他的杀人是审判根本无法用自己的话来言说的,不能归入任何一种基于自由意志理论的刑事责任体系。他是因为太阳杀了人,因为太热了杀了人。这个故事是不大可能在生活中发生的,在真实的法律世界里,因为太热理智不正常了不能辨认或控制自己的行为,永远都不能成为一个法律理由,因为这在科学上几乎是无法证明的,即便是可以证明的,文明社会也不允许来做这样的证明。做个试验,试验一下随着温度逐渐升高,人热到什么时候才会不能辨认或控制自己的行为,文明社会不允许做这样的试验,即便有人做这样的试验,这个结果也是不会被法律接受的,因为这是毒树之果。加缪没有上过法学院,他肯定没有精研过以自由意志为哲学基础的现代刑事责任体系,他只是听凭小说的智慧指引,写出生活中可能遗漏的另一种真实。而这种真实,是被法律话语格式化了头脑的法律人无法言说的。而法律人总是不甘心于生活事实的无法言说,于是便不

---

① 沈志明、艾珉主编:《萨特文集》,第7卷,第64页。

自觉地跳进了作者设下的陷阱。波斯纳法官努力了,他在刑事责任体系中找不到这桩杀人的法律对应词,他只能断言那种精神状态是一片空白。

有评论家认为,加缪要借《局外人》表达自己批判死刑的观点,所以主人公必须杀人和被判死刑,而且,如果被害人是一个欧洲人,就可能引起法国读者的同情。那个阿拉伯被害人在小说中是非个人化的,它只是一个工具,用以表达加缪对死刑的谴责,这样,加缪就让读者完全把注意力集中到默而索身上,"他给了我们一个没有被害人的凶手"。[1] 这是一种颇有说服力的解释,因为表面上看来,默而索对那个阿拉伯被害人毫无同情。这个阿拉伯人没有得到一个被害人所应得到的关注,甚至也没有得到作为一个具体的人所应得到的关注,在整个故事中他仿佛只是一个没有生命的背景,只是一个推动默而索被判死刑的纯粹的工具。加缪只要读者听到默而索最后的独白,里边不能掺杂任何他者的声音。在小说的结尾(死刑宣判之后),默而索表达了对死刑的非常独特的非议:

> 有几次,我就制订了一些法律草案。我改革了刑罚制度。我注意到最根本的是要给犯人一个机会。只要有千分之一的机会,就足以安排许多事情。这样,我觉得人可以去发明一种化学药物,服用之后可以有十分之九的机会杀死受刑者(是的,我想的是受刑者)。条件是要让他事先知道。因为我经过反复的考虑,冷静的权衡,发现断

---

[1] See Robert R. Brock, "Mersault the Straw Man", pp. 98-99.

头刀的缺点就是没给任何机会,绝对地没有。一劳永逸,一句话,受刑者的死是确定无疑的了。那简直是一桩已经了结的公案,一种已经确定了的手段,一项已经谈妥的协议,再也没有重新考虑的可能了。如果万一头没有砍下来,那就得重来。因此,令人烦恼的是,受刑的人得希望机器运转可靠。我说这是它不完善的一面。从某方面说,事情确实如此。但从另一方面说,我也得承认,严密组织的全部秘密就在于此。总之,受刑者在精神上得对行刑有所准备,他所关心的就是不发生意外。①

这段文字被一些研究"法律与文学"的学者用来批判死刑制度,然而奇怪的是,加缪在这里并没有表达对死刑本身的质疑,也没有像通常那样谴责死刑的残酷和不人道,而只是对死刑导致的必死结果提出了质疑。默而索提出的刑罚改革方案并不是废除死刑或慎用死刑,也不是死刑的人道行刑方式,他选择药物而不是断头台,并非因为前者比后者更少带来痛苦,而是因为前者更可能导致死亡的结果不出现(剂量不足),他对行刑方式提出了一种荒谬的改革:让受刑的人有十分之一的可能不被杀死,并且事先让他知道。回到荒谬哲学上去说,在《局外人》中,加缪真正关心的也许不是死刑,而是死亡的不可避免,无论是正常的自然死亡、非正常的意外死亡还是体制化的被杀死,死亡都同样无法避免。与其说这是在批判死刑,不如说这是默而索面对死刑仍然在穷思死为什么不可避免的终极问题,而实际上没有任何一种死刑可能在技术上

---

① 〔法〕加缪:《加缪文集》,第540页。

给犯人留下十分之一逃生的可能性，否则它就不能称之为死刑。默而索在没有杀人之前，可能从来不曾想到自己会被死刑夺去生命，他的杀人是一连串偶然因素导致的，在这些偶然之后，他面临了让他十分陌生的死刑。《局外人》面对死刑这个情境仍然营造了一种独特的荒谬，"局外人"对于死刑的体制化逻辑（用某种技术手段人为杀死罪犯）也是完全陌生的，对于死刑他也是一个"局外人"。

加缪在他的晚期政论作品、1958年创作的《关于断头台的思考》中对死刑做了系统的谴责，他是同时代欧洲较早主张废除死刑的知识分子之一。① 可能是这个原因，导致一些文学评论家将《局外人》也解读为一部谴责死刑的作品。然而就创作思路来说，《局外人》中对死刑的谴责并不是主题，它仍然是为荒谬哲学做辅助的。换言之，局外人默而索要说的话并不是对死刑的谴责，而是对死亡的阐释。在荒谬哲学看来，每个人都是必死的，最终都被判了死刑，"事实上我不是不知道三十岁死或七十岁死关系不大，当然喽，因为不论是哪种情况，别的男人和女人就这么活着，而且几千年都如此。"②"假如要死，怎么死，什么时候死，这都无关紧要。"③死刑是体制化的死亡，不同于正常的自然死亡，也不同于非正常的意外死亡，但对于漠视体制的"局外人"来说，死刑和其他死亡是没

---

① 加缪在这篇政论中对死刑的谴责接近于当代批判死刑的一些常识，认为死刑对遏止暴力犯罪并没有足够的威慑力，但他也提出了非常独特的观点，他认为如果要让死刑对暴力犯罪形成震慑，就应该公开地和恐怖地行刑，而不是在监狱中不公开地行刑。参见〔法〕加缪："关于断头台的思考"，载柳鸣九主编：《加缪全集》散文卷Ⅱ，杨荣甲等译，上海译文出版社2010年版，第391—392页。
② 〔法〕加缪：《加缪文集》，第541—542页。
③ 同上书，第542页。

有区别的。加缪唯一重视的死亡是自杀,而不是死刑:

> 荒谬的人不会自杀:他要活下去,但不放弃自己的任何信念,他没有明天,不抱希望,不存幻想,也不逆来顺受。荒谬的人在反抗中确立自身。他满怀激情注视着死亡,死亡的眩惑使他得到解脱:他体验到死囚的奇妙的不负责任感。①

这样看来,把《局外人》解读为一部批判死刑的作品是有些牵强的,尽管死刑是主人公的结局。

至于那个被非个人化的阿拉伯被害人,如果他真是一个推动小说情节的工具,他的作用也是为了说出默而索的荒谬哲学,而不是说出对死刑的谴责。波斯纳法官因此对加缪进行了激烈的道德谴责,"通过把默而索描述为被害者而不是杀人者,通过使真正的受害者非个人化,加缪引导读者站在默而索一边,而不管这宗犯罪、不管罪犯毫无悔意这一事实,这种做法是不是有些无耻呢?"②波斯纳的这一谴责显然是基于反种族主义的立场,他不失时机地表达了自己的政治正确,然而这种谴责不仅是与他自持的价值无涉的文学批评立场相矛盾的,也是有理由被怀疑为故作姿态的。③

---

① 沈志明、艾珉主编:《萨特文集》,第7卷,第60页。
② 〔美〕波斯纳:《法律与文学》(增订版),第57页。
③ 波斯纳关于《局外人》批判死刑以及故事情节不现实(1940年代这样的判决在阿尔及尔不可能发生)的观点,都是得自于罗伯特·R. 布罗克(Robert R. Brock)的评论《默而索稻草人》(Mersault the Straw Man),参见〔美〕波斯纳:《法律与文学》(增订版),第55页。而他在这篇文章开头就说明了对加缪的种族主义谴责是不值一驳的,甚至可能是来自于右翼团体的恶意污蔑。

《局外人》不是一部政治观点很明确的作品,但如果它确实负载了作者的政治观点,它的态度无疑是谴责种族主义的,加缪在这个问题上的立场要比很多法国知识分子来得更明朗。在1940年代的法属阿尔及尔,一个有正经职业的白人杀害了一个土著阿拉伯人并被法国法庭宣判了死刑,这样的事情是不可能发生的,[①]而《局外人》偏偏讲了一个这样不可能的故事,如果它是一个政治寓言,默而索的死刑就是一个伟大的象征:歧视和虐待阿拉伯人的法国应该死去,一个新的平等对待阿拉伯人的法国要随之诞生。

结语:"法律与文学"中的"局外人"

据说世界上弃法从文的文学天才多得出奇,一位精研外国文学史的朋友给我开了一个长长的名单,委实令人吃惊:歌德,曾获斯特拉斯堡大学法学博士学位,返回故乡法兰克福做律师,后来把主要精力放在文学创作上;巴尔扎克早年在巴黎法科学校学习法律,并在一家律师事务所当文书,毕业前后曾当过律师助手,后来投身文学事业;海涅获得哥本哈根大学的法学博士学位,20岁就开始文学创作;托尔斯泰早年在喀山大学法律系,三年后退学回乡,后来到高加索服役,开始文学创作;卡夫卡1910年入布拉格大学,初学文学,后迫于父命,改学法律,获法学博士学位,大学时期开始文学创作;普鲁斯特最初顺从父母意志,进入法学院注册就读,后来转到巴黎大学学习文学;马尔克斯早年入哥伦比亚大学研读法律,后因醉心于文学中断了学业……

---

① See Robert R. Brock, "Mersault the Straw Man", p. 96.

大概这些大文豪，原来禀赋异于常人，而法律的思维方式却是与自由的想象水火不相容的。于是他们终于不堪荼毒，回归本真。然而为什么这么多大文豪最初都从法学院逃出而不是别的非文学学院？法学是大文学家们最高比例的第一选择（甚至高于文学），也许说明法学并非文学的天敌，而是法学同文学具有某种不同寻常的同构性。这种同构不是它们使用词汇和思维方法的同构，而是终极关怀意义的同构——寻求人的具体尊严和人类的具体正义。也许在文学天才们看来，法律的格式化思维和循规蹈矩的运作，注定使得它不可能在人间真正兑现人的具体尊严和社会正义（至少，那不是他们所想要的那种兑现），反倒是更多呈现人类在寻求终极之路上的苦难，于是他们就转过身去，向那另一条更为丰盛瑰丽的路走去，因为那里才能看到他们心中期许的灵光。

世界上多有弃法从文的大文豪，却几乎没有弃经济从文的大文豪。也许波斯纳是对的，在现代社会，法律与经济较之法律与文学，确实具有更多表面的同构性。法律人不能证明法律与文学具有更多表面的同构性，但是无论法律人、文学人还是经济人，都可以不费力地证明：经济学是文学的天敌，它同文学几乎不可能具有任何意义的同构性。弃文学从法律转而又从经济的波斯纳，已经将"法律与文学"煮成了一道变了味的菜，通过引入经济学和理性人的中介，他已经成功地将"法律与文学"变成了他所想要的"经济学与文学"。透过《局外人》这个文本和波斯纳的荒唐解读，可以看到，相对于"法律与文学"，波斯纳就是一个加缪意义的不折不扣的"局外人"。如果加缪还在世，他既不会喜欢也不会反对波斯纳的阐释，他只会觉得：那和他不相干。

轰轰烈烈的"法律与文学"运动还在中国继续，在不同载体的媒介中,到处都充斥着法律人对各类文学文本的解读,人们在质疑:如果张爱玲懂点法律,她笔下的主人公也许就不会屡遭蹭蹬落到晚景凄凉;如果金庸懂点法律,他写的故事就不会最后乱成一团众人一起出场打得难解难分;如果卡夫卡相信法律,守在法律之门外的农夫就可以穿过官僚主义的城堡去找自己要见的人;如果梁祝生在今天,他们的悲剧根本都不会成为悲剧,因为婚姻法不会允许那么早的婚姻……这些解读无一例外地都熟练运用波斯纳式的案例分析法,因为那原是法律人最驾轻就熟的方法,也像波斯纳法官一样加上文学式抒情段落的点缀,偶尔还吟诵诗句,因为只有那样才能圆满"法律与文学"的标题。它们在向文学家们呐喊:你们的主人公太不理性,如果他们懂得理性,他们根本就不会经受苦难,他们都像平常人一样幸福。

这是一场化神奇为腐朽的运动,经由这种奇异的解读,不久的将来,卡夫卡、托思妥耶夫斯基和加缪都将从一流的哲理小说作家沦为二三流的法庭小说作家和侦探小说作家,他们对法律的贡献远远不及福尔摩斯、斯蒂芬·金和阿加莎·克里斯蒂。司各特、托尔斯泰也会遭遇同样的命运,他们要经受法律人对他们描写细节真实性的评判,从一流的历史小说作家沦为法律的外行。而拉斯克尔尼科夫、默而索、聂赫留朵夫、安娜·卡列尼娜、梁祝等这些鲜活的文学形象,统统都要被褫其华衮示其本相,他们都是一些冥顽不灵的"非理性"人,他们的喜怒哀乐和欢笑呼号,相对于文明进化的整体叙事,是那样的不和谐和微不足道,只是进化铁律中非理性的徒然挣扎与无奈反抗。

阿马蒂亚·森正在推动当代经济学的革命,如果他革命成功改变经济学的主流思考,也许世界上才有可能出现弃经济从文的大文豪。森认为经济学中压倒一切的理性人假设根本不能概括真实的社会选择,因为个人的选择离不开身份与归属的约束,"个人的行为将必然受到与他人的认同感的影响","那种以彻底的一致性与可预测性来行事的、但始终不能对这些不同的问题给出有区别的答案的人,我们可把他称作是'理性的白痴'(rational fool)。"①千百年来,无数的人们不离不弃地在各种非理性的文学文本中寻找归属,对各种非理性的文学形象达致认同,本身就是对理性人假设的本能拒斥和对其虚假性的最好证明。波斯纳想要颠覆这些归属与认同,于是他狡黠地抽去了副标题,创作了基于理性人的"法律与文学",但是这种偷贩私货的行径来得那样的不坦荡,不如径直写一本《"法律与经济学"反"法律与文学"》或《经济学与文学》更让人激赏。

也许这样对待波斯纳有些太认真了,因为他原来并无心真地去做"法律与文学"。在他眼中,经典文学文本只是用来贯彻实用主义教条的另类"案例",这些案例有高雅文学作精美包装,肯定卖得更轻省。现在是现代以后,哲学和真理都已死亡,知识只是各种不同的商品,人们根据自己的口味各取所需。但是商品终归不能贴错了标签。

(原载《北大法律评论》第12卷第2辑,
北京大学出版社2011年版)

---

① 〔印〕阿马蒂亚·森:《身份与暴力——命运的幻象》,李风华等译,中国人民大学出版社2009年版,第20页。

后　　记

　　本书所收的诸篇论文,发表的跨度近二十年,散见于《北大法律评论》《清华法学》《政法论坛》《法律科学》《华东政法大学学报》《东方法学》《北方法学》等刊物。我一直觉得书是不能随便出的,一个知识人留下的轨迹,是要经受后来人的多重检验和质疑的,自己没有尽全力,总不能轻易交代得好。这些论文陆续写成,放了一些时间,现在自己回过头去看看,因为自己的学术兴趣已经转换,很难再在这个领域有什么进益了,过去也算尽了全力,不论好歹,总要总结一下的好,就把它们收为一集,权当给自己一个交代吧。

　　大学时来到法学院,基本是听从父母的安排,没有遵循自己本来对文史的兴趣,从硕士求学期间选择思想史,大概又是回归了自己本来的兴趣。在我求学期间,我的硕士生导师王哲教授对我严格要求,督促我认真阅读了西方法哲学中的基本经典文献,这段训练为我后来的学术研究打下了较为扎实的基本功,王老师辞世已十余年,现在回忆起老师对我的耐心教诲,只觉铭感五内。我的博士生导师舒国滢教授是治学十分严谨的法哲学家,他克服了自己青年时对诗歌文学的热切爱好,用一个学者的超人禁欲潜心在纯粹的法哲学领域耕耘了数十年,我的心性散漫、兴趣驳杂,过去很难静下心来在一个方向深耕下去,舒老师的学术态度为我树立了一个绝好的榜样。我在舒老师门下的求学既是一个寻求知识和接受方法论训练的历程,也是一个克服浮躁回归朴质的精神修炼,个中收获,远胜于纯粹知识的教益,感恩不尽,无以言表。舒老师门下雷磊君、王夏昊君、朱明哲君、杨贝君、张翀君等同门的学术造诣都极为深厚,与众多优秀的学人同学同进,幸甚喜甚。

我觉得相比于现代刚入行的青年学者,我的入行较早是幸运的,在我博士求学前后那段时间,那时的学术体制还没有现在这样严密,更谈不上有什么内卷,门户之见也没有达到党同伐异的程度,很多前辈学人对于后学都不吝鼓励和提携。感谢上海交通大学高全喜教授、北京大学徐爱国教授、中国社会科学院吴玉章教授、中国人民大学史彤彪教授多年来对我的鼓励和帮助,清华大学许章润教授和吉林大学邓正来教授在我初入学界之时,不计功利多方提携,此生难忘。

我生性独立,不爱进圈子,参加学术会议和交流都不太多,但在多年对西方法哲学的研习中,仍然得到了很多同仁和朋友的指点帮助,和他们的交流都令我获益匪浅。感谢常安君、杨昂君、刘诚君、李蕾君、成凡君、李杜君、张书友君、伊卫风君、李诚予君、高杨君、黄菁茹君、曹燕君、王凌皞君、姚远君、刘鹏君、张薇薇君、陈林林君、桑本谦君、陈柏峰君、田雷君、郭春镇君、尹成波君、赵耀彤君、郭殊君、尤陈俊君、林海君、王启梁君、萧武君、李晟君、戴昕君、王烈琦君、鞠成伟君、郭瑰琦君、毕竞悦君、张芝梅君、泮伟江君等众多学术同仁,同他们的交流和互动是我学术成长中不可或缺的动力。

本书得以出版,要感谢商务印书馆王兰萍编审的大力协助。

柯岚谨识
2021年6月19日